Anonymous

Annalen des Historischen Vereins für den Niederrhein inbesondere das Alte Erzbistum Köln

Anonymous

Annalen des Historischen Vereins für den Niederrhein inbesondere das Alte Erzbistum Köln

ISBN/EAN: 9783743493247

Hergestellt in Europa, USA, Kanada, Australien, Japan

Cover: Foto ©ninafisch / pixelio.de

Manufactured and distributed by brebook publishing software (www.brebook.com)

Anonymous

Annalen des Historischen Vereins für den Niederrhein inbesondere das Alte Erzbistum Köln

ANNALEN

DES

HISTORISCHEN VEREINS

FÜR DEN NIEDERRHEIN,

INSBESONDERE

DIE ALTE ERZDIÖCESE KÖLN.

EINUNDVIERZIGSTES HEFT.

KÖLN, 1884.
J. & W. BOISSERÉE'S BUCHHANDLUNG.
(CARL BOISSERÉE & FRZ. THEOD. HELMKEN.

Nachträge zu den Quellenangaben und Bemerkungen zu Karl Simrock's Rheinsagen[1]).

Von Alexander Kaufmann.

Seit einer Reihe von Jahren meiner rheinischen Heimath räumlich und auch literarisch entfremdet, weiss ich nicht zu beurtheilen, ob die Liebe zur heimischen Sage dort noch so lebendig ist wie in meinen Jugendjahren, als Dichter wie Simrock, Pfarrius, Wolfgang Müller ihre poetische Befähigung zu Erneuerung und Auffrischung der alten ehrwürdigen Sagenstoffe verwandten. Das schöne Wort, mit welchem die Brüder Grimm ihre deutschen Sagen eröffnet, das Wort von dem „guten Engel", der „dem Menschen von heimathswegen" beigegeben sei, hatte unter uns Rheinländern gezündet.

In Bezug auf jenes Erneuern ist die Rheinsage glücklich gewesen; minder vielleicht in Bezug auf ihre Deutung durch die Mythologen: Die Sucht, überall und überall Mythisches finden zu wollen, hat dem Ruf der Sagenforschung geschadet, denn nicht bloss Dilettanten, sondern auch grosse Forscher haben sich von dieser Sucht nicht frei gehalten und im Deuten des Guten zu viel gethan[2]. Wir erinnern, um ein paar Beispiele anzuführen, an die Genovefa-Legende und das Hündchen von Bretten (s. u.). Ohne mich sonst jenen grossen Forschern an die Seite stellen zu wollen, glaube ich doch von mir sagen zu dürfen, dass ich in meinen

---

1) Vgl. Annalen XIX, 37—60.
2) Dieser Tadel ist nicht anwendbar auf die gediegenen, besonnenen Forschungen von Cardauns über die kölner Bischofssagen (bei Pick I) und F. Görres über Genovefa (ebend. II).

Quellenangaben und Bemerkungen zu Simrock's Rheinsagen jener Sucht nicht verfallen bin, sondern ruhig und nüchtern vor Allem das Eine im Auge behielt, die Sagenstoffe in ihren Quellen aufzufinden, in Bezug auf Volksthümlichkeit und Treue den Probestein anzulegen und alles durch unberufene Dichter oder dilettantische Sagensammler Eingeschmuggelte als unechte Waare auszuscheiden. Ich sage „unberufene" Dichter: Der berufene Dichter, d. h. in diesem Falle derjenige, welcher das Wesen der echten Volkspoesie ganz und gründlich erfasst hat, besitzt als Vertreter des Volksgeistes die Berechtigung, nicht bloss fortbildend auf die Sage einzuwirken, sondern selbst auf gewisse Vorbedingungen hin neue Sagen zu schaffen. Solch' eine Neuschaffung ist z. B. Uhland's „Schenk von Limburg", über deren Entstehung mir der Dichter schrieb, es liege „kein bestimmter Sagengrund" vor; das Gedicht sei „bloss durch eine Figur in der Kirche zu Gaildorf und die Deutung derselben aus der Phantasie Kerner's veranlasst"[1], — eine Entstehungsart, durch welche bekanntlich eine stattliche Reihe von Sagen in's Leben gerufen und zu Volkseigenthum geworden ist. Ebenso dürften berufene Dichter, wie Bürger, Heine, Simrock, berechtigt sein, sog. fliegende Sagen an dem Stoff entsprechende Oertlichkeiten oder Personen anzuknüpfen. Vgl. Bürger's „Abt von St. Gallen" oder Heine's „Lorelei"[2]. Ich darf mich jedoch hierüber nicht weiter auslassen, da ich keine Abhandlung über die Entstehung der Volkssagen schreiben, sondern nur meine Nachträge einführen will.

Mit jener oben erwähnten Ruhe und Nüchternheit habe ich auch diese zu behandeln gesucht und wage daraufhin ihre Veröffentlichung.

Noch um eines anderen Punktes willen muss ich mich kurz aussprechen. Ich konnte der Versuchung nicht widerstehen, hier und da kleine Ausführungen oder Bemerkungen geschichtlichen, namentlich culturgeschichtlichen Inhalts beizufügen. Sie wären vielleicht verloren gegangen, wenn ich ihnen hier kein Plätzchen angewiesen hätte, und es findet der eine oder andere Leser doch wohl Etwas darin, was ihn interessiren dürfte. Dass ich aus dem

---

1) Vgl. meine Bemerkung zum „Schenk von Limburg" in Simrock's geschichtlichen Sagen.
2) S. über diese Sagenversetzung auch meinen Cäsarius von Heisterbach[2] S. 127. 128.

seltenen Rhenus des Bernhard Möller eine Reihe Stellen eingeflochten, die nicht immer streng zur Sache gehören, wird man mir nichtsdestoweniger danken. Vielleicht geben sie Veranlassung, dass ein rheinischer Forscher jenem Buche des westfälischen Humanisten seine Aufmerksamkeit zuwendet und dasselbe einer kritisch eingehenden Prüfung unterzieht. Es könnten sich auch, da Möller's Gebiet ein sehr weites ist, mehrere in die Arbeit theilen.

Vor Allem jedoch sind diese Blätter dazu bestimmt, das Andenken an den volksthümlichsten rheinischen Dichter wach zu halten, — unsere hastig dahin stürzende Zeit vergisst nur zu leicht —; bleibt die Erinnerung an ihn möglichst lange frisch und lebendig, so ist auch einem seiner Lieblingskinder, der rheinischen Sage, Jugendlichkeit und Dauer gesichert.

Mögen nunmehr die Nachträge selbst folgen.

Haag. So viel Kinder als Tag im Jahr. Von Karl Simrock. Aug. Wilh. von Schlegel hat die Sage von der kinderreichen Gräfin in seiner „Ehrenpforte" für Kotzebue (Werke. Ed. Böcking II, 273) benutzt:

Bist du so fruchtbar doch wie jene Flandrische Gräfin:
    Sag, welch bettelndes Weib hat mit dem Fluch dich behext?
Ein halb Hundert ja schon Schauspiele hast du geboren,
    Und drei Hunderte noch trägst du im schwangeren Kopf.
Erst mit der Zahl der Tage des Jahrs vollbringst du die Wehen,
    Und ein Alltägliches wird jeglichem Tage zu Theil. —

Die Zimmerische Chronik erzählt unsere Sage, sowie die verwandte von einer Gräfin zu Querfurt Bd. IV, S. 102. 103. — Zu den Beispielen, dass man geistliche Stiftungen mit Kindern verglich (Annalen H. 13. 14, S. 273. H. 19, S. 40), hätte ich auch noch die Sage von Möllenbeck bei K. Lyncker, Deutsche Sagen und Sitten aus hessischen Gauen S. 196 beiziehen können: Eine Gräfin Hildburg bezeichnet dort neun von ihr errichtete Gotteshäuser als ihre neun Kinder.

Elberfeld. Der Lichtelbe. Von Karl Simrock. Caesar. Heisterb. Dial. V, 36. Ed. Strange I, 319—321. Zur Erläuterung: Simrock, Handbuch der Deutschen Mythologie [3] S. 410. Der Name Elberfeld hängt nach Simrock mit den Elben zusammen, und ist dies der Grund, wesshalb er jene bei Cäsarius ohne Ortsangabe mitgetheilte Sage dorthin versetzt[1]. Ueber sonstige Elbensagen bei Cäsarius s. meine Schrift über denselben [2] S. 136 ff. Anmuthig ist die von dem Alb, welcher den Brüdern zu Laach ihre Weinberge bewacht und dafür mit Trauben abgelohnt wird (Dial. V, 43) — ein Stoff, der sich poetisch verwerthen liesse. — In unserer Sage dürfte der Lehrer auf den Zug aufmerksam machen, dass der Elbe von seinem Lohn eine Glocke machen lässt, worin Simrock a. a. O. den Beweis dafür sieht, „dass der Glockenhass in der elbischen Natur nicht begründet, erst von den Riesen auf die Elben übertragen ward." — In Franz Pfeiffer's Germania 1866 S. 411 ff. habe ich die culturgeschichtlich wie mythologisch interessante Gespenstergeschichte besprochen, welche sich 1437 auf dem Buschmannshofe zu Meiderich bei Duisburg zugetragen haben soll, und dort auch S. 414. 415 eine für die „Holden" (dominae, dominae nocturnae, bonae dominae) bzw. Elben wichtige Stelle aus Cap. 21 mitgetheilt, und zwar nach einem kölner Druck und zwei mir damals vorgelegenen Handschriften (eine im Besitz von Mooren, die andere aus Hamborn stammend). Ich lasse jene Stelle nach ersterer Handschrift hier nochmals folgen[2].

Do vragden Arnt (Arnold Bussmann oder Buschmann, der sich mit dem Geiste seines Vorfahren unterhält), waer is dyn nycht gheblevеn die so plach te wigelen[3]. Die geest antworden: si is noch in pynen ende si weet wael dat si te Gade comen sal. Ende si meynden dattet geen wigelye en hod gewest, ende si plach rechte biecht te doen ende wysden den pastoer dat hi oer orlof

---

1) Bei Montanus, Vorzeit. Neu herausgeg. von W. v. Waldbrühl I, 22—27 findet sich die einfache Erzählung des Cäsarius in wunderbar romantischer Färbung à la Schreiber und Consorten; es fehlt sogar nicht an einer Liebschaft zwischen der Tochter des Ritters und dem Elben, der sich schliesslich als „Balder" zu erkennen giebt; die Tochter des „Ritters von der Löwenburg" geht natürlich in's Kloster etc. Auch andere Erzählungen des Cäsarius werden dort entstellt und umgewandelt, nicht bloss durch willkürliche Zuthaten, sondern auch durch Verdrehungen im Thatbestande; man vgl. z. B. S. 35: „Der Probst von Langwaden" mit Homil. I, p. 25. S. 67: „Die Frau und der Elf in Breisig" mit Dial. III, c. 9 oder S. 226: „Gunhilde von Gräfrath" mit Dial. VII, c. 34 (de Beatrice custode).

2) Neuerdings abgedruckt im Jahrb. des Vereins f. niederd. Sprachforschg. Bd. 6 (1880) S. 54 f. Red. Prof. Loersch.

3) Der kölner Druck braucht für wigelen, wigelersche stets wairsagen, wairsagersche, dagegen aber wicheleie, wichelie. Vgl. Frommann, D. Mundarten III, 56.

gaf te wigelen; mer dat wart alto zeer an oer gepinicht. Ende
die boese geesten, die daer heitte witte vrouwen of heilige
holden¹, die quamen tot oer ende seiden oer dat si die heilige
holden² weren, die onder der eerden wonden ende oec onder
crusen busschen³, ende noemden oer der stede veel in der luden hof, daer sy woenden, ende seiden oer dat si di lude warnen
solde dat si oer stede reyn hielden, soe solt on wael gaen on
oere neringen. Ende si dede dat den luden condt, ende wie dau
des gelovet ende daer volboert⁴ toe gevet, dar crigen si dan
macht over. Als on dan die eer niet en geschieden, soe deden si
dan den luden schade an oerre neringe ende an oeren kinderen⁵.
Soe gingen dan die lude na der wigelien ende vrageden, woe
dattet daer om were? oer neringe wort te samen toe niet, of oeren
kinderen weer dit of dat geschiet. Doe sprac die wigelersche: ic
wil sien hoe dattet daer mede is. Soe quamen dan die boese geesten totter wigelerschen ende sprahen: ons en wort geen eer ge-
daen, oer kinderen hebbe ons woninge onreyn gemact. Sy solden
des donredages vroe te bede gaen ende maken dat schoen om-
den heert ende bereyden die tavelen mit schoenre spisen,
dat wi eten⁶, dan solde on wael gaen in allen saken. Ende dat
dede die wigelersche dan den luden condt, ende als die lude dan

---

1) De man neynt de goyden holden ind de wyse vrauwen.
Hamb. Cod.

2) Selige frauwen off hulden. Köln. Druck. — Vgl. die „saligen"
Fräulein in Tirol.

3) De under den kruysen boymen wanden. Hamb. Cod. Die under der erden wonden under den schonen boemen und den cruisen
buschen. Köln. Druck. — Hr. Dr. Mooren schrieb mir s. Z. in Betreff der
krausen Büsche: „Die ‚krausen Bäumchen' findet man hier in jeder Feld-
mark; sie dienten zur Grenzbezeichnung von Marken, Jagd- und Zehnt-Di-
stricten. Häufig findet man Kreuze oder Capellchen in ihrem Schatten. Wo
dies nicht der Fall ist, will man zu Mittag weisse Gestalten darunter
sitzen sehen." Vgl. Grimm, Myth. ² I, 264.

4) Mhd. volbert, consensus.

5) So daden si den luden schaden an yren kynderen ind vee. Hamb. Cod.

6) Ind si soilden des doynres dage zavent zytlychen slayffen gayn
vn machen den heyrt schoyn. Hamb. Cod. Si soulden des donre daeges
vroe tzo bedt gain und maichen dat huis rein und bereiden die tafel mit
gud spisen dat wir get essen. Köln. Druck. — Auch die Zwerge halten
den Donnerstag heilig. Simrock, Handb. ³ 435. In unserer Stelle ist er Vor-
abend von dem der Freyia, der Königin der Holden, geheiligten Tage.

dat deden, so lieten sie van oere pynen ende soe kregen die boese geesten die lude in oer gewalt, die sie mit anderen saken niet crigen en conden; ende alle die lude, die gaen nader wigelien of doen wigelie, die gaen uitter beschermenisse Gads in dat gewalt der boeser geesten; ende welke pastoer die lett geschien wigelie in synem kerspel, die is oec in dem staet, of hy et weet. Doe vrageden Arnt, wat geesten syn die heilige holden, synt (si) oec duuele? Die geest antworden, dat syn al verstoeten geesten ende syn een deel uit Lucifers choer ende des syn si oec te constiger woender te doen [1]. — Ueber eine lateinische Erzählung unserer Geistergeschichte und eine Kritik derselben durch Joannes de Essendia (in den Sammelcodices des Dominicaners Heinrich Kaltisen) s. E. Dronke's Beschreibung der Gymnasial-Bibl. zu Coblenz und einiger ihrer Handschriften S. 22 (Herbstprogr. v. J. 1832). Ein genauerer Bericht über jene beiden Schriften wäre zu wünschen, und könnten sich die Dubitabilia des Kritikers gerade auf die heidnisch-mythologischen Züge in den verschiedenen Darstellungen der Geschichte beziehen. Ist vielleicht die Narratio bei Kaltisen gemeinsame Quelle der drei deutschen Berichte?

Köln. St. Maternus Erweckung. Von Karl Simrock. „Es ist wichtig", sagt J. W. Wolf, Zeitschrift I. 355, „und hebt die Bedeutung des Stabs St. Petri, dass ein ganz gleicher dem h. Aidan [2] zugelegt wird, so zwar dass sich die rheinische Legende vom h. Maternus ziemlich genau wiederholt. St. Maedhog [3] wollte St. Molua besuchen, hörte in der Nähe des Klosters der h. Itha die Glocken stark läuten und fragte, warum dies geschehe? Da hörte er, dass eine Novize, welche Itha sehr lieb hatte, gestorben sei. Als Itha vernahm, er sei gekommen, schickte sie zu ihm und liess ihm sagen, er möge doch kommen und die Todte wieder in's Leben zurückrufen. Tunc misit unum de suis discipulis cum baculo suo dicens: 'pone baculum istum supra pectus puellae extinctae. Confido enim de Dei mei misericordia et beatitudine beatissimae Ithae, quod illa resurget'; cumque baculus s. supra pectus puellae positus esset, statim viva et sana surrexit." Wolf vergleicht dann diesen Stab mit dem „Geir" Odhin's, a. a. O.

---

1) Ind si doynt me quaytz dan ander geyste. Zusatz d. Hamb. Cod.
2) Irischer Bischof und Heiliger, der im siebenten Jahrhundert lebte.
3) D. i. St. Aidan.

S. 356. — Ueber den Halberstädter Domprobst Joh. Semica, welcher in einer heiligen Nacht den Gottesdienst in den drei Hoch- und Erzstiften Halberstadt, Mainz und Köln gehalten („welches aber nur denen an dem Dom stehenden Capellen Maintz und Cölln zugeschrieben werden muss"), s. meine Abhandlung: „Zur Literatur der Rheinreisen", Heft XVIII der niederrhein. Annalen S. 168. Vgl. auch Görres' teutsche Volksbücher S. 221.

Köln. Die heilige Ursula. Hier noch Einiges zum „Schiff" dieser Heiligen (navigium Isidis). O. Schade, Sage von der h. Ursula, 96, hat schon der, seiner Angabe nach in der Mitte des fünfzehnten Jahrhunderts aufgekommenen geistlichen Sodalität gedacht, die sich zu Ehren der Heiligen navicula s. Ursulae nannte. Vergl. das Lied von St. Ursulen Schiff in Schade's geistlichen Gedichten des vierzehnten und fünfzehnten Jahrhunderts vom Niederrhein, 169 ff. G. Freytag, Bilder aus der deutschen Vergangenheit II. 2. S. 36, beschreibt die Einrichtung einer solchen Brüderschaft, deren Mitstifter der Kurfürst Friedrich der Weise von Sachsen († 1525) gewesen; in Würzburg wurde die navicula s. Ursulae 1626 unter dem Fürstbischof Philipp Adolf eingeführt, ging dann ein, wurde jedoch 1859 mit der alten Bezeichnung: „Schiff der h. Ursula zum Trost der armen Seelen", erneuert. Nach dem Vorbericht zum Bruderschaftsbüchlein verdankt die Sodalität ihre Entstehung dem Karthäuserorden [1].

Köln. Jost vom Bühl. Von Karl Simrock. Der Italiäner Salimbene [2] erzählt eine hier einschlägige Legende vom Bruder Berthold, worüber sich Böhmer, Leben und Briefe III. 13, in einem Schreiben an Chmel, d. d. Rom, 10. Febr. 1850, folgendermassen äussert: „Noch mehr und in der That die anmuthigsten Geschichten

---

[1] Vor Kurzem ist bei den Restaurationsarbeiten an St. Ursula eine kleine Isis-Statue mit der Inschrift Isidi invictae gefunden worden. Indessen dürfte nur kühne Combination aus diesem zufälligen Umstand einen Schluss auf inneren Zusammenhang des Isis-Cultus mit der Ursula-Legende ziehen.
Red. Dr. Card.

[2] Geboren 1221 zu Parma. In seiner Chronik finden sich auch Nachrichten über den für unsere Rheinlande so wichtigen Archipoeta, Böhmer a. a. O. III, 13. 396. Vgl. auch Böhmer, Reg. de 1198—1254. p. LXXVIII, und Wattenbach, Deutschl. Geschichtsquellen. 1858. S. 374. Salimbene's Chronik erschien als dritter Band der Monumenta histor. ad provincias. Parmensem et Placentinam pertinentia. Parm. 1857.

finden sich (bei Salimbene) über den grössten Prediger deutscher Zunge, Bruder Berthold, wie er, unter Räuber gefallen, diese bekehrt, und durch welches Missgeschick es ihm versagt war, deren Anführer vom Tode zu erretten [1]; dann wie eine edle Dame sechs Jahre lang dem Bruder Berthold nachreiset um ihn zu hören, aber ohne ihn sprechen zu können, und wie dieser ihr endlich, als all ihr Gut aufgezehrt war, bei einem Wucherer ihre Kasse zu erneuern Anweisung giebt; dieser soll ihr nämlich den Werth eines Tages Ablass auszahlen, den der Hauch der Dame in die eine Wagschale anzeigt, während all sein Gut nicht genügt, diesem in der andern das Gleichgewicht zu halten [2]. Vergl. den Brief an Franz Pfeiffer vom 6. Nov. 1862 a. a. O. 395. — Noch eine andere hier einschlägige Legende findet sich in der Legenda aurea. c. CXIX (Ed. Graesse p. 514. 515): Ad judicium Dei quidam in visione rapitur, qui peccatorum sarcina gravabatur, et ecce Sathan adfuit et dixit: nihil in hujus anima habetis proprii, sed mei potius exstat dominii, habeo enim inde publicum instrumentum. Cui dixit dominus: ubi est tuum instrumentum? Et ille: instrumentum habeo, quod ore proprio ipse dictasti et perpetuo duraturum sanxisti. Dixisti enim: quacunque hora comederitis, morte moriemini. Cum iste sit de progenie illorum, qui cibum vetitum comederunt, jure instrumenti publici mecum in judicio debet mori. Dixit autem dominus: permittitur tibi, o homo, pro te loqui. Ille autem obmutuit. Dixit iterum daemon: mea est iterum praescriptione, quia eam jam XXX annis possedi et mihi tamquam servus proprius obedivit. Et adhuc ille obmutuit. Daemon iterum dixit: mea est etiam, quia, etsi aliqua bona fecerit, ejus tamen mala incomparabiliter vincunt bona. Dominus autem nolens contra eum cito proferre sententiam eidem terminum concessit octo dierum, ut octavo die coram se compareret et de his omnibus rationem redderet. Cum igitur a facie domini timens ac moerens abiret, quidam ei obviavit et causam tantae tristitiae requisivit. Cui cum ille omnia per ordinem retulisset, ait ille: ne timeas nec formides, quia de primo viriliter te juvabo. Cum autem ab eo interrogaretur, quo nomine vocaretur, ait: veritas est nomen meum. Invenit quoque secundum, qui promisit eum juvare efficaciter de secundo; interrogatus, quo nomine vocaretur,

---

1) Vgl. Unkel, Berthold von Regensburg. 17.
2) Unkel a. a. O. 18.

respondit: justitia vocor. Die autem octavo ante judicium venit et daemon ei primum objecit. Ad quem respondens veritas ait: duplicem mortem esse novimus, corporis scilicet et gehennae; illud ergo instrumentum, quod pro te daemon allegas, non loquitur de morte gehennae, sed corporis. Quod quidem ex hoc manifestum est, quia cum omnes in illa sententia includantur, scilicet quod corpore moriantur, non tamen omnes gehennae ignibus moriuntur. Quantum enim ad mortem corporis, est semper duraturum, quantum vero ad mortem animae, est per Christi sanguinem revocatum. Tunc daemon videns, quia in primo succubuit, secundum sibi objicere coepit, sed justitia adfuit et pro eo taliter respondit: licet cum multis annis servum possederis, tamen ratio semper contradixit, semper enim ratio murmurabat, quod tam crudeli domino serviebat. Ad tertium objectum neminem habuit adjutorem dixitque dominus: afferatur statera et bona et mala omnia ponderentur. Veritas autem et justitia peccatori dixerunt: ad matrem misericordiae, quae juxta dominum sedet, tota mente recurre et eam in tui adjutorium invocare stude. Quod cum fecisset, beata Maria in ejus adjutorium venit et super stateram ex illa parte, ubi erant pauca bona, manum apposuit; dyabolus autem ex alia parte trahere conabatur, sed mater misericordiae praevaluit et peccatorem liberavit. Ille igitur ad se rediens in melius vitam mutavit. — Nork, Sitten und Gebräuche. 263, findet den Ursprung dieser und aller verwandten Legenden und Sagen in der ägyptischen Seelenwägung: „Gemälde auf Mumiendecken stellen vor, wie der gute und böse Genius sich gegenseitig abmühten, der Eine die Schale der Seelenwage, in welcher die guten Handlungen, der Andere die Schale, in welcher die Sünden gewogen werden, herabzuschnellen." Vergl. auch Otfr. Müller, HB. d. Arch. d. Kunst. ² § 232. S. 278.

Köln. **Wilhelm von Holland.** Von Wolfgang Müller. Man hat sich vom alten Brucker herab bis auf die neueste Zeit Mühe gegeben, den Zaubergarten des Albertus Magnus natürlich zu erklären, und dachte dabei namentlich an Glas- und Treibhäuser, aber, wie E. Meyer, Gesch. d. Botanik II, 20. 21 bemerkt, findet sich im siebenten Buche de vegetabilibus, in welchem Albertus die Pflanzencultur behandelt, keine Spur von solchen Häusern. Auch wissen ältere Berichterstatter über Albertus, wie dessen Schüler Thomas Cantipratanus oder Petrus de Prussia, noch nichts von jenem später so berühmt gewordenen Wintergarten[1]. Dagegen finden sich in der Geschichte der Magie (Scheible's Kloster V), in Romanen und Sagen zahllose Beispiele von angeblichen Zaubergärten. Schon Simon Magus soll von sich gerühmt haben: Novas arbores subito oriri faciam et repentina virgulta producam. — Im Artus de Bretagne versteht es der jugendliche Astrologe und Magier Stephan, vermittelst der natürlichen Magie künstliche Gärten zu schaffan. Dunlop-Liebrecht, Gesch. d. Prosadicht. 108. — Im h. Georg des Reinbot von Durne wandelt sich zu Winterzeit eine Säule in einen blühenden Baum, unter welchem ein Tisch bereitet ist und Mailuft wehet. — Chaucer nennt in den Canterbury-Tales unter allerlei zum Theil sehr merkwürdigen Künsten der Gaukler auch folgende:

Oft sprossten Blumen wie auf einer Au,
Ein Weinstock dann mit Trauben weiss und blau.

(Hertzberg's Chaucer S. 397.) — Unter den Juden ging die Sage, der berühmte Thaumaturge Rabbi Löb zu Prag habe einmal den Kaiser Rudolf II. bei strenger Winterkälte in einem rasch hervorgezauberten prachtvollen Garten mit den herrlichsten Blüthen und Früchten empfangen und bewirthet. Ludw. Kalisch, Bilder aus meiner Knabenzeit S. 99. — Was von Dr. Faust Bezügliches erzählt wird, setzen wir als bekannt voraus und wollen die Leser nicht durch weitere Beispiele ermüden. Offenbar haben, wie die oben angeführte Stelle aus Chaucer schon bezeugt, die sehr geschickten Gaukler und Taschenspieler des Mittelalters, namentlich die orientalischen, von denen Mandeville Wunderdinge erzählt, Kunstfertigkeiten besessen, vermittelst deren sie Täuschungen mancherfachster Art hervorzubringen verstanden:

Hic (sc. joculator) profert varias magica velut arte figuras
Ac oculos fallit mobilitate manus,

heisst es Distich. 65 in des Magisters Justinus Lippiflorium (Ed.

---

[1] „An einem andern Ort (lib. IV, tractat. IV, c. 3) sagt Albert, wenn man Pflanzen, z. B. eine Rosenknospe, zeitig unterbinde und sie im Herbst wieder löse, so blühe sie bei klaren Herbsttagen wieder auf. Nach Hermes solle sie sogar, auf dieselbe Weise behandelt und überdies mit Menschenblut begossen, bei gelindem Feuer mitten im Winter aufblühen. Er selbst habe dies nicht versucht, aber jenes bestätige die Erfahrung. Dasselbe wiederholt er, ohne des Menschenbluts zu gedenken, nochmals bei der Beschreibung der Gartenrose (lib. VI, tract. 1, cap. 32 de vegetabilibus). Liegt darin vielleicht der Keim der ganzen Erfindung?" E. Meyer a. a. O.

Winkelmann S. 11) in einem interessanten Absatz über das Treiben und die verschiedenen Fertigkeiten der Jongleurs, welche bei der Schwertleite Bernhards von der Lippe ihre Künste producirten (Dist. 59—68)[1]. Die kindlich rege Phantasie des Volkes übertrieb die Wirkung solcher Erscheinungen; aus ein paar scheinbar sich begrünenden dürren Bäumen wurde ein Wald, aus ein paar rasch erscheinenden, aber auch rasch verschwindenden Blumen ein Garten; der Sagenbildung war ein weites, anmuthiges Feld eröffnet, und wir zürnen desshalb nicht, wie E. Meyer, dem Fabulisten Johannes von Beka, weil er auf diesem Felde eine Blume erhaschte und in die Blätter seines Geschichtsbuches legte, wo dann unser Freund Wolfgang Müller nach Jahrhunderten jene Blume wiedergefunden und nicht mit den Künsten des Chemikers, sondern mit denen eines begabten, phantasievollen Dichters wunderbar zu neuem Leben und neuem Dufte aufgefrischt hat.

Aachen. Der Schwanenring. Von Karl Simrock. „König Harald Schönhar hatte eine seiner Frauen der Sage nach so lieb, dass er, als sie starb, den Leichnam nicht von sich lassen wollte. Man deutete diess als Zauberwerk; der Zauberer Svasi sollte einen Zaubermantel über die Leiche gebreitet haben, und so sei die tote Sniofrid in unvergänglichem Liebreize erschienen. Drei Jahre sitzt Harald bei der Todten; da weiss endlich Egil Ullserk ihn zu bewegen, den Mantel zu entfernen, und es zeigt sich, dass alles Zauber und die Schönheit nur Trug und Hülle der Verwesung war." Weinhold, die deutschen Frauen im Mittelalter S. 279. 280 (nach Fornmannas. 10, 207). Zu dieser und der aachener Sage vgl. Gaston Paris, Histoire poétique de Charlemagne p. 382 — 385. 436. — Ueber eine verwandte Sage vom Dänenkönig Waldemar heisst es bei Grimm, Myth. II, 895: „Die seeländische Fabel lässt ihn, gleich Karl dem Grossen, durch einen Zauberring zu einer Jungfrau und nach deren Tod zu einer Waldgegend heftig hingezogen werden." — In den Zauberringen ist der Stein immer das Primäre, der Reif das Secundäre. Als Ortnits Mutter diesem einen Wunder wirkenden Ring schenkt, sagt sie:

Daz golt hât nutzes kleine, der stein ist aber so starc.

Vgl. meine Abhandlung über Wunderkräfte und Symbolik der Edel-

---

[1] Ueber wunderbare Gauklerkünste vgl. auch Görres, Volksbücher S. 219 ff.

steine in Pick's Monatschrift VI, S. 124. Von manchen Edelsteinen wird erzählt, dass sie Liebe bewahren und einflössen, so z. B. vom Amethyst, Hyazinth, Achat; wird nirgendwo angegeben, welcher Stein in den Ring der Fastrada gefasst war? Es schwebt mir vor, als ob ich irgendwo eine Angabe darüber gefunden [1]. Vgl. über Fastrada's Ring und andere Wunschringe bzw. Wunschsteine auch Adolf Seyberth's Loreleisage II (Osterprogr. des Gymn. zu Wiesbaden, 1872 S. 21). Seyberth knüpft seine Bemerkungen an die Sage von einer Frau von Mariath zu Langenau, welche von einer kreisenden Zwergkönigin, der sie in den Kindesnöthen beigestanden, einen Ring erhält, der, so lang er ungetheilt in der Familie bleibt, dieser Glück bringt [2]. Vgl. über solche Geschenke die Quellenangaben S. 12. 13 (Horn von Oldenburg, Glück von Edenhall, Kleinode etc. im Besitz der Anhalt, Alvensleben, Ranzau etc.). Eines der ältesten, wenn nicht das älteste Beispiel solcher Familienstücke wird bei Plinius, Hist. nat. XXXIV, 38 erwähnt: „Die Familie der Servilier besitzt ein heiliges Drittelass, welchem sie jährlich mit der höchsten Sorgfalt und Pracht Opfer bringt; es soll bald zuzunehmen, bald abzunehmen scheinen und dadurch entweder das Ansehen oder das Sinken der Familie andeuten".

Bonn. Der Teufel und der Wind. Von Karl Simrock. Der Teufel wollte den Bau des Stephansthurms in Wien verhindern und verband sich zu diesem Zweck mit Regen und Wind. Die frommen Bauleute liessen sich aber nicht in ihrem Werke stören, sondern arbeiteten durch Gebet gestärkt rüstig weiter. Da nahm der Teufel ingrimmig Reissaus, vergass jedoch Regen und Wind

---

1) Der Ring „von Steinen schwarz und roth" in Wilh. Müller's Bearbeitung unserer Sage beruht schwerlich auf einer älteren Angabe, auch ist die Bezeichnung zu unbestimmt.

2) Die westfälische Familie von Adelepsen besass einen angeblich von einer maurischen Prinzessin herstammenden, seit Jahrhunderten sorgfältig gehüteten Ring, an dessen Verlust sich das Aussterben der Familie knüpfen sollte. Ein Mitglied des Hauses machte den spanischen Feldzug unter Napoleon mit und trug den Ring als Talisman am Halse; dieser Adelepsen fiel aber in einem Gefecht und man hielt das Kleinod für unwiderruflich verloren. Nach Jahren kommt ein jüngerer Adelepsen nach Hamburg und findet den Ring bei einem Trödler, dessen Vater den Leichnam jenes Gefallenen beraubt hatte. Mündliche Mittheilung des k. k. Majors Gust. von Kleist.

mitzunehmen. Diese warten immer noch auf ihre Abberufung durch den Meister, und der Volkswitz sagt:
Wenn auch das schönste Wetter im Lande ein und aus,
Ist Wind doch oder Regen am Stephansplatz zu Haus.
M. Bermann, Alt- und Neu-Wien. 1880. S. 429. 430. — Da „der Teufel und der Wind" in unseren Nachträgen die einzige bonner Sage ist, welche zur Sprache kommt, so erlaube ich mir, hier eine auf meine Vaterstadt bezügliche Stelle aus dem Rhenus des Bernhard Moller[1] einzufügen. Sie steht in Lib. IV, p. 167 und lautet:
Dissita retrorsum stadijs it Linsea centum
Hinc, vbi praecelebris nomine Bonna iacet.
Bonna latus Rheni decorat praeclara sinistrum:
Vrbs iacet in plano parua: sed apta scaphis.
Oppositam fertur spectare Genosia Bonnam:
Oppositum nescit Bonna videre locum,
Ponte licet fertur Drusus clausisse fluenta,
Bonna tamen ponti nescit habere fidem.
Im Argumentum zu Lib. IV, p. 154 heisst es: Rhenus ad laeuam alluit opp. Bonnam: e regione cuius Genosiam fuisse, author est Florus. Memoriae quoque proditum est, pontem ibi aliquando

---

1) Der vollständige Titel des ziemlich seltenen Buches lautet: Rhenus et eius descriptio elegans, a primis fontibus vsque ad Oceanum Germanicum: vbi Vrbes, Castra, & Pagi adiacentes, Item Flumina & riuuli in hunc influentes, & si quid praeterea memorabile occurat plenissimè carmine Elegiaco depingitur. Autore Bernardo Mollero Monasteriensi. Coloniae, Apud Joannem Brinckmannum. Anno 1570. Kl. 8. pp. 320. Die Dedication an den Fürstbischof von Münster, Johann von Hoya, ist datirt Monasterij anno à partu virgineo 1570. 6. Cal. Octobris. Ueber die Ausgaben des Rhenus vgl. Wegeler in Pick's Monatsschrift III, 464. 465 und Pick a. a. O. IV, 370. Die von mir benutzte Ausgabe gehört der Grossherzogl. Hofbibliothek in Darmstadt. Das Buch ist übrigens nicht so ergiebig für Sagenforschung, als ich erwartet hatte; auch schenkte man dem Dichter gern seinen Aufwand an classischer Gelehrsamkeit, wenn er in den Beschreibungen einzelner wichtiger Orte eingehender gewesen wäre. Bei Strassburg z. B. giebt der hohe Thurm Veranlassung, in vielen Distichen alle hohen Gebäude etc. des Alterthums nomenclatorisch aufzuführen; vom Dom selbst und der interessanten Stadt überhaupt hören wir so gut wie nichts. Ausführlicher ist dagegen Köln behandelt p. 173 sq., wenn auch mit viel überflüssiger griechisch-römischer Mythologie und sonstiger Gelahrtheit. P. 190—195 erzählt Moller die Sage von „Harminius" Gryn. — Immerhin aber bleibt der Rhenus ein merkwürdiges Buch, das einmal eine eingehende Besprechung verdiente.

fuisse: sed neciam Genosię, nec pontis reliquiae supersunt. Bonna verò adhuc satis consistit. — Auf p. 166 ist vom Siebengebirge die Rede:
>Stant procul à dextro septeni limite montes:
>Altius in quorum vertice castra sedent.
>Pars homini colitur, necdum desciuit ab vsu:
>Pars hominem nescit; monstra fouere solet.
>Hîc Lemurum formae vulgus terrore fatigant:
>Illic Acherontaeo spectra fragore tonant etc.

Zwei Distichen weiter heisst es dann:
>Quattuor exurgunt, nondum quae sustulit aetas,
>Castra: Dadumbergam (!) monte venustat apex.
>Salua Draconinae restant fastigia rupis:
>Nubis adhuc restant castra, manere vides.
>Vertice Plancburgum (!) lapidoso moenia praebet [1]
>Haec hominum cura tecta perisse vetant.

Im Argumentum werden die vier Burgen nicht genannt; es heisst nur: Septem montes, quorum quatuor habitabiles sunt.

Heisterbach. Der Kirchenschlaf. Von Karl Simrock. Caesar. Heisterb. Dial. IV, 37. Ed. Strange I, 205. 206. Im „Buch der Edelsteine", welches Mohammed Ben Manssur im 13. Jahrh. für den Sultan Abu Nassr Behadirchan in persischer Sprache verfasst hat (Auszüge bei Hammer, Fundgruben Bd. VI, S. 141), wird unter anderen Zaubersteinen auch ein „Schlafstein" aufgeführt. — Glauben und Aberglauben solcher Art konnten leicht durch Kreuzfahrer in's Abendland importirt werden, vgl. meine Abhandlung über Edelsteine bei Pick, Monatsschrift VI, 123, und könnte wohl der rheinische Ritter, welcher sich vom Abte zu Heisterbach den Schlaf weckenden Stein ausbat, durch Pilger oder Kreuzfahrer mit Vorstellungen des Morgenlandes bekannt geworden sein. Lambert von Ardre schildert uns in seiner Historia Comit. Ghisnens. et Ardens. c. 94 (Pertz, MGS. XXIV, früher bei Ludewig, Rel. Manuscr. VIII) lebhaft die Unterhaltungen auf den Burgen des zwölften Jahrhunderts: Da erzählen einige Ritter aus den französischen oder bretonischen Sagenkreisen, andere aber de terra Jerosolimorum et de obsidione Antiochie et de Arabicis et de Babilonicis et de ultramarinarum partium gestis. Als ein solcher Erzähler auf

---
[1] P. 168 wird Blankenburg (Plancburgum) an der Sieg erwähnt.

dem Schlosse der Grafen von Ardre und Guines wird uns ein Philipp von Mongardinio namhaft gemacht; die Rheinländer hatten, wie wir in der Bemerkung zur „Wunderbrücke" sehen werden, im kölner Dominicaner Heinrich einen Erzähler über die Wunder des Orients, und wie viele andere, dem Namen nach uns nicht bekannte Berichterstatter solcher Art mögen damals Wahrheit und Dichtung aus den überseeischen Ländern verbreitet haben.

Rolandseck und Nonnenwerth. Rolandseck. Von August Kopisch und Karl Simrock. Floss, Kloster Rolandswerth (Annalen XIX, 140), bemerkt in einer Note: „Fr. Bock (Heider und v. Eitelberger, Mittelalterliche Kunstdenkmale des Oesterreichischen Kaiserstaats II, 137) meldet, zwei alte Elfenbeinhörner im St. Veitsdome zu Prag seien durch Karl IV. in Rolandswerth erworben, wo man sie seit den Tagen Roland's, des Neffen Karl's des Grossen, bewahrt habe. Sie hätten für das sagenberühmte Elfenbeinhorn (Olifant) gegolten, welches der sterbende Held in der Roncevallesschlacht mit Allgewalt bliess. Die Nachricht wäre in so fern interessant, als daraus folgen würde, dass, als Karl IV. am Rheine seine Heiligthümer für die St. Veitskirche sammelte (1354), bereits der Name Rolandswerde mit dem Paladin Roland in Verbindung gebracht wurde. Leider erlaubt die unzureichende Bezeichnung der Quelle keine sichere Schlussfolgerung." Es wäre in hohem Grade wünschenswerth, hierüber Genaueres in Erfahrung zu bringen. — Am Niederrhein hat man auch von dem mehr als dreihundert Jahre alt gewordenen Waffenträger Karl's des Grossen, Johannes de Temporibus (Jan van den Tijden [1]) gewusst, was aus dem von Dr. Eckertz in unseren Annalen XVII, 119 ff. veröffentlichten Chronicon Brunwylrense erhellt: Illo quoque in tempore (in der Zeit des achten Abtes Bertholpus), mortuus est Joannes de temporibus nuncupatus, qui magni Karoli armiger extiterat et annis trecentis LXI vixerat. J. W. Wolf. Niederländische Sagen 168, erzählt nach Vaernewyk, Historie van Belgis, fol. 8: „Jan van den Tijden war der Waffenträger von Karl dem Grossen und hat seinen Namen davon, dass er dreihundert ein und sechszig Jahre alt war, als er starb. Diess war nämlich im Jahre unseres Herrn elfhun-

---

[1] Es gab auch eine französische Familie du Temps, aus welcher sich im 16ten Jahrhundert ein Jean als Advocat und Schriftsteller bekannt gemacht hat. Leipz. allg. hist. Lexikon. IV, 696.

dert und ein und sechszig, und er war geboren im Jahre achthundert." Eine italiänische Quelle lässt ihn noch älter werden und unter Kaiser Friedrich II. leben. Böhmer, Leben etc. III, 12 schreibt am 10. Febr. 1850 an Chmel: „Unerwartet erscheint bei ihm" (einem Minoriten in Florenz saec. XIII, der „eine umfangreichere Kaisergeschichte seit Friedrich II. zu einer Geschichte Italiens erweitert") „ein Stück deutscher Heldensage: ein Ritter aus der Umgebung Carl's des Grossen erscheint, 400 Jahre alt, auf dem Reichstage Friedrich's II. zu Ravenna und beweiset seine Glaubwürdigkeit ganz unwiderleglich durch ein paar Sporen, die einer seiner Kameraden Jahrhunderte früher auf einer schwer zugänglichen Fensterbank, nun in Staub begraben, zurückliess"[1].

Landskrone und Neuenahr. Die Wunderbrücke. Von Karl Simrock. Von der Schleusenburg in Thüringen soll einst eine Luftbrücke nach Oberkrannichfeld gebaut und begangen worden sein. Bechstein, Deutsches Museum II, 185. 186. Lagen der Vorstellung von Luftbrücken vielleicht Naturerscheinungen, wie die Fata Morgana[2] zu Grunde? Wir erinnern an jene Mirage zu Akkon, von der wir bei Thomas Cantipratanus, Bonum univ. de apibus II, c. 37, nach dem Berichte eines Augenzeugen, des Dominicaners Heinrich von Köln lesen: Eine grosse Brücke, auf welcher man Reiter und Fussgänger sich bewegen sah, bildete einen Hauptbestandtheil jener Spiegelung. In England, bemerkt hierzu Thomas, habe man öfter Aehnliches erblickt. Vgl. meine bezügliche Frage in Pick's Monatsschrift VII, 78, wo der Hauptpassus aus Thomas mitgetheilt ist. Im Norden nannte man solche Lufterscheinungen „Hullahöfe", worüber Näheres bei P. E. Müller, Sagaenbibl. Uebers. von Lachmann 275. Man vgl. auch die Schilderung einer Fata Morgana (hägring) in Tegnér's Frithiofssage, Ged. 23, und die Anmerkungen hierzu in Mohnike's Uebers.[4] S. 200—202. Mandeville hat von Miragen an den Küsten der Insel Ceylon berichtet, das Meer erscheine dabei so hoch, dass es den An-

---

1) Die Kenntniss der Sage von Johannes de Temporibus war dem Niederrhein durch das Noth- und Hülfsbüchlein des Martin von Troppau vermittelt, aus dem schon die Koeln. Chr. a. a. O. II, 508) sie abschrieb. Red. Dr. Card.

2) Morgan bedeutet auf Bretagnisch soviel als Meerfrau (von mor Meer und gwen glänzende Frau). Grimm, Myth. I, 384. Nach Skinner, Etymolog. Ling. Angl. 1671 hiesse Morgana marigena, juxta mare orta von mor, mare und gan, ortus.

schein habe, als hieng' es in den Wolken. — Jene Erscheinung bei Akkon galt übrigens den Fremden, welche sie beobachtet, als Blendwerk des Teufels. „Des Teufels Garten" wird oder wurde in Messina die Fata Morgana benannt. Lothar, Volkssagen 182. — Zwischen Landskrone und Neuenahr wird man freilich keine Miragen gesehen haben, doch könnten Erzählungen von solchen Luftbrücken, wie die von Akkon u. a. auf Bildung der Sage eingewirkt haben. Der Dichter selbst scheint nach Str. 2 an einen Regenbogen gedacht zu haben. Ich bitte übrigens, diesen Bemerkungen keine zu grosse Tragweite geben und sie nur als „Frage" auffassen zu wollen. Man kann in Vermuthungen über die Genesis von Mythen und Sagen nicht vorsichtig genug sein. — Ueber die Brücke Bifröst, die hier auch in Betracht gezogen werden dürfte, vgl. Simrock, Handbuch³ S. 28. 29. Die goldene Mondbrücke Karls d. Gr. zu Rüdesheim (Geibel, J. B. Rousseau) ist nicht volksthümlich. S. die Quellenangaben S. 102. — Der Landskrone thut auch Moller (Lib. IV) flüchtig Erwähnung:

Aarus Aruilla rapitur: descendit ad arua
Sensichij: Solem spectat abire mari.
Fontem monte capit, monte profunditur imo:
Arx etiam regni monte Corona sedet.

Altenahr. Altenahr. Von Wolfgang Müller. „Die schwindelnde Stelle, wo der Ritter von der Burg in die Tiefe sprang, heisst noch der Rittersprung; es wird aber auch erzählt, dass ein junger Ritter aus der Nachbarschaft, der zu später Abendstunde seine Geliebte, die Tochter des Ritters von Are, seines Widersachers, besucht, vor demselben an dieser Stelle aus der Kammer des Fräuleins entsprungen und glücklich unten angekommen sei". Wirtgen, Ahrthal 124. — Ad vocem Altenahr. Bei Weidenbach, Kinkel, Wirtgen finde ich nichts über jene Gräfin Heilwigis oder Hedwig von Are, die Gemahlin Bernhards II. von der Lippe und Stammmutter dieses Geschlechtes, über welche, sowie über die Grafen von Are und deren Besitzungen Grupen im dritten Bande seiner Orig. Germ. umfangreiche Abhandlungen veröffentlicht hat. Auch Magister Justinus hat in seinem schon erwähnten, zwischen 1257 und 1264 gedichteten Lippiflorium (Distich. 156 sq. Ed. Winkelmann S. 17. 18) dieser Dame gedacht:

Ducitur en uxor Rheni de finibus orta,
Arensis Comitis filia digna patre,
filia digna patre digno etc.

Es folgt ihr weiteres Lob:

> Consonat haec Helenae forma, sed dissonat actu,
> nam facie praestans mente pudica manet;

und ferner:

> Moribus aequari sibi vix valet ipsa Catonis
> Martia etc.

Im Verlauf des Gedichtes werden ihre Söhne aufgeführt, und wird ihr Verhalten geschildert, als sich Bernhard entschlossen Geistlicher zu werden. Vgl. unten die Anmerkung zu Rückert's „Friedrich Barbarossa".

Hohe Acht. Frau Holle. Von Karl Simrock. Behandelt den Mythus von Freyja, welche Ohdr, ihrem entflohenen Geliebten, nacheilt und goldene Thränen um ihn weint. Näheres bei Simrock, Handbuch³ S. 197. 219, vgl. meine Abhandlung über Hulda im Archiv d. hist. Vereins zu Würzburg XIII, 151. 152 (Nachklänge jenes Mythus im Fuldischen und im Spessart), Hocker, Stammsagen der Hohenzollern und Welfen 114 u. A. Hocker a. a. O. giebt folgende Deutung der goldenen Thränen: „Freia weint goldene Thränen; das ist der die Fruchtbarkeit und das Wachsthum fördernde Mairegen, der das erste frische Grün aus dem Boden lockt, die Knospen sprengt und das Nahen des Frühlings verkündet". Vgl. auch Seyberths oben schon erwähntes Programm S. 7.

Laach. Das versunkene Schloss. Von Friedrich Schlegel. In den Quellenangaben ist schon mit Berufung auf Simrock's Rheinl. bemerkt worden, dass Schlegel in jener Romanze, die „fast ganz seine Erfindung", den Charakter der Eifelmaare „wunderschön ausgedrückt" habe. Ich kann mir nicht versagen, aus einem Briefe Dorothea's an Schlegel, Pillnitz 1. Sept. 1808 (bei Raich, Dorothea v. Schlegel etc. I, 292—294) eine auf den See und die Abtei bezügliche interessante Stelle mitzutheilen: „Gestern Abend im hellen Mondschein war ich wieder mit ganzer Seele in Koblenz und auf dem See Laach; denn eben so silbern leuchtete er damals zwischen den Rieseneichen und Buchen auf den Felsen und über den Wundersee, wie ich damals so in die Smaragdfluth hineinblickte, wo jeder Ruderschlag eine Reihe der köstlichsten Perlen aus der goldblinkenden Tiefe heraufholte, und die Welle sich an der Spitze mit blinkendem Silber spielend kräuselte, und der blaue Himmel hinein schien und die hohen Bäume am Ufer auch sich darin beschauten, so dass Gold und Smaragd, Perlen, Silber, Blau und Grün in unbeschreiblicher Klarheit und Tiefe sich vereinigten, ohne sich zu vermischen. Dann die waldbewachsenen Felsen um den anderthalb Stunden langen und drei viertel Stunden breiten See, die ganz deutlich noch die Spuren von vulkanischen Ausbrüchen zeigen, und der dichte Wald, die uralten Stämme, so dass alle Vergangenheit, die mir bekannt ward, und die ich mir denken kann, mir wie heute und gestern dagegen vorkam[1]. Dann mitten auf dem See die Tiefe, die den Augen ganz entschwindet, und die Sage, die hier einen ganz unergründlichen Abgrund angiebt, der nie eine Beute wieder an das Licht des Tages sendet[2], und wo immer ein starker Wind geht, der die Wogen ziemlich hoch herantreibt. Dann die Abtei am Ufer mit der alten Kirche, die Menschenspur und Kunst, die uns wieder Beruhigung giebt und Staunen und Erschrecken von der Seele löst. Alles das musst Du selber sehen; ich habe den besten Willen es Dir zu beschreiben, aber es geht nicht." — „Die Kirche und ein kleiner Theil der Abtei zeugen noch von sehr alter Abkunft, in dem Styl ungefähr, welchen Du den gräcisirenden nennst[3]; das übrige Angebaute ist schecht. In der Kirche sind einige schöne Monumente von Rittern und Frauen aus der Familie von der Leyen aus dem 13. und 14. Jahrhundert. Es sind Statuen in Lebensgrösse in Nischen, die Männer in der Rittertracht mit offenem Helm, die Frauen in der Tracht ihrer Zeit; sie sind mit grossem Fleiss gemacht, von Sandstein und haben einen sehr rührenden Ausdruck[4]. Wäre ich von der Familie von der Leyen, ich würde jedes Jahr dahin wallfahrten, um wo möglich einen Theil des Geistes zu erwerben, der auf diesen ritterlichen Gestalten ruht. Ein alter achtzigjähriger Klosterherr hat sich nicht wollen aus der Abtei verjagen lassen. Er hat den Habit abgelegt und lebt für seine Pension dort zur Miethe; liest aber jeden Tag dem Landvolk die Messe in der Klosterkirche und steht einem jeden geistlich bei, der ihn verlangt. Er ist überhaupt gutmüthig, thätig

---

1) Anklingendes bei Schlegel Str. 9. 10.
2) Vgl. Schlegel Str. 2 V. 1. 2: Da findt nicht Grund noch Boden der Schiffer nooh zur Stund, Was Leben hat und Odem ziehet hinab der Schlund.
3) Eine für die Kunstkenntnisse des Jahres 1808 nicht uninteressante Stelle. Die Kirche ist bekanntlich romanisch.
4) Vgl. Arndt, Wanderungen aus und um Godesberg S. 321.

im Hause, wo er kann, bekümmert sich aber weiter um nichts weltliches. Uebrigens stehen aber die Mönche, die hier hausten, in keinem guten Credit, sie sollen ziemlich wild und locker gewesen sein, man weiss aber, wie solche Gerüchte oft sind. Jener alte zurückgebliebene giebt wenigstens den Beweis, dass sie nicht alle ohne Ausnahme schlecht waren. Ich lernte in Köln noch eine Nichte des letzten Prälaten von Laach kennen, eine Exnonne, die bei ihrem Oheim in Laach erzogen war. Diese erzählte mir, „dass die Herren dort sich alle auf's Studiren legen mussten; die meisten unter ihnen waren auch sehr musikalisch". Ich habe vergessen, ob es Benediktiner oder Bernhardiner waren. Einen sehr grossen Speisesaal hatten sie, und jeder Reisende setzte sich ohne Umstände mit ihnen zu Tisch und bekam ein Nachtlager, wenn er es verlangte[1]. Es hielten Reisende wochenlang sich bei ihnen auf, ohne dass sie um ihren Namen fragten. Wir assen vortreffliche Fische aus dem See in demselben alten Speisesaal, und Deine Gesundheit ward von sehr fröhlichen Menschen, die alle in einer höheren Stimmung die Gegenwart zu vergessen suchten, bei vortrefflichem Rheinwein getrunken." — Es dürfte kaum zu bezweifeln sein, dass diese briefliche Mittheilung, der gewiss noch manche mündliche folgte, auf Schlegel's Gedicht nicht ohne Einfluss geblieben ist; offenbar war es noch nicht entstanden, als Dorothea jenen Brief schrieb; sonst hätte sie gewiss desselben Erwähnung gethan. Die zweite Original-Ausgabe von Schlegel's sämmtlichen Werken (Wien, 1846) giebt kein Entstehungsjahr an, doch erschien unsere Romanze oder Ballade bereits 1809 S. 307 ff. der in Berlin veröffentlichten „Gedichte", und könnte sie demnach bald nach Empfang der Zuschrift vom 1. Sept. 1808 entstanden sein. — Heinrich Kurz, Gesch. d. deutsch. Lit. III, 296, nennt zwar „das versunkene Schloss" Schlegel's „beste Ballade"[2], wenn auch die Composition „ganz misslungen" sei, und in der Ausführung das mystische Helldunkel zu sehr vorherrsche. Eine noch schärfere Beurtheilung, beinahe eine Verurtheilung findet sich bei

---

1) S. 295. 296 folgen einige beachtenswerthe Bemerkungen über die aufgehobenen Klöster Banz und Ebrach in Franken. Von dem trefflichen Eugen Montag, dem letzten Prälaten in Ebrach und berühmten Rechtsgelehrten, scheint Dorothea nichts gewusst zu haben.
2) Als Ballade würde wohl auch Conrad Beyer unser Gedicht bezeichnen. Vgl. dessen Poetik II, 270.

Hub, Deutschlands Balladen- und Romanzen-Dichter [3] S. 143. Schlegel's „versunkenes Schloss" ist freilich mehr Stimmungsgedicht, als plastisch gestaltete Sage, wirkt jedoch durch jenen eigenthümlichen Zauber, welcher dem Mythischen, Geheimniss- und Ahnungsvollen so häufig innewohnt. Einen Gegensatz bildet das heitere, neckische „versunkene Kloster" von Uhland. — Wir erlauben uns aus Bernhard Moller's Rhenus Lib. IV p. 163 die Schilderung der Eifelmaare zu geben:

> Finibus Ephaliae, qui condidit omnia, factor
>   Mirificos fato fecit inesse lacus.
> Sunt gemini: celsa montis conualle leuantur:
>   Vnda nec exundans littore semper agit.
> Non coeunt: centum stadijs distare videntur
>   Et totidem: verax monstrat imago situm.
> Ne valeant fundum passus monstrare trecenti,
>   Haec voluit fundo stagna carere Deus.
> Flumina non stagnum subeunt, sed flumina stagno,
>   Flumina squamigero, scilicet, apta gregi.
> Ima nisi tellus liquido percussa Tridente
>   Ferret aquas, fluctu sicca careret humus.
> Ast aliud mater rerum Natura proposcit:
>   Perpetuos monti iussit inesse lacus.
> Alter ad Abbatis claustrum dat serpere stagna:
>   Alter ad Vlmenum serpere stagna facit.
> Hic Manderscediae ditionem respicit orae:
>   Proxima Meiufeldo respicit ille iuga.
> Ille fouet piscem, cubitis qui tenditur octo:
>   Quem fouet hic, duplo longior instat aquis.
> Effigiem ceti pisces praestare videntur,
>   Corpora si videas pondere vasta suo.
> Si videas formam, ceto differre videbis:
>   Tunc faciem piscis praebet uterque lupi.
> Piscis ab Abbatum claustro si cernitur, Abbas
>   Aut alius fratrum fata repente feret.
> Piscis ad Vlmeni castrum si porrigat ora,
>   In dominum castri Parca ferire solet.

Ueber den Fisch von Uelmen vgl. J. W. Wolf, Deutsche Sagen 210 (nach Seb. Münster's Kosmographie). Die Sage vom Tod verkündenden Seeungeheuer in Laach ist neu; selbst der Geschichtschreiber der Abtei hat sie erst aus Moller kennen gelernt. S. Wegeler in Pick's Monatsschrift III, 465.

Den Maaren der Eifel sind übrigens Sagen von versunkenen Schlössern nicht fremd. Eine derselben hat Rhenanus — die Leser der Annalen werden ihn kennen — aus dem Volksmunde aufgezeichnet: „Wo jetzt das Weinfelder Maar, da stand einst ein Schloss, welches ein Graf mit Frau, Kind und Dienerschaft bewohnte. Des Grafen Frau war aber den Armen sehr unhold und trat das Brod lieber mit den Füssen, als dass sie es Hungrigen reichte. Eines Tages, es war im Winter, ritt der Graf von einem Diener begleitet aus; er bemerkte nicht fern von dem Schlosse, dass ihm seine Handschuhe fehlten. Der Diener sollte daher zum Schlosse zurückreiten und dieselben holen. Aber wie fand er da alles verändert! Das Schloss war verschwunden, und an die Stelle, wo dasselbe gestanden, war ein Gewässer von unergründlicher Tiefe getreten. Alle, welche sich in dem Schlosse befanden, Frau und Dienerschaft, hatten ihren Untergang gefunden; nur des Grafen Kind, ein Säugling, schwamm wohlerhalten in seiner Wiege auf dem See dem Ufer zu. Als der Diener dem nicht fern harrenden Herrn diese Schreckenskunde brachte, wollte dieser derselben keinen Glauben schenken und sprach: „Das ist so unmöglich, als dass mein Falchert, worauf ich sitze, hier aus dem Boden einen Born scharrt." Doch der Graf hatte das kaum gesprochen, sieh, da scharrte das Pferd, und hervor sprudelte der Born, welcher heute noch der „Falchertsborn" genannt wird. Auch sagt man, wenn der Himmel hell sei und kein Lüftchen den Wasserspiegel des See's in Bewegung setze, könne man die Mauern des Schlosses in der Tiefe wahrnehmen." Rhenanus, „Ein Blick in die vulkanische Eifel" (Köln. Volksztg. vom 6. Sept. 1877. Drittes Blatt).

Auch in Nörvenich, im Kreise Düren, findet sich die Sage von einem versunkenen Schlosse, das sich auf dem waldigen Höhenzuge, auf Oberbolheim zu, befunden haben soll. Die Ursache der Katastrophe soll hier der Raub einer Jungfrau gewesen sein, auf deren Fluch der hartherzige Raubritter mit seiner Burg sammt all ihren Schätzen von der Erde verschlungen worden sein soll. Die Stelle aber, wo das Schloss gestanden haben soll, ist von Schatzgräbern, die mit Zaubersprüchen und Wünschelruthe die bösen Geister, welche die dort versunkenen Schätze bewachen, bannen wollten, oft und noch zu Anfang dieses Jahrhunderts heimgesucht worden.

Andernach und Linz. Die Andernacher Bäckersjungen. Von Karl Simrock. Localtradition. — Die Bäckersjungen lassen Bienen auf die anrückenden Feinde los. Diese Art der Vertheidigung ist nicht bloss sagenhaft, sondern geschichtlich beglaubigt: „Besonders gefährlich muss es sein," heisst es bei Schultz, Höf. Leben II, 348, „wenn ganze Bienenstöcke durch die Maschinen auf die Feinde geworfen wurden; es scheint dies ein beliebter Streich gewesen zu sein. Natürlich zerschellte beim Niederfallen der Korb, und die Bienen fielen nun gereizt über Menschen und Pferde her und konnten da grossen Schaden anrichten." Schultz beruft sich hierfür auf Guil. Tyr. V, 9, Godefr. de Bouillon 26887 und später (S. 381) noch auf Ann. Austriae (Contin. Vindob.) ad 1289. In des Jamblichus Roman „Babylonica" werden die Ehegatten Rhodanes und die schöne Sinonis, welche vor dem König von Babylon geflohen waren, in einer Höhle durch verfolgende Truppen belagert; es rettete sie jedoch ein Schwarm Bienen, vor welchem die Truppen entfliehen müssen. Dunlop-Liebrecht 6. Bienen retten Kissingen. Bechstein, Sagen des Rhöngeb. 132. 133. Die Bewohner von Hollenfels (Nassau) werfen Bienenstöcke auf die Belagerer. Seyberth, zweites Lorelei-Programm 22. etc.[1] — Wir erlauben uns aus Moller die Andernach und Linz betreffenden Distichen hier anzuschliessen.

>Arduus excgit passûm sex millia cursu
>   Engario postquam Rhenus abiuit agro:
>Antenacum laeua properans defertur opimum:
>   Antenacum cuius tecta placere valent.
>Vrbs Antoniacum meritò dicenda videtur:
>   Aptior et ratio nominis esse valet.
>   Rhen. IV, p. 162.
>Antenaco centum stadijs vergente retrorsum,
>   Fluminis in rigui Linsea parte iacet.
>Fluminis ad dextram spatiatur Linsea Rheni:
>   Grandior est pago vicus et vrbe minor.
>Oppiduli formam tenuis praeferre videtur
>   Nobilis est senio, nobilis amne locus.
>   L. c. p. 165.

---

[1] Bienen als Vertheidigungsmittel auch bei Widuk. Res g. Saxon. II, c. 23 (MGSS. III, 444); Koelhoff'sche Chronik (nach der ungedruckten Chronik Agrippina) Bl. 125 b (Kölner Chroniken II, 498). Red. Dr. Card.

Frauenkirche bei Laach. Siegfried und Genovefa. Von Karl Simrock. Zur Literatur über die Genovefen-Legende — in den Quellenangaben schloss sie mit Jul. Zacher's 1860 erschienenem Buche ab — kommen jetzt: Franz Görres, Kritische Erörterungen über die Entstehungsgeschichte der Genovefa-Sage (in Pick's Monatsschrift II, 531—582 [1]) und Bernhard Seuffert, die Legende von der Pfalzgräfin Genovefa 1877 (Würzburger Habilitationsschrift). Vgl. auch die Besprechung dieser Schrift von F. Görres bei Pick a. a. O. IV, 160—170. — Die Genovefa-Legende mythologisch zu deuten oder gar ihr eine geschichtliche Grundlage geben zu wollen, dürfte nach Görres und Seuffert verlorene Liebesmühe sein; wir haben sie als poetische Schöpfung eines Laacher Klostergeistlichen zu fassen, der seine Erzählung an die ihn umgebenden Oertlichkeiten mit Geschick zu knüpfen verstanden hat. Dass er jedoch in sein Gedicht ältere sagenhafte Züge verwob, lässt sich nicht in Abrede stellen. Die Zeit der Dichtung fällt zwischen 1325 und etwa 1425. Seuffert a. a. O. 27. Die Genovefa-Legende liefert uns wieder einen Beweis dafür, dass ein Dichter, wenn er in volksthümlichem Sinne verfährt, Schöpfungen hervorbringen kann, die volksthümlich werden und bleiben. Ihre, man darf wohl sagen, Weltverbreitung verdankt unsere Legende der geistlichen Novelle des P. Renatus von Cerisiers (1603—1662) L'Innocence reconnue, ou Vie de Sainte Geneviève de Brabant, worüber Seuffert 41 ff. eingehend handelt.

Coblenz. St. Ritza. Von Karl Simrock. Grimm in den Rechtsalterthümern II, 932. 933 bringt noch einige Zeugnisse für den Glauben, dass jungfräuliche Reinheit Kräfte verleihe, Verlust der Reinheit jedoch ihrer beraube: Nach einem österreichischen Volksglauben ist die reine Jungfrau daran zu erkennen, dass sie eine Kerze mit einem Hauch aus- und mit einem zweiten wieder anblasen kann, was man auch in Spanien kennt: „matar un candil con un soplo y encenderlo con otro." — Nach des Eusthatius Ismenias und Ismene gab es eine Quelle, deren Wasser, wenn eine Jungfrau hineintrat, klar blieb, sich aber trübte, sobald eine Entehrte hineinzusteigen sich unterfing [2]. Dies erinnert an die Be-

---

[1] Hierzu vgl. auch Wegeler bei Pick III, 459—464.
[2] Vgl. auch die Quelle in d'Urfé's Astrée (Dunlop-Liebrecht S. 361). Dunlop glaubt, er habe sie jener des Eusthatius nachgebildet (a. a. O. S. 35).

merkung des Cäsarius, Dial. III, 21, es sei Natur des Meeres, alles Unreine auszuwerfen.

Der Legende von der h. Ritza gedenkt auch Clemens Brentano in seinem „Moseleisganglied" (1830):
„Sanct Castor, brich den Weg!
Sanct Ritza, fleh' zum Rhein!
Er liebt dich, war ein Steg
Ja einst den Füssen dein."

Bornhofen. Die feindlichen Brüder. Von H. Heine. Die Brüder. Von G. C. Braun. Dass der Name der Burg Sternberg mit stëro, aries und nicht mit stella zusammenhängt, bestätigt auch das Wappen, resp. Siegel der westfälischen Grafen von Sternberg, welches einen von Sternzacken umgebenen Stierkopf zeigt. Grupen, Orig. Germ. III, 109. — Ueber das Mythische in der echten Sage von Bornhofen s. auch Simrocks Handbuch 3 S. 336. — Braun's Gedicht giebt die Sage äusserst getreu wieder, nimmt sich aber doch mit seinen Hexametern in den Rheinsagen etwas wunderlich aus, und wäre eine Bearbeitung in deutschem Versmass zu wünschen. — Die Sage ist im Volk noch nicht erloschen. Eine Dame welche Interesse an den rheinischen Sagen nimmt, schreibt am 28. Mai 1883 aus Bornhofen: „Gestern Abend kletterte ich hinauf durch die Schlucht einen waldigen Pfad, längs eines wildrauschenden Felsenquells. Oben auf der Klippe, in dem vormals von den Rittern bewohnten Gemäuer hausen jetzt friedliche Winzer; die alte Frau oben sagte mir, dass schon ihres Mannes Urgrossvater dort geboren und gestorben sei, und erzählte dann die Sage von den bösen Brüdern. Sie theilten die Erbschaft, indem sie das Geld mit einem halben Scheffel ausmassen; ihre blinde Schwester, die fromme Hildegard, aber betrogen sie, drehten den Scheffel um, legten Geldstücke darauf und liessen sie tasten, dass das Mass voll sei. Endlich wiesen sie die Blinde aus der Burg und gaben ihr nur ein altes Muttergottesbild mit auf den Weg, fest erwartend, dass sie die steilen Felsen hinunterstürzen würde. Hildegard aber langte unter dem Schutze der heiligen Gottesmutter wohlbehalten unten an und baute das Kirchlein und ein Kloster, in welchem sie die erste Aebtissin war. Also die Sage; es spielt aber auch noch eine schöne Griechin darin, die einer der Ritter aus dem Kreuzzuge mitbrachte, ein böser Spanier und vieles Andere." Der Name Hildegard ist mir neu, desgleichen das schützende Marienbild und der „böse Spanier"; die „schöne Griechin" figurirt in der romantischen Novelle bei N. Vogt, Rhein. Gesch. u. Sagen III, 172—177, und muss ich deshalb die Echtheit ihres Geburtsscheines, trotz jenes Zeugnisses der alten Winzerfrau, in Frage stellen. Sollte sich die Griechin (Gräfin Laura bei Heine, das „Weiblein" bei Braun) aus Vogt, Schreiber oder einer anderen Rheinsagensammlung auf die Burgen der feindlichen Brüder verirrt haben[1]? Jüngere Sammler können nicht vorsichtig genug sein und müssen sich vor Allem hüten, dass sie nicht importirte Waaren für Ortserzeugnisse halten. So würde mir ein Bauer aus der Gegend von St. Goar, der mir heute von der Lorlei erzählte, in Bezug auf die volksthümliche Entstehung dieser durchaus nicht mehr massgebend sein; sein Urgrossvater wär' es mir gewesen. Die Lorelei aber ist unterdessen volksthümlich geworden, und dess wollen wir uns freuen; denn sie verdient es, „weil sie ihrem Wesen nach volksthümlich ist, und die Stelle, wohin der Dichter sie versetzt, jene Eigenthümlichkeit, welche der dichterischen Phantasie geisterhafte Wesen vorspiegelt, in einem reichen Masse besitzt". Quellenang. S. VII d. Vorworts, wo ich mich überhaupt über die Berechtigung moderner Dichter, als „Vertreter des lebendig schaffenden Volksgeistes" betrachtet zu werden, vorausgesetzt, dass sie wie Uhland, Heine, Simrock in Geist und Wesen echter Volkpoesie eingedrungen sind, des Längern ausgesprochen habe. Franz Görres tritt mir bei, wenn er in seiner Anzeige von Seuffert's Genovefa (in Pick's Monatsschrift IV, 160 ff.) sagt: „Es gibt in der That manche „Sagen", deren Entstehung man sich nicht recht ohne die Voraussetzung einer ursprünglichen, später beim Volk Anklang findenden Fiction erklären kann. Dass dem so ist, und wie viel Einfluss die geschickte Combination eines einzelnen Mannes noch in unserm Jahrhundert in weitern Kreisen auszuüben vermag, das beweist unser Lorelei-Mythus und theilweise auch die deutsche Kaisersage". A. a. O. 164. 165.

Hirzenach. Hans Theuerlich. Von Guido Görres. An diesen heiteren Wirthshausschwank erinnert eine Stelle der Zim-

---

[1] B. Moller spricht im dritten Buche seines Rhenus nur in einem Distichon von den beiden Burgen:
Supra Bornhouéam modico stant limite bina
Castra: tenent dextrum monte leuata latus.

merischen Chronik, wo es II, 189 heisst: Was seltzamer, abentheuriger schimpfbossen dann bemelter herr Johannes Wernher (von Zimmern) domals mit dem alten wurt zu Guetenstain, genannt der Liecht, was gar ain holdsäliger mann, getriben, so er im vorst jenet der Tonaw gejagt, davon were wol ain sondere historia zu erzellen, namlich wie er demselbigen klaine fischlin in ein weinfasz fullen lassen und was er den weiter beredt hat etc. Aus jener Chronik liesse sich eine lustige kleine Sammlung von deutschen Wirthshausschwänken veranstalten — man sammelt so Vieles, warum nicht einmal auch solche Schwänke? Das Büchlein würde vielleicht, wenn man auch noch Sonstiges aus der alten lustigen Zeit, wie aus Eulenspiegel und der Facetienliteratur, beifügte, mehr Leser finden, als manche der zahllosen Blumenlesen und Sammelsurien, wie sie tagtäglich auf den Markt gebracht werden. Wollte der Herausgeber die Sammlung mit einer Geschichte des deutschen Wirthshauses einleiten, so wäre Schreiber dieses mit Vergnügen bereit, ihm ein reiches Material für diesen Stoff zur Verfügung zu stellen.

St. Goar. St. Goar. Von Karl Simrock. Das „Hänseln" kommt auch in der 1556 durch sieben Kaufleute aus Nürnberg und Schwäbisch-Gemünd, welche die Messe zu Frankfurt a. M. zu besuchen pflegten, daselbst errichteten Gesellschaft „Schwägerschaft" oder „Tafelrecht" vor. Fichard, Archiv. I, 156—163. In den Statuten dieser Gesellschaft heisst es u. A.: „Da sich mitler Zeit zutragen würde, das guete ehrliche fremdte Herren herkommen, sich mit obvermelten Schwägern zu Tisch und Schwägerschaft einlassen und zuvor diese Messe weder vur sich selbst noch irer Herren wegen gebraucht, dieselbe sollen nach genugsamer Erfahrung dieser Schwägerschaft, doch anderst nicht dann ungetaufte Haiden eingenommen werden, und mag eine erbare Schwägerschaft dieselbe wie dann von Alters Herkommen ist henseln und taufen lassen wie die Schwägerschaft für gut ansehen würde". Hierzu bemerkt Wilda, Gildenwesen, 271: „Die Mitglieder der Kaufmannsgilden oder Hansen, daher der Ausdruck hänseln [1], gefielen sich in jenen roheren Zeiten in derber Fröhlichkeit bei ihren Mahlen und in fast bis zur Wildheit ausartenden Spässen. Holberg in seiner Beschreibung von Bergen in Norwegen und des dortigen

---

[1] Vgl. Grimm-Heyne, DWB. s. hänseln.

Hanseatischen Comtoirs (S. 203—89) giebt eine ausführliche Beschreibung von den ungeschlachtet[1] muthwilligen Spielen, die man mit einem Neuling, der zu dieser Niederlassung kam, trieb". — Scherzhafte Berechtigung zu etwas Unmöglichem, wie Jagd auf dem Wasser oder Fischerei auf dem Lande, kommen auch in Weisthümern vor, so z. B. in dem von Queichhambach, Grimm-Schröder V, 562: Uf solche gemelte tag soll der schultheisz macht haben, doch unverbunden hecken, wie er das gewild kan fallen, und uf druckenem land zue fieschen, wie er si kan fangen. Zu Weisenheim (zwischen Dürkheim und Grünstadt a. d. Haardt) erhielten neu aufgenommene Bürger folgende Privilegien: „Ihr dürft auf der leistadter Höhe (einem steinigen Bergrücken) den Krebsfang ausüben, auf dem Kühberg (einem Bergwald) den Fischfang und auf dem Ungeheuer-See die Jagd beschiessen". Müller, Ztschr. f. deutsche Kulturgesch. III, 64. Bei Elpis-Melena, Kreta-Biene. München 1874, findet sich ein hier einschlägiger kretensischer Volksspruch:

  Wer deinen Worten traut
  Und deinen Schwüren glaubt,
  Der jagt im Meer nach Wild
  Und fischt auf grünem Gefild;

wobei man wieder an Schakespare's Coriolan (I, 1) erinnert wird:
  He that depends
  upon your favors, swims with fins of lead
  and hews down oak with rushes.

S. meine Anzeige jenes anmuthigen, aber ziemlich unbeachtet gebliebenen Büchleins in der genannten Zeitschrift IV, 181. 182[2]. Von den „unmöglichen Dingen" handelt ausführlich Uhland, Schriften III, 213 ff.

Bingen. Der Mäusethurm. Böhmer schrieb am 9. August 1843 an Pertz über den ersten Band von Leibnitz's Annales Imperii: „Beim Blättern fand ich die Stelle über den Mäusethurm. Ich glaube sicher, dass Leibnitz in dem Vergleich mit Müsemeister (dem er auch noch Mushaus, Museisen und andere hätte beifügen

---

1) L. ungeschlacht.

2) In des Martin Opitz Schäferei von der Nimfen Hercinie (Ausg. Trillers von 1746 II, 637) findet sich der Spruch: „Wer ihnen (den Frauen) glaubt, fängt Wind auf mit der Hand, Pflügt in das Meer und säet in den Sand."

können)[1], das Rechte getroffen hat. Nach dem, was ich von meinem Freunde Herrn Krieg[2] über mittelalterliche Befestigung gelernt habe, war es mir, als ich vor drei Wochen vorbeifuhr, nicht mehr zweifelhaft, dass der Mäusethurm ebenso zur Burg Ehrenfels gehört, wie die sogenannte Pfalz bei Caub zu Gutenfels; er wird auch wie diese im Anfang des 14. Jahrhunderts errichtet worden sein, als die vervielfältigten und erhöhten Rheinzölle gewaltigeren Arm zur Beitreibung erforderten". Janssen, Böhmer's Leben etc. II, 352. — Ueber die Sage von der Pfalz s. nun auch Weidenbach, Burg Caub oder Gutenfels und den Pfalzgrafenstein. Wiesb. 1868. S. 50—53, über die Mäusethurmsage Corn. Will in Pick's Monatschrift I, 205—216 (wo S. 215, 216 die bezügliche Literatur verzeichnet ist). Er sieht im Mäusethurm einen Wart- und Signalthurm, welcher hauptsächlich den Zweck hatte, das Begegnen der Schiffe in der Nähe des binger Lochs zu verhindern — eine Auffassung, welche ältere Forscher, wie Trithemius, Serrarius und der Verfasser der binger Chronick von 1613 getheilt haben. Mit der Burg Ehrenfels hat der Mäusethurm, vgl. Böhmer's Bemerkung, wirklich in Verbindung gestanden, da sich nach Merian's bildlicher Darstellung von der Burg herab bis an den Fluss Befestigungen zogen, an welche sich der Thurm gewissermassen anschloss (S. 211). Der Name dürfte mit den Geschützen im Zusammenhang stehen, vermittelst derer man die Signale gab; dagegen ist die Ableitung von muos = Speise wohl abzuweisen, indem es, wie C. Will S. 215 bemerkt, „nicht abzusehen ist, welche Art von Speise und zu welchem Zweck solche in dem isolirt stehenden Thurm hätte aufbewahrt werden sollen". — Zum Mythischen vgl. auch noch Simrock, Handbuch[3] S. 445. 446 und Rochholz in Müller-Falke's Zeitschr. f. deutsch. Kulturgesch. Jahrg. 1859 S. 549. 550 (mit vielen Varianten der Hattosage). Auch die Chronik der Freiherrn etc. von Zimmern I, 335 kennt Hatto's angebliches Ende und erzählt Verwandtes (namentlich von einem Grafen von Rotenburg, Bruder Heribert's d. H. von Köln)[3]. — Eingehend über die Mäusethurm- und ver-

---

1) Wie Zinkernagel, HB. f. Archivare, 542, s. v. Mus gethan hat, wo auch der Mäusethurm richtig erklärt wird.
2) Verfasser der „Geschichte der Militär-Architektur". Stuttg. 1859.
3) Derselbig, als er in ainen groszen landstheure ain schewer mit bettlern und armen leuten erfure, do liesz er die anzunden und alles mit ainander verbrennen. Es reuet ihn jedoch seine Missethat, und er kommt

wandte Sagen handelt endlich auch der 1704 in Leipzig erschienene „gelehrte Criticus" etc. S. 317—322, freilich einigermassen kritiklos. — Moller hat im Rhenus l. III, p. 135—145 die Hatto-Sage höchst weitläufig behandelt und humane Betrachtungen mannichfachster Art an sie geknüpft; nicht unlebendig schildert er die verschiedenen Versuche des Bischofs, sich vor den andrängenden Mäusen zu retten. Neues für die Sage oder die eigentliche Bestimmung des Thurmes findet sich bei Moller nicht [1].

Rüdesheim. Gisela. Von Karl Simrock. Eine alte Kapelle zur Gnade Gottes, gewöhnlich jedoch Nothgottes genannt, lag bei Auerbach im Walde gegen Zwingenberg zu. Wenck, Hessische Landesgeschichte I, 143, Note i. — Vgl. auch Ztschr. f. d. Gesch. d. Oberrheins XXVII, 245: „Capella consecrata in honorem agoniae vel martyrii Christi . . . . et dicitur vulgariter: Zur der Nott Gottes". Diese Nothgotteskapelle lag bei Hochheim im Kreis Worms. Bei Walther, Grossherzogthum Hessen (Darmst. 1854) geschieht im Artikel über Hochheim S. 526 dieser Kapelle keine Erwähnung. — Giebt es keine Sagen von diesen Namensschwestern des nassauischen Klosters Nothgottes?

Rheingrafenstein. Der wilde Jäger. Von Bürger. Simrock, Handbuch [3] S. 581. 582: „Wenn mich Pröhle, Harzsagen, tadelt, dass ich in den Rheinsagen Bürger's Ballade vom wilden Jäger:
Der Wild- und Rheingraf stiess in's Horn,
gerade auf den Rheingrafenstein bei Kreuznach angesetzt habe, und meint, am Rheine sei uns ein wilder Jäger durch wirkliche Sage nicht nachgewiesen, so schreibt mir Hr. Lic. R. Oertel, er habe den wilden Jäger des Bürger'schen Gedichts allerdings nicht in einem Wild- und Rheingrafen, wohl aber im Walram von Sponheim-Kreuznach [2] aufgefunden. „Die darauf bezügliche Erzählung giebt Trithemius: Annal. Hirsaug. ad ann. 1354. Die wilde Jagd bewegt sich nach dieser zwischen den Dörfern Winterburg und Pferdsfeld

---

dem Schicksale Hatto's durch die Stiftung des Klosters „Teutsch, gegen Cöln uber gelegen," zuvor. Vgl. Trith. Ann. Hirs. I, 140. 141.

1) Die Kolh. Chron. (II, 502) enthält auch eine Variante der Mäusethurmsage nach mehren Vorlagen mit kleinen Zusätzen, aber unerheblich. Red. Dr. Card.

2) S. über ihn den rhein. Antiquar. Mittelrhein. II. Bd. XVII. S. 83 ff.

im Soonwald in der Nähe des auch Grimm in der Mythologie erwähnten Gauchsberges und nicht fern von einer andern Stelle, die das Volk noch heute Asenwald nennt". Die Erzählung lautet: „In demselben Jahre starb Walram Graf von Sponheim d. ä. am 21. Dec., 79 Jahre alt, und ward in der Kirche von Sponheim begraben. Nach seinem Tode hörte ein Priester im Schlosse zu Sponheim, der Kaplan Gotfrid, als er eines Nachts auf dem Felde zwischen Winterburg und Pferdsfeld spazieren gieng, im benachbarten Walde eine Stimme, wie eines Jägers, der die Hunde nach dem Wilde hetzt. Hierüber sehr erschrocken und erstaunt, fragte er sich ängstlich, was wohl die Stimme an diesem Orte der Finsterniss bedeute, und woher sie komme, als ihn plötzlich eine Menge schwarzer, schrecklicher Jagdhunde umstand, und mitten darunter ein Mann in Flammen gekleidet, auf einem schwarzen, schrecklichen Rosse. Dieser sprach zu dem schon halbtodten Priester: Fürchtet euch nicht, Herr Gotfrid; für diesmal wird euch kein Uebel betreffen, denn ihr habt gebeichtet und mit dem Vorsatz der Besserung die Messe für die Verstorbenen gelesen. Ich bin die Seele des jüngst verstorbenen Grafen Walram und leide diese Strafe so lange Gott will wegen des eiteln und masslosen Vergnügens, das ich lebend an der Jagd gefunden habe, wodurch ich meinen armen Untergebenen an Aeckern und Weinbergen grossen Schaden zugefügt und und das eigene Seelenheil schmählich versäumt habe. Ich bitte dich aber, sprich in meinem Namen mit meinem Sohne, dass er zu meiner Erlösung dreissig Messen an dreissig auf einander folgenden Tagen lesen und ebenso viel Arme an dreissig Tagen speisen, auch einmal neu kleiden lasse, und zweihundert Goldgulden, die mit meiner Zustimmung von Petrus, Fleischer und Bürger zu Kreuznach, als Strafe geringer Verschuldung ungerechter Weise beigetrieben wurden, zurückzahle; dann hoffe ich, dass ich durch Gottes Gnade erlöst werde. Mit diesen Worten entschwand diese Geistererscheinung wie vom Wind entführt; der Priester aber konnte vor übergrossem Schrecken seine Wohnung kaum erreichen. Die Entstellung seines Angesichts und sein plötzlich ergreistes Haar bewies die Wahrheit der schrecklichen Erscheinung, die er gesehen hatte. Seit jener Stunde hat ihn Niemand lachen gesehen, Niemand heiter noch froh, immer traurig und niedergeschlagen". Ist nun auch nicht erweisbar, das Bürger diese Erzählung gekannt habe, so sieht man doch, dass die Annahme als wenn die Sage vom wilden Jäger am Rhein nicht zu Hause sei, die schon immer verwundern musste, ganz ungegründet ist. Auch die Sage von dem Freiherrn Albrecht von Simmern ist zwar wie sie bei Gr(imm) DS. II, 266 [1], erzählt wird, nach Schwaben gelegt, aber die darin vorkommenden Namen Simmern und Stromberg weisen auf den „Hundsrücken". — Man erlaube, dass ich an Bürger's „wilden Jäger" eine Bemerkung über die noch berühmtere „Lenore" anschliesse. In Seybert's Lorelei-Programm befindet sich S. 8. folgende Erzählung: „Zu Geisenheim in Kingel's Hof diente ein Mädchen beim Vieh; deren Bräutigam war in den Krieg gezogen und liess nichts mehr von sich sehen noch hören. Darüber war sie in grosser Betrübniss, und als es gar zu lange wurde, sprach sie in der Verzweiflung: „Ach wenn er nur noch einmal käme und mich mitnähme, wenn es auch in den Tod ginge!" Als sie nun eines Abends im Stalle sass und melkte und dabei bitterlich weinte, kam er auf einem Schimmel an die Thür geritten, nahm das Mädchen vor sich auf's Pferd und jagte fort durch die Nacht im Mondschein. Da fragte er sie:

„Der Mond, der scheinet so helle,
Die Todten, die reiten so schnelle [2];
Feins Liebchen, graut dir?" —
„ „Ach nein, ich bin ja bei dir." "

antwortete sie und fürchtete sich nicht. Und so fragte er sie noch mehrmals, und sie gab dieselbe Antwort. — So ritten sie weit, weit, immer fort, bis sie auf einen Kirchhof kamen voll offener Gräber, davon war eins des Reiters Grab, und darin versank er mit der Braut. — Sie ist aber lange nachher wieder nach Geisenheim gekommen. Zu dieser Erzählung bemerkt Seyberth S. 5: „Bürger's Lenore ist, wie man jetzt mit Bestimmtheit weiss [3], nicht

---

[1] Nach Crusii Ann. — Die Erzählung findet sich auch Zimmerische Chronik I, 102 ff. Der Stromberg, die Localität der Sage, „war aber ein grosser, lustiger Wald im Zabergew", in der Nähe des Schlosses Monheim (Magenheim) im würtemb. OA. Brackenheim. Näheres über diesen Waldbezirk Stromberg s. bei R. Moser, Bschrbg. von Württemberg II, 511. Der von Simrock beigezogene Berg gl. N. auf dem Hundsrücken fiele somit weg. Der Held des Abenteuers Albrecht von „Simmern" gehörte dem berühmten schwäbischen Geschlechte der Freiherrn von Zimmern an und besitzt keinerlei Beziehungen zum Hundsrücken, bezw. zu Simmern.

[2] Vgl. Simrock, Volksl. S. 37. 38 mit der bezüglichen Anmerkung S 596.

[3] „Es handeln davon ausführlich Wackernagel in Haupt und Hoffmann, Altdeutsche Blätter I, 174 und Pröhle, Bürger 77".

von dem Dichter etwa auf Veranlassung einiger Verse, die er hätte singen hören, erfunden, sondern, was den Stoff angeht, vollständig einer sehr verbreiteten Sage entlehnt, die neuerdings in ächt volksthümlicher Form von Vernaleken, Oestreich. Sagen 75, in mehreren Varianten mitgetheilt wurde." — Auf Grund des „Wild- und Rheingrafen" konnte Simrock den „wilden Jäger", ohne im Gedichte selbst eine Aenderung vornehmen zu müssen, in die Nahe-Gegend versetzen; eine Versetzung der „Lenore" nach Geisenheim wäre dagegen ohne eine Aenderung nicht möglich. Wilhelm diente bekanntlich im preussischen Heere — wie wäre jedoch nach dem Frieden von Hubertsburg ein heimkehrender preussischer Truppentheil nach Geisenheim gerathen? Anders wenn er in der österreichischen oder Reichsarmee gedient hätte, und es würde dem Wesen des Gedichtes keinen Eintrag thun, wenn man statt:
Er war mit König Friedrichs Macht
etwa setzen würde:
Er war mit Oestreichs Heeresmacht (mit Oestreichs stolzer Macht Gezogen in die Prager Schlacht etc.   oder ähnlich)
Aber ich fürchte, Bürgers Geist würde Demjenigen zürnen, der, wenn auch in der guten Absicht, für den Rheingau und Simrock's „Rheinsagen" ein so gewaltiges Gedicht, wie die „Lenore" zu gewinnen, den Krieger Friedrichs in die Armee der Kaiserin oder gar in das Contingent eines Reichsfürsten versetzte. Für die Echtheit der geisenheimer Sage dürfte auch der Umstand sprechen, dass keine Brömserin oder sonst ein Ritterfräulein, sondern eine niedrige Viehmagd Trägerin der Sage ist.

Mainz. **Adalbert von Babenberg.** Von Karl Simrock. Züge von tückischer Zweideutigkeit bei Gelöbnissen und Versprechen, wie hier eins vom Bischof Hatto erzählt wird, begegnen uns im Mittelalter nicht selten. Das älteste Beispiel, abgesehen von der Gelimer-Sage, findet sich wohl in des Gregor von Tours fränkischer Geschichte (V, 3): Ein Knecht und eine Magd des Grafen Rauching verehlichen sich heimlich und flüchten sich in eine Kirche; hier schwört der Graf, er wolle sie, wenn sie zu ihm zurückgekehrt, in Ewigkeit nicht trennen, sondern Alles dazu beitragen, dass die Verbindung bestehen bleibe. Die Liebenden kehren zurück; der Graf aber lässt sie miteinander in einem Kasten lebendig verscharren. „Ich habe", äusserte Rauching, „meinen Schwur nicht verletzt, dass sie in Ewigkeit nicht getrennt werden sollen". — Graf Ludwig von Looz verspricht bei Cäsarius, Dial. IX, 48, einen feindlichen Ritter, wenn man ihm denselben gefangen zuführe, nicht körperlich zu verletzen, lässt ihn jedoch, ähnlich wie jener Rauching, in weiche Gewänder eingehüllt, lebendig begraben. — Bekannt ist die Tücke des nicht immer löwenherzigen Richard von England gegen Isaak von Cypern, den er in silberne Fesseln legen liess, weil er nur versprochen habe, Isaak nicht in eiserne legen zu lassen [1] — „Eine merkwürdige Geschichte", so lesen wir bei Schultz, Höfisches Leben zur Zeit der Minnesänger, I, 446, „erzählt Lambertus Ardensis im hundertvierundzwanzigsten Kapitel seiner Historia Comitum Ardensium et Ghisnensium: Der Graf Arnold von Ardres vermählt sich mit Gertrud von Alost; „unter der Menge der von allen Orten zu Hochzeit herbeigeströmten Leute rühmte sich ein Possenreisser (scurra), ein Biertrinker — denn damals war es Sitte Bier zu trinken — als er mit seinen Zechgenossen in einem Hause beim Trunke sass, und sprach es laut aus, er sei ein solcher Trinker, dass, wenn der Herr Bräutigam ihm einen Gaul (ronchinum) oder irgend ein Pferd schenken wolle, er sich getraue, eines der grösseren Fässer aus dem herrschaftlichen Keller, das ganz mit Bier gefüllt sei, auszutrinken. Er wolle den Zapfen herausziehen, den Mund an das Spundloch legen und das Fass leeren ohne abzusetzen, selbst die Hefen austrinken, wenn ihm nur Gelegenheit bereitet werde, während des Trinkens Urin zu lassen. Als diesen Vorschlag der Bräutigam angenommen hatte, leerte der Possenreisser, wie er voraus gesagt und versprochen hatte, saufend, schlingend und trinkend und dabei urinirend — o Völlerei der Trinker und unbedachte Freigebigkeit der Fürsten! — das Fass. Als er damit fertig war, sprang er in Mitten der Gäste und präsentirte als Zeichen seiner Geschicklichkeit (jocularitatis) oder vielmehr seiner Völlerei den Zapfen im Munde und begann mit schreiender und triumphirender Stimme das Pferd, das er mit seinem Trinken dem Vertrage gemäss gewonnen, beständig und keck zu verlangen. Der Bräutigam aber, mit sprühenden Augen ihn anschauend, befahl, ihm sofort ein Ross zu satteln und zu geben. Die Diener jedoch, schnell vorspringend und von ihres Herrn Absicht weislich vorher unterrichtet, hieben Bäume ab, richteten einen Galgen her und liessen ihn auf dem Folterrosse

---

1) Vgl. die Sage vom Vandalen Gelimer bei Aimoin. II, 6 und die Familientradition der hessischen Herrn von Lüder bei Grimm, DS. II, 356. 357.

(eculius)[1] reiten."" Die Zweideutigkeit liegt also in equus und equulius. Die Erzählung des Lambert von Ardre ist ein echt niederländisches Genrebild à la Jan Steen, und könnte der Culturhistoriker eine ganze Abhandlung darüber schreiben. Charakteristisch ist, dass sich Lamberts sittliche Entrüstung nur gegen die Völlerei des armen Scurra richtet, nicht aber gegen Tücke und Bosheit des gräflichen Tyrannen. Lamberts Historia ist übrigens reich an interessanten culturgeschichtlichen Zügen und verdiente wohl nach dieser Seite hin eine Monographie. Schultz hat manche Stellen daraus benützt.

Mainz. Frauenlob. Von Karl Simrock. Eine Andeutung bei Uhland, Schriften II, 302. 303, Frauenlobs eigenthümliches Leichenbegängniss betreffend, verdient Beachtung: „Was schon von Frauenlob gemeldet wird, wie ihn die Frauen zu Grabe getragen, würde den Sitten der Zeit näher gerückt werden, wenn wir in ihnen Schwestern einer von diesem Meister begründeten Singbrüderschaft annehmen dürften." Vgl. Art. 5 des freiburger Stiftungsbriefs von 1513, Uhland a. a. O. 300, und die Erneuerung der Singschule zu Strassburg von 1598, ebend. 302, in welchen beiden Stellen von Antheilnahme der „Schwestern" an der Bestattung verstorbener Singgenossen die Rede ist. — Ueber die Beerdigungen weltlicher Personen, „Minnesänger" (Cunradus de Crucinaco) und „Baumeister", im östlichen Theil des Domkreuzgangs zu Mainz s. Falk in Pick's Monatsschrift II, 459. — Bei den Opfern für die Todten ($\psi v\chi o\tau\rho o\varphi i\alpha$) hätte auch an die „Seelenspeisungen" der heidnischen Völker in den russischen Ostseeprovinzen erinnert werden können, worüber Näheres bei Paul Einhorn, Reformatio gentis Letticae in Ducatu Curlandiae. Riga, 1636 Cap. 7 (neuer Abdruck in Script. rer. Livon. Riga, 1853 S. 605 ff.). — Nach Alfred Boerkel, Frauenlob. Sein Leben und Dichten (Mainz, 1880), bzw. nach Auszügen des Prof. Nik. Müller aus einer Reihe von Handschriften des 14. und 15. Jahrhunderts, welche beim Dombrand 1793 zu Grunde gegangen, wäre Frauenlob nicht 1260 in Meissen, sondern 1270 in Mainz geboren und erzogen worden; sein Familienname hätte nicht Heinrich von Meissen gelautet, „sondern, einem

---

1) Vgl. Str. 30 V. 1 des archipoetischen Gedichts ad Fridericum cesarem (bei Grimm, Gedichte MA. auf K. Friedrich I, S. 67): Volat fama cesaris velut velox ecus.

Meisenvogel in seinem Wappenbild entsprechend, Heinrich zur Meise oder Henricus ad parum". Boerckel S. 2 des Vorworts. „Ausserdem", heisst es dort ferner, „wird ersichtlich, wer seine Eltern, Geschwister und Verwandte waren, wer ihm als Amme, Wärterin und Lehrer diente, und welche Ereignisse auf sein Leben besonderen Einfluss übten". Leider hören wir bei Boerckel nichts Näheres über die Müller'schen Auszüge und die Handschriften, denen sie entnommen sind [1], sondern erhalten die Ergebnisse jener Forschungen Müller's in einem erzählenden Gedichte, also in einer Form, welche sich in Bezug auf Richtigkeit des Thatsächlichen der Kritik entzieht. Da heisst es denn über Frauenlob's Vater:

> In dem schönen, gold'nen Mainz
> Lebte vor sechshundert Jahren
> In dem Haus „Zum Güldenwürfel"
> Fromm und friedlich Stadtrath Diether,
> Der, aus altem Ritteradel,
> Würd'ger Sprosse tapf'rer Ahnen,
> Auch Diether zur Meise hiess,
> Weil sein Wappen in dem rothen
> Felde einen gold'nen Würfel
> Und darüber in dem blauen
> Felde eine Meise trug.

Der Sohn des Herrn „Stadtraths" Diether erhält als Wärterin Maria, „des Poeten Bardals Tochter", und sie ist es, welche ihm zuerst „Sinn für alle schönen Künste" einflösst. Heinrich wird ein echter „Troubadour" und Ritter, der sich duellirt und für eine Reihe benannter Schönen begeistert. Dem luftigen und lustigen Sänger- und Ritterleben entspricht das tragisch-romantische Ende des zwar frommen und edelmüthigen, aber zugleich äusserst lebensfrohen, wir wollen nicht sagen leichtfertigen rheinischen Poeten:

> Da begab es sich am Abend
> Vor dem Sankt Andreastage,
> Bei dem grossen Sängerfeste,
> Dass im Haus des Bürgermeisters
> Adelbald die Bürgerschaft
> Ihrem Gast, dem Böhmenkönig,

---

[1] Die Titel sind im Anhange kurz angegeben. Manche lauten sehr verwunderlich.

Gab zu Ehren, dass sich wieder
Heinrich als der Sieger zeigte
Und vom Konig wie vom Churfürst
Und noch andern hohen Gästen
Dank und Lob und Preis erhielt.
Doch Servatio, ein Wälscher,
(Auch der Phönix von Bologna
Zubenannt), den tief es kränkte,
Dass im Wettsang er erlegen,
Und dabei voll Eifersucht,
Weil des Wirthes schöne Tochter
Heinrich mehr als ihn beachtet,
Gab dem ahnungslosen Sieger
Bei dem Festmahl Gift, entfloh dann,
Eh die Schandthat ruchbar wurde,
Und liess Heinrich todt zurück.

Ob das Bürgermeisterstöchterlein sich am Leichenzuge betheiligt, ob sie das Unheil, das sie, wenigstens zur Hälfte, angestiftet, irgendwie gebüsst, ob sie in ein Kloster gegangen, wird leider nicht mitgetheilt; dies oder Aehnliches wäre der richtige Schluss der Mordgeschichte gewesen. Merkwürdig, dass Albert von Strassburg, der so ausführlich über Frauenlob's Begräbniss berichtet, nichts von jenem Giftmorde weiss, der doch namentlich in Städten, in welchen sich Sängerschulen befanden, Aufsehen erregt haben müsste. Wir wollen Frauenlob's „Amme" und „Wärterin", seine ritterlichen und galanten Abenteuer, vor allem seinen Tod als poetische Fictionen Müller's auffassen; ein fester geschichtlicher Punkt könnte dagegen die Aufstellung sein, dass Frauenlob der Familie zur Meise angehört habe — eine Ansicht, welche auch ein bedeutender Kenner der mainzer Geschichte, einer brieflichen Aeusserung zu Folge, theilt; Localforscher unterziehen vielleicht diesen Punkt einer kritischen Untersuchung.

Frankfurt. Die 9 in der Wetterfahne. Von Karl Simrock. Am 10. Juni 1874 schlug der Blitz in den Eschenheimer Thurm, und wurde die Wetterfahne darauf herabgeschleudert. Ein eingehender Bericht über dieses Ereigniss (in der Beil. z. Allg. Ztg. vom 12. Juni Nr. 163) sagt u. A.: „Eine Baugeschichte und Beschreibung des (von 1400—1427) erbauten Eschenheimer Thurmes von der kundigen Hand des Hrn. von Cohausen findet sich in Band

IV der neuen Folge des „Archivs für Frankfurts Geschichte und Kunst" S. 21 ff. Ebenda (I. Band. Tafel 1) ist die Wetterfahne abgebildet, welche zu den „Wahrzeichen" von Frankfurt gehörte. Ein Wilddieb, Hans Winkelsee, berichtet die Sage, habe sein durch Tödtung eines Forstwarts verwirktes Leben dadurch gerettet, dass er sein Wort löste, mit 9 Kugeln 9 Löcher in Form einer 9 in die Fahne zu schiessen. Die heute herabgestürzte Fahne war übrigens nur die junge Nachfolgerin jenes Exemplars, an welches sich die Sage knüpfte".

Darmstadt. Walter von Birbach. Von Karl Simrock. Vergl. auch die spanische Sage von Fernan Antolinez bei Fastenrath, Spanischer Romanzenstrauss. 40 ff., nach einer Romanze des Lorenzo de Sepulveda. Statt der h. Jungfrau oder des h. Georg tritt hier des Ritters Schutzengel als stellvertretender Kämpfer ein. — In Deutschland galt auch Tilly als Marienritter: „An dem Tage, wo bei Pforzheim die vierhundert Bürger dieser Stadt fielen [1], kniete Tilly in's Gebet versunken in der Kirche des Klosters der Dominicaner zu Wimpfen. Seine Gegenwart bei der Armee schien nöthig, und man sandte ihm aus dem Lager zwei Couriere nacheinander, um ihn zu rufen, weil das Gefecht schon begonnen hatte. Tilly aber erhob sich nicht einmal von seinem Betschemel, sondern zeigte auf das Bildniss der h. Jungfrau Maria und sprach: „Diese kämpft für mich!" Dann betete er weiter fort. Unterdessen sah man im Felde plötzlich einen Reiter erscheinen, der gleich Tilly einen grünen spanischen Mantel trug und ein weisses Ross ritt. Sofort richteten sich mehr als fünfhundert Gewehrläufe auf ihn, aber er blieb nicht nur unverletzt, sondern sprengte sogar mitten durch die feindlichen Reihen hindurch und warf Feuer in die Pulverwagen, so dass sie alle in die Luft flogen [2]. Der furchtbare Donner dieser Explosion erschütterte die Kirche, Tilly erhob sich und trat auf die Strasse, aber da kam ihm bald schon die Siegesbotschaft entgegen. Den Reiter hat Niemand wiedergesehn". Mittheilung von Nodnagel in Wolf's Zeitschrift I, 33.

---

1) Diese so lange für geschichtliche Thatsache gehaltene Mähre ist nun auch, und hoffentlich für immer, durch Hartfelder aus dem Gebiet der Sage in dasjenige der modernen Erfindung verwiesen worden.

2) In der Schlacht bei Wimpfen hat eine Pulverexplosion wesentlich zur Entscheidung des Sieges beigetragen.

Worms. Der Staar und das Badwännlein. Ueber den „weitverzweigten Stamm von Liedern, in welchen das Kind eines ansehnlichen Hauses auf verschiedene Weise weggebracht, gestohlen, ausgesetzt, entführt, dann in Dienstbarkeit verkauft, verpfändet, verdingt, endlich wieder entdeckt wird" etc. s. nunmehr auch Uhland, Schriften. IV. 128 ff.

Frankenthal. Lindenschmidt. Weitere Zeugnisse (Steinhofer, Wirtenb. Chr. III. 881 ff. Ricard. Bartol. Austr. l. V. bei Reuber., Script. 577) und Literatur über Lindenschmidt s. nun auch bei Uhland, Schriften IV 169 ff. — Ueber Lindenschmidt als wilden Jäger hat inzwischen Karl Christ in Pick's Monatschrift V, 453 ff. VII, 67. 68 werthvolle Mittheilungen gemacht.

Oggersheim. Der Hirt von Oggersheim. Von Langbein. Cf. Brachelii historia nostri temporis. Colon. 1650 p. 42. 43[1]: Non praetereunda mihi est opilionis Palatiniani seu fortitudo seu festivitas, cum Corduba ad obsidendum Frankenthalium educeret misit, qui oppidum Ogersheimium ex itinere interciperent, sed cives omnes praeter paucos admodum et opilionem unicum inde Manheimium profugerant. Opilio addere animum suis (viginti fere erant), claudere portas, dejicere pontes, demum procedere in muros atque in hostem audacter explodere. Interim adfuit tubicen oppidumque dedi Caesari postulat; audito Caesaris nomine oppidani caeteri qua cuique visum fuit profugiunt. Opilio solus cum uxore puerpera relictus solitudinem tamen suam dissimulans, quoniam oppidum in Caesaris nomen peteretur, dedere se velle significat, modo sibi de fortunis et religione caveretur. Admissa conditio ac mox portis patefactis ingressi Hispani oppidum vacuum reperiunt. Celebre inde nomen opilionis factum et ille quo magnorum virorum affinitate claresceret, cum paulo post uxor filium enixa esset, Cordubam ut filium e baptismo susciperet rogavit. Neque abnuit ille miratusque hominis festivitatem donis liberalioribus excoluit. — In Folge des Umstandes, dass die Frau des Hirten ihrer Entbindung entgegensah, wäre im Mittelalter das Haus desselben geschützt gewesen. In der Landfriedensurkunde der sechs Kurfürsten, Frankf. 21. März 1438 (Janssen, Frankf. R. Corresp. I, 433) heisst es: Item sollen alle geistliche lude, kindbettern und auch die, die in swerer krang-

---

1) Ad a. 1621, was richtig ist, nicht 1625. Häusser, Gesch. d. Rh. Pfalz II, 368.

heit sint, sicher sin und nicht beschedigit werden. Vgl. N. Samml. d. Reichsabschiede I, 153. 154. — In einer Fehde der Pfalz mit Veldenz und Leiningen 1460 wird ein Dorf zerstört bisz off ein husz, da lag ein kintbettern inne. Speier. Chron. bei Mone, Quellensamml. I, 439 [1]. — Nicht so rücksichtsvoll benehmen sich 1601 die Würzburger in der Fehde zwischen dem Hochstift und der Grafschaft Wertheim, indem sie die ihre Niederkunft erwartende Frau des Pfarrers Christian Egenolf [2] zu Laudenbach aus dem Pfarrhause vertrieben, obwohl ihr Mann, der kindsbett gerechtigkeit zu schonen, gebeten hatte. A. Kaufmann, Beitr. z. Geschichts- und Sagenforschg. im Frankenlande Nr. IX (Archiv d. hist. Vereins zu Würzburg XX. Hft. I S. 38). — Auch in den Spiegeln, z. B. im Schwabensp. Ed. Lassberg §§ 256. 303, und den Weisthümern finden sich mancherlei Belege für die Rücksichten, die man Schwangern und Kreisenden gegenüber zu nehmen pflegte: Wo ein fraw kinds innen ligt, soll der bott das (fassnacht-) hün nemen und soll im das haubt abschneiden und soll der frawen das hün wieder geben und das haubt mit sich nemen. Weisth. von Cobern (Grimm, Weisth. II, 469). Vgl. Weisth. von Virnich (I, 463), des büdinger Reichswaldes v. J. 1380 (III, 429), das von Burgjassa v. 1451 (III, 517), von Prüm (III, 834) u. a. S. auch Grimm, RA. 408. 445 ff. — Auch ausserhalb Deutschlands finden sich Belege für diese Schonung in den

---

1) Kölner Jahrbücher B (Chroniken II, 55). Am 7. April 1416 nehmen die Kölnischen Bedburg ein, ind verbranten id reine in den grund af, ain zwei huis, dae frauwen kindelbetz in lagen. Red. Dr. Card.

2) Er gehörte der berühmten frankfurter Buchdruckerfamilie an, über welche zu vgl. Grotefend, Christ. Egenolff, der erste ständige Buchdrucker zu Frankfurt a/M. und seine Vorläufer. Frankf. 1881. Grotefend lässt den wertheimischen Pfarrer Chr. Egenolff 1598 sterben; in diesem Jahre begannen jedoch seine, von mir a. a. O. geschilderten Kriegsdrangsale; 1603 kam er als Prediger nach Neunkirchen in der Grafschaft Ottweiler. Er war auch Dichter und liess 1599 in Frankfurt einen Band lateinischer Oden drucken. — Ueber die im Text erwähnte langjährige Fehde, welche selbst im Auslande Aufsehen machte — Thuanus schildert einen der Hauptvorfälle —, s. meine ausführlichen Mittheilungen im Archiv d. hist. Vereins zu Würzburg XIX, Heft 2 S. 122—159. „Fehde" ist übrigens nicht der ganz zutreffende Ausdruck; es war ein Krieg, in welchem namentlich von Seiten Würzburgs grosse militärische Streitkräfte, 1606 z. B. 5000 Mann, entfaltet wurden. Selbst in Darstellungen der deutschen Geschichte sollte dieser Krieg und bzw. grossartige Landfriedensbruch Beachtung finden. Vgl. Stramberg-Weidenbach's rhein. Antiq. Mittelrhein, Bd. 17 der II. Abth. S. 738 ff.

Wochen liegender Frauen, so z. B. bei Wace, Roman von Rollo und den Herzogen von der Normandie: Herzog Robert beabsichtigt einen Sturm auf Winchester;
> da sagt man ihm, die Königin,
> sie liege dort als Wöchnerin,
> und Arges habe der verbrochen,
> wer angriff eine Frau in Wochen.

Uebers. von Gaudy, S. 333. — Selbst auf Mütter, welchen die Pflege von Kindern oblag, wurde Rücksicht genommen, so z. B. in den Bestimmungen über die Frohndleistungen zu Buch zwischen Baldeneck und Castellaun (Grimm II, 199). — Unbarmherzigkeit in dieser Beziehung zieht göttliche Strafe nach sich: Wolf Gremlich zu Hasenweiler will einer Hochschwangern das Frohnspinnen nicht erlassen; zur Strafe hiefür bringt seine Frau ein vergifts, böss thier zur Welt. Zimmer. Chr. III, 45.

Kaiserslautern. Friedrich Barbarossa. Von Rückert. Ueber des Dichters unmittelbare Quelle heisst es bei Häussner, Die deutsche Kaisersage. Bruchsal, 1882 (Schulprogramm Nr. 534) S. 47: „Aus Behrens (Hercynia curiosa) schöpfte zunächst Büsching in seinen Volkssagen (Leipz. 1812) und aus diesem wiederum Rückert. Er fügte in seinem bekannten Gedichte, welches nach der eingehenden Untersuchung von E. Koch (Sage vom Kaiser Friederich im Kyffhäuser, nach ihrer myth., hist. und poet.-nat. Bedeutung. Grimma 1880) nicht vor dem Jahre 1817 zur Kenntniss des Publikums gelangt sein kann, einige neue Züge hinzu, welche sich bei seiner Vorlage noch nicht finden. Der Stuhl, auf dem der Kaiser sitzt, ist bei ihm elfenbeinern, der Tisch, worauf er sein Haupt stützt, marmelsteinern. Ferner winkt der Kaiser Friedrich hier nicht einem Soldaten, sondern einem Knaben, „zu sehen, ob noch die schwarzen Raben herfliegen um den Berg"" [1]. — Seit dem gloreichen Kriege von 1870/1 und der Errichtung des neuen Kaiserreiches ist die Kaisersage Gegenstand der eingehendsten Forschung über Ursprünge und Fortentwickelung derselben geworden, und hat sich der älteren, schon reichen Literatur eine jüngere, noch reichere beigesellt; wir verweisen nur auf die Arbeiten

---

[1] Ueber Rückert's politische Auffassung der Kaisersage noch in späteren Jahren s. Dr. C. Beyer, Neue Mittheilungen über Friedrich Rückert. Leipz. 1873. I, 98.

von G. Voigt, und Brosch in Sybels hist. Zeitschrift, von Völter, v. Zezschwitz, Riezler, Michelsen, Dümmler, Koch u. A. Vor Allem ist hier auch auf Döllinger's Abhandlung über Weissagungsglaube und Prophetenthum in der neuesten Folge von Raumer's hist. Taschenbuch Jahrg. I zu verweisen, sowie auf Victor Meyer's Schrift über Tile Kolup, den falschen Friedrich II.[1], — eine Arbeit, die besonders für unsere Rheinlande von Interesse ist. — Zu den weitverbreiteten Sagen über die Wiederkehr geliebter Fürsten geben wir hier noch eine Stelle aus einem, wenn wir uns nicht irren, als Manuscript gedruckten Werke, aus den Lettres inédites du R. P. Joseph Delvaux sur le rétablissement des Jesuites en Portugal. Publ. par Aug. Carayon. Paris, 1866, wo es p. 211 heisst: Il y a ici une secte dite de Sébastianistes; ce sont, autant que nous en pouvons juger, certains enthousiastes, avides de merveilleux, qui prétendent, que le roi Don Sébastien n'est pas mort, mais qu'il a été enlevé miraculeusement, a peu près comme Elie et Enoch, qu'il doit reparaître incessament et ramener le bonheur sur la terre, car il est destiné selon eux à la conquête de l'univers, recouvrera la Terre-sainte et régénéra le monde[2]. Ils se fondent sur un tas de prophéties anciennes et modernes, attribuées à de saints personnages, entr'autres au Père Anchieta de notre Compagnie, et qui ne laissent pas d'embarasser fort les non croyants. Des personnes sages et instruites, qui n'osent rejeter en masses tant de prophéties, qui ne laissent pas de porter, au moins plusieurs d'entre elles, un certain charactère d'authenticité, les interprètent de Don Miguel. Pater Delvaux weilte in Portugal von 1829—1833. Ueber diese Secte spricht auch Bellermann in der Einleitung zu seinen portugiesischen Volksliedern: „In späterer Zeit", so heisst es dort S. IX. X, „nachdem das Ritterthum mehr und mehr durch

---

1) Dieser ist nämlich der ursprüngliche und eigentliche Träger der Sage, nicht Friedrich I., welcher erst seit Anfang des 16. Jahrhunderts und sehr vereinzelt an die Stelle seines Enkels getreten ist. Durch Rückert's Gedicht wird nun wohl für alle Zukunft Friedrich Rothbart der Träger unserer Sage bleiben. Vgl. die bezüglichen Bemerkungen von Franz Görres in Pick's Monatsschrift IV, 165.

2) Also die alte, aus Byzanz stammende Sage vom letzten römischen (oströmischen) Kaiser, welcher vor dem Auftreten des Antichrist's nach Jerusalem ziehen wird etc. (bei Methodius), die ursprüngliche Quelle unserer deutschen Kaisersage. S. Häussner a. a. O. 20 ff. und die von ihm benutzten Vorarbeiten (Zezschwitz u. A.).

die modernen Staatsverhältnisse beseitigt und die Zeit der Helden und ihrer Grossthaten .... vorüber war, ja Portugal selbst sechzig Jahre lang dem spanischen Scepter gehorchen musste, da entstand noch eine besondere Art von Volksdichtung, in welcher sich die Sehnsucht nach einer besseren Zeit in der Form von Prophezeiungen aussprach. Bandarra, der Schuhmacher von Trancoso, ist ihr Repräsentant, und wenn auch die ihm zugeschriebenen, noch vorhandenen Verse zum grössten Theil nicht von ihm selbst herstammen und sehr unbedeutend sind, so hat er doch noch Nachahmer seiner Reime und gläubige Verehrer bis auf die neuesten Zeiten in den Sebastianisten gefunden".

Die von mir S. 135 der Quellenangaben mitgetheilte Stelle aus Cäsarius (Dial. X, c. 47) über ein unbekanntes Volk, das in die Reiche der Ruthener zerstörend eingebrochen, veranlasste einen bedeutenden russischen Gelehrten, Dr. Kunik, kais. wirkl. Staatsrath und Mitglied der Akademie in St. Petersburg, sich mit mir wegen Zeitbestimmung der berühmten Schlacht an der Kalka in Correspondenz zu setzen, und habe ich in den Annalen (XIII. XIV. S. 271. 272) einen hierauf bezüglichen interessanten Brief desselben vom 22. Mai 1862 mitgetheilt. In einem Schreiben vom 26. Aug. 1868 kommt der russische Gelehrte noch einmal auf jenen Gegenstand zurück und berührt zugleich auch die von mir S. 135 und 136 der Quellenangaben beigezogenen Stellen aus Annal. Argent. ad a. 1222 und Fritsche Closener. Diese zweite Zuschrift, wozu ich aber die von 1862 zu vergleichen bitte, lautet:

„Im vorigen Jahre entschloss sich der Privatdocent Winkelmann in Dorpat, die Geschichte Bernhard's II von der Lippe, des Abts von Dünamünde (bei Riga) und Bischofs der Selonen[1], soweit sie auf Lievland Bezug hat, einer neuen Prüfung zu unterwerfen. Ich sandte ihm zu diesem Behuf Ihre Schrift (die zweite Aufl. des Cäsarius) zu, welche er auch in seiner so eben erschienenen Abhandlung (Des Magisters Justinus Lippiflorium. Nebst Erörterungen und Regesten zur Geschichte Bernhard's etc. Riga 1868) benutzt hat. Pag. 67 schreibt Winkelmann:

---

[1] Oder Selen, von welchen die lievländische Reimchronik des Ditleb von Alnpeke V. 337 ff. sagt:
    Selen auch heiden sint
    vnd an allen tugenden blint;
    si haben abgote vil
    vnd triben bosheit ane zil.

„ „Alle Wunder also, welche Cäsarius theils über lievländische Kleriker, theils von solchen erfahren haben will, lassen sich also auf die directen Mittheilungen Bernhard's v. d. Lippe und Gotfried's von Himmelspforte zurückführen, mit denen der Verfasser durch den gemeinsamen Orden der Cistercienser in Verbindung gekommen war" ".

„Sie waren in Ihrem Schreiben nicht geneigt, jene Nachricht über die Hunen, Polowzer, Falben [1] auf Bernhard zurückzuführen, was in der That unmöglich ist, da er erst 1223 (zum fünften Mal) auch Lievland zog".

„Uebrigens haben andere Quellen meine früheren Annahmen bestätigt: Sommer und Herbst 1222 Vernichtung der Polowzer durch die Tataren; Sommer 1223 Schlacht an der Kalka zwischen Russen, dem Rest der Polowzer und den Tataren".

„Der Fluss Khan bei Closener ist sicher für Than (Don) verschrieben".

„Besonders interessant war mir Ihre Verweisung auf Annal. Argent [2]. Die Freude der Juden lässt sich vielleicht erklären: Die erste Tatareninvasion ist nämlich innig verknüpft mit der Sage vom Presbyter Johannes, über welche ich in den 50er Jahren einen kleinen Aufsatz (in den Mem. der Acad.) veröffentlicht habe. Bei der Durchlesung Ihres Excerptes kam mir sogleich der Gedanke in den Kopf, dass die Juden in dem Rex' des Tatarenheeres einen Stammgenossen vermutheten. Die zwei Jahre später erschienene Schrift über den Presb. von Oppert (p. 18 ff. p. 67) hat mich in meiner Vermuthung nur bestärkt". —

„Der Rosskauf", welchen Simrock auf das Gedicht Rückert's folgen lässt, stammt aus höchst verdächtiger Quelle, aus Wilh. von

---

1) Ueber die S. 136 der Quellenangaben in der Note besprochenen Falben finden sich eingehende Nachrichten in den Anmerkungen zu Orig. Livoniae XXVI (Script. rer. Livon. I, 264—266).

2) Ad a. 1222. Die Stelle lautet: De terra Persarum exercitus magnus valde et fortis egressus de finibus suis per adiacentes sibi provincias transitum fecit.... Sed qua de causa egressi fuerint vel quid egerint ignoramus. In brevi vero reversi sunt ad propria. Dicebant tamen quidam, quod versus Coloniam vellent ire et tres magos de gente eorum natos ibidem accipere. Unum tamen scimus, quod Judeorum gens super eodem rumore ingenti leticia exultabant et vehementer sibi applaudebant, nescio quid de futura libertate sua ex hoc provenire sibi sperantes. Unde et regem illius multitudinis filium David appellabant. Ob jüdische Quellen Näheres über diese Hoffnungen und Erwartungen berichten, ist mir unbekannt.

Zuccalmaglio's Fortsetzung der Kretzschmer'schen Volksliedersammlung S. 5—7, und habe ich mich immer über die Aufnahme dieses Stückes gewundert, das ohne allen Zweifel ein modernes Erzeugniss Zuccalmaglio's oder eines seiner Freunde ist. Der liebenswürdige und für alles Schöne begeisterte, aber ziemlich unkritische Alex. Schöppner hat in seinem Sagenbuch der Bayerischen Lande I. 21 den „Rosskauf" bona fide als „altes Volkslied" bezeichnet [1].

Ueber Kaiserslautern als Local der Friedrichssage s. Häussner a. a. O. 41. 42. Das älteste Zeugniss [2] des Georg Sabinus in seiner metrischen Behandlung der deutschen Kaiser (1532) bezieht sich auf Friedrich II; Fischart in der Geschichtkl. Ed. Scheible 504 nennt jedoch Friedrich I: „Demnach hat er (Picrochol) sich verlohren, das noch auff den heutigen tag niemand weisst, wo er hinauss kommen ist; etlich meinen, er hab sich zu dem verlohrnen Hertzog Baldwin von Flandern oder dem Meinicke Müller Woldemar zu Brandenburg oder zu dem Keyser Friderich, der in Asien ertranck, vnd dessen man noch zu Keyserslautern warten ist, gethan".

Heidelberg. Perkeo. Von Joseph Victor von Scheffel. Perkeo. Von Karl Simrock. In den niederrh. Annalen XVIII, 168. 169 gab ich bereits Nachrichten über zwei Riesenfässer, das zu Heidelberg und das noch grössere zu Grüningen (Braunschweig), und erlaube mir über diesen dem Oinologen gewiss interessanten Gegenstand noch einige weitere Mittheilungen folgen zu lassen. Den Reigen eröffne das grosse Fass zu Eberbach im Rheingau: Es konnte LXXIV carratas fassen und wurde im Bauernkrieg eine willkommene Beute der aufständischen Rheingauer. Hennes, Albrecht von Brandenburg S. 210. Auf dieses Fass bezieht sich folgende Strophe eines damals entstandenen Volksliedes:

Als ich auf dem Wachholder sass,
Da trank man aus dem grossen Fass,
Wie bekam uns das?
Wie dem Hunde das Gras,
Der Teufel gesegnet uns das.

---

[1] Ziemlich derb aber wahr äussert sich Hoffmann v. Fallersleben, Horae Belg. Pars oct. Vorw. S. VI, über die Volksliederfabrication W. v. Waldbrühl's (Zuccalmaglio's).

[2] Ein noch älteres Zeugniss für Kaiserslautern als Ort der Kaisersage in der Koeln. Chron. a. a. O. II, 539, wo sie sich aber auf Friedrich II. bezieht. Red. Dr. Card.

Der „Wacholder" war eine Heide bei Eberbach, auf welcher sich das Hauptquartier der Aufständischen befand. — Ein für den herrschaftlichen Zehntwein bestimmtes Fass in Ludwigsburg, 300 Eimer würtemb. fassend, wurde 1719/20 durch den Hofbüttner Ackermann erbaut und durch den Hofbildhauer A. K. Seefried mit Holzschnitzereien verziert; die Kosten betrugen 1408 fl. 43 Kr.[1] Seit 1847 wird das Fass nicht mehr benützt. (Nach Mittheilungen des schwäb. Mercur und daraus in der schweizer Zeitschr.: „Alte und neue Welt" 1882 Hft. 13.) — Von einem (angeblich) 999 Anker enthaltenden Fasse zu Kloster Neuburg bei Wien erzählt Oehlenschläger, Briefe in die Heimath. II, 93. — Aber nicht bloss Deutschland rühmte sich sich solcher Kolosse: In Loretto befand sich nach den Aufzeichnungen über die Gesandtschaftsreise des Fürstbischofs Johann Gottfried von Bamberg (Ed. Häutle S. 73) ein Fass, so 380 barillen (= 200 Eimern) gehalten. Jene Gesandtschaftsreise fällt in die Jahre 1612 und 1613. — Von Salmannsweiler wird erzählt, ein Mönch sei durch das weite Spundloch des dortigen grossen Fasses gefallen und in diesem ertrunken — eine Tradition, welche an den Tod Fiölnirs bei Snorri erinnert: Fiölnir besuchte einst seinen Gastfreund Frodi zu Hledra (Seeland); „da wurde ein grosses Fass gemacht viele Ellen hoch und mit vielen Bandreifen verbunden. Es stand in der Unterstube, aber oben darüber war das Obergemach mit einer Oeffnung in der Diele, durch welche man das Getränk von unten heraufholte. Das Fass war voll Meth, und ward da über die Massen stark getrunken. Gegen den Abend wurde Fiölnir in das darüber liegende Obergemach gebettet und sein Gefolge mit ihm. In der Nacht gieng er hinaus auf die Diele und war seiner Sinne nicht mehr mächtig. Als er zurückkehrte, trat er fehl, fiel in das Methfass und ertrank". Simrock, Handbuch[3] S. 318. Man denkt hiebei an den armen Herzog von Clarence in Shakespeare's Richard III:

I, that was wash'd to death with fulsome wine,
Poor Clarence. —

Auf das Fass in Heidelberg bezieht sich folgendes, mir aber nur durch antiquarische Kataloge bekannte Schriftchen: Morbus Hispanicus ille periculosus, Oder, Spanische Badenfart nach Heilbronn angestellt, umb seinen grossen Durst nach Teutschland auss dem

---

1) Es ist desshalb lächerlich, wenn moderne Reisehandbücher die Kosten für das Fass in Heidelberg auf 80,000 fl. ansetzen.

gesunden Kirchbrunnen daselbst, doch lieber auss dem grossen **Fass zu Heydelberg** zu löschen. Gedruckt im Jahr als der Spanisch raht krebsgängig war. 1621. 12 pgg. 4. Offenbar eine Satyre oder ein Pamphlet gegen die Spanier unter Spinola und Cordova. — Joost van den Vondel gedenkt unseres Fasses in einem Spottvers auf die röthliche Gesichtsfarbe des amsterdamer Pastors Triglandt:

> Een zuiver geus,
> omdat die Rijnsche muskadel
> met al het zuiver nat
> van 't Heidelbergsche vat
> trekt in zijn neus.

Baumgartner, Joost v. d. Vondel. S. 72. — Folge diesen beiden, auf das heidelberger Fass bezüglichen älteren Stellen noch eine dritte aus jüngerer Zeit. Wilhelm Heinse schreibt am 14. Iuli 1780 an Betty Jacobi: Hier stehe ich, besste, theure Betty, und schreibe Ihnen noch diese Paar Zeilen zu einer langen Epistel an unsern Geliebten [1] — auf dem grossen Heidelberger Fasse, welches 236 Fuder Wein in seinem Bauch einnimmt und sechs und dreyssig in der Länge hält, und das ich Ihnen von Herzensgrund voll süssen Kapweins in Ihren Keller oder wenn Sie's da nicht haben wollen, irgend an einen andern Ort wünsche". Körte, Briefe deutscher Gelehrten I, 437. 438.

Bretten. Das Hündchen von Bretten. Von Karl Simrock. S. nun W. Wackernagel's Abhandlung: „Die Hündchen von Bretzwil und von Bretten. Ein Versuch in der Mythenforschung", und Simrocks Bemerkungen, resp. Nachträge hiezu in der 3ten Aufl. des Handbuchs. 338. 586 ff. Gegen Wackernagel Frank im Anz. d. Germ. Mus. 1880 Nr. 11 und Karl Christ in einer kleinen Abhandlung: „Das alte Schloss Hundheim (am Neckar) und das Hündlein von Bretten" (in der lit. Beilage z. Karlsr. Ztg. 1881 Nr. 34). Danach könnte die Sage ihre Entstehung einem Wappen der Herrn von Hundheim an der Laurentiuskapelle zu Bretten, einen stumpf geschwänzten Hund darstellend, verdanken; vielleicht aber auch, indem nach Widder II, 198 am Laurentiustag

---

[1] Diese Epistel, d. d. Heidelberg 14. Juli 1780 (bei Körte I, 416—437) wird einem künftigen Sammler von Wanderberichten über den Rhein zur Beachtung empfohlen.

in Bretten ein Schäfermarkt mit Schäfersprung stattfand, einem Wahrzeichen der Schäferzunft, das in dem Bilde eines Schäferhundes bestanden haben könnte. Wackernagel und Simrock dürften in dem Hündlein von Bretten wohl des Mythischen zu viel sehen (Bretten gleich dem Todtenlande Britannien etc.). — Unsere Sage wäre wieder ein Beleg für die Entstehung der Sagen aus Kunstwerken oder bildlichen Darstellungen [1]. — An jenes Hundheim knüpft sich, nebenbei bemerkt, auch die weitverbreitete Rüden- oder Welfensage. — Der bekannte badische Dichter Eduard Brauer giebt in seinen „Sagenbildern" [2] S. 154—156 folgende „Mähre vom Hündlein zu Bretten": Das Städtchen wird viele Monde lang belagert und leidet endlich an Hungersnoth; um die Feinde aber hierüber zu täuschen wird der trotz aller Noth immer noch wohlgenährte Hund einer reichen Frau in das feindliche Lager gejagt, am Schwanz einen Zettel mit ein Paar Spottreimen, der feiste Bote möge als Zeichen gelten, dass in der Stadt noch kein Mangel herrsche. Die Feinde gerathen in Zorn und hacken dem Hunde — Bruno nennt ihn der Dichter — den Schwanz ab [2]. — A. a. O. 157—159 wird auch der oben erwähnte Schäfersprung zu Bretten geschildert. Jene „Mähre" Brauer's gehört in die Kategorie der Sagen über Listen der Belagerten, wodurch diese ihre Gegner betreffs der wahren Lage im bedrängten Orte zu täuschen suchen. Vgl. meine Bemerkungen über Sagen gleicher und verwandter Art im Archiv des hist. Vereins zu Würzburg. Bd. XX. Hft. 3. S. 179 ff. In diese Kategorie gehört auch, was P. Konrad Burger, Conventual zu Thennenbach, in seinem Itinerarium (1641—78) von der Neustatt (Wien) erzählt (Freib. Diöcesan-Archiv V, 333): Man stellte, von den Ungarn belagert, in allen Gassen „Vierlingfässer mit

---

[1] Für das Alter und die Volksthümlichkeit der Sage zeugt übrigens neben dem in den Quellenangaben schon erwähnten Fischart, auch die Zimmerische Chronik III, 91: Man . . sagt, das bei wenig jaren im Rysz zwen knaben, so des vichs im veldt gehuetet, einandern schellen (Hoden) haben abgeschnitten. Dann wie der ain hat geschnitten, hat der ander auser anreizung des bösen feinds sich auch nit gesaumpt, sein also bald, wie das hundle von Pretten, darvon komen.

[2] Brauer wird die Sage aus mündlicher Tradition gekannt haben, wie auch Ernst Meier, Sagen, Sitten und Gebräuche aus Schwaben II, 356. 357, der den Volksmund als Quelle für dieselbe Sage angiebt. Das Bild stand nach Meyer anfangs am Stadtthor und wurde später aussen an der Laurentikirche angebracht.

Kalch" auf; der König von Ungarn glaubt, es sei lauter Mehl, und zieht ab mit den Worten: „Mit der Weis müste ich noch lang vor der Statt liegen, bis ich sie aushüngerte".

Strassburg. Das Uhrwerk im Münster. Von Adolf Stöber. Aehnlich lautet eine Dürener Sage über den Meister und Erfinder des schönen Glockenspiels auf dem dortigen S. Annathurme, der nach Fertigstellung des Werkes geblendet wurde. In der Mitte des eisernen Balkongitters am Dürener Rathhause befand sich bis Anfang der siebziger Jahre ein kupfernes Brustbild der Justitia mit verbundenen Augen, in welchem Bilde merkwürdigerweise aber das Volk den geblendeten Meister des S. Anna-Glockenspiels sah. Eben durch dieses Brustbild, das jetzt einem Brustbilde des Kaisers Wilhelm hat Platz machen müssen, blieb die Sage von dem geblendeten Meister des Glockenspiels im Volke immer lebendig, es ist sogar möglich, dass das Bild Anlass zu dieser Sagenbildung gegeben hat.

Nicht bloss um ein Unicum zu besitzen, soll man Künstler getödtet oder sonstwie unfähig gemacht haben, ihre Kunst weiter auszüben zu können; es werden auch Beispiele erzählt, dass man Baumeister und Ingenieure aus dem Wege räumte, um das Geheimniss eines Bauwerkes zu sichern. Aus diesem Grunde soll Albereda, die Gemahlin des Grafen Radulf von Bayeux, (um 1010) den Architekten Lanfred, welcher die Schlösser zu Ivry und Pithiviers erbaut hatte, haben umbringen lassen. Orderic., Vital. VIII, 24 [1]. Im nd. Walewein ertränkt man den Ingenieur, welcher einen geheimen unterirdischen Gang angelegt hatte, Weinhold in Müller's Zeitschr. f. deutsche Kulturgesch. II, 144.

Strassburg. Kaiser Sigismund. Von Adolf Stöber. Vgl. Scherr, Deutsche Kultur- und Sittengeschichte [5] S. 244. Der Kaiser schenkte auch in Augsburg nach einem Geschlechtertanz den anwesenden Frauenzimmern goldene Ringe: „Anno 1418 jar da raitt hie ein kung Sigmund .... die statt .... hett im ain tantz. Da schanckt er yeglicher frawen ain guldins ringlin." Chron. von Gründung der St. Augsb. bis z. J. 1469 (in den Chron. d. deutschen Städte IV S. 320. Vgl. auch P. v. Stetten, Erläuterungen der [Eich-

---

1) Ferunt, quod praefata domina ..... Lanfredum architectum .... ne simile opus alicubi fabricaret, decollari fecerat.

lerischen] Vorstellungen aus der Gesch. d. St. Augsburg S. 47 [zu Bild 12]). — Tänze im Freien und namentlich in den Strassen der Ortschaften waren im Mittelalter nicht selten — wir erinnern an Uhland's ergreifende Romanze vom Grafen zu Greiers; „öffentliche ärgerliche Tänze auf den Gassen" verbietet das Centweisthum von Mörfeld (zwischen Darmstadt und Höchst) bei Grimm I, 490 [1]. — Wollte der Lehrer an Stöber's Gedicht eine Bemerkung über Sigismund's heiteres und humanes Wesen anknüpfen, so verweisen wir ihn auf eine Landpartie, welche der Kaiser während des Concils zu Constanz veranstaltet hat: An sant Johanns aubend des töffers, der was an ainem sontag, do ging vnszer herr der küng und die zwo küniginnen und die zwo herzoginen und vil fürsten und herren frü usz nach der tag mess spatzieren und hieszen inn ain imbisz beraiten in des vorgenanten Uolrich Richentals gůt an dem Hard. Das beschach och und kochot man inn ze imbisz und ze nacht vor desselben Uolrichs torggel (Kelter) und aussend all herren und frowen da den imbisz und das nachtmaul in den wisen under den bommen [2]. Const. Concils-Chronik des Ulrich Reichental. Ed. Buck S. 74. Hübsch ist noch folgender Zug, welchen der Chronist bei Gelegenheit dieses Ausfluges mittheilt: Ettlich herren hattend ire pfärd gheft an die jungen bom, das wolt der küng nit und můstend sy heften an die felwen (Weidenbäume). Ein anscheinend unbedeutender Zug, welcher aber doch auf das Wesen des Kaisers ein gewisses Bild wirft: Er deutet wenigstens auf Rücksichtnahme im geselligen Verkehr. Dass übrigens Sigismund nicht gerade ein Tugendmuster gewesen, ist bekannt. S. Quellenang. S. 150.

---

1) Ueber Tänze im Freien überhaupt s. Uhland, Schriften III, 205 ff.

2) Die Herrn des Concils giengen überhaupt viel spatzieren, theils in Gärten, theils in Wäldern, besonders im Aichhorn. Ausserhalb der Stadt in den Waldungen hatten sich Gastwirthe etablirt, bei denen man Wein, gebratene Hühner etc. bekommen konnte. Buck S. 84. Man glaubt so oft, unsere mittelalterlichen Vorfahren hätten für solche Art von Vergnügungen keinen Sinn gehabt. — Auch die freilich weit spätere Zimmerische Chronik weiss von Landpartien mit Collationen, die z. B. vom Schloss Mespelbrunn aus unternommen wurden. S. meine Mittheilungen über dieses alte interessante Wasserschloss (Spessart) in Müller's Zeitschr. f. deutsche Kulturgesch. II, 237. Dass es aber bei solchen Ausflügen immer fein und höfisch zugegangen, wird sich nicht behaupten lassen.

Strassburg. Der Ring. („Es waren einmal drei Reiter gefangen".) Ueber den Zusammenhang dieses Liedes mit der Sitte, dass Jungfrauen einen Verbrecher vom Tode lösen konnten, wenn sie ihn zur Ehe begehrten, s. meine Abhandlung über das Freibitten Verurtheilter durch Jungfrauen in Pick's Monatsschrift VII, 257—270. Man erlaube einen kleinen Nachtrag hierzu: Bei K. Gödeke, Deutsche Dichtung im Mittelalter, findet sich S. 908 der Spruch:

Wer von dem galgen loeset den diep,
dem wird er selten iemer liep;

und ähnlich heisst es in Boner's Fabel 71, man spreche: Wer den Dieb vom Galgen löset, den hat er hernach nicht lieb[1]. Gödeke a. a. O. 666. Man kann hieraus schliessen, dass den Freibitterinnen nicht immer der Dank zu Theil wurde, der ihnen gebührt hätte. Sagt doch auch schon in Wolfram's Parz. 525, 2—4 (Lachmann S. 250) Orgeluse zu Gawan:

Du hôrtst och vor dir sprechen ie,
swer dem andern half daz er genas,
daz er sîn vîent dâ nâch was.

Diese Stellen hätte ich S. 269 verwenden können, wo die Frage aufgeworfen ist, wie sich wohl Ehen, die in einer so aussergewöhnlichen Weise geschlossen worden, späterhin gestaltet haben mögen. — Zu den Volksliedern, welche sich auf jene Rechtssitte beziehen, gehört übrigens auch der in den Rheinsagen mitgetheilte „Herr von Falkenstein" (Taunus), wo das Mädchen in Str. 4 sagt:

Seid ihr der Herr von Falkenstein,
Derselbe edle Herre,
So will ich euch bitten um'n Gefangnen mein,
Den ich will haben zur Ehe.

Als der Herr den Gefangenen frei giebt, knüpft er daran, wie öfter zu geschehen pflegt, die Bedingung des Auswanderns.

Strassburg. Münstersage. Von Ludwig Uhland. Vgl. auch Tieck's Gedicht auf den Münster in Strassburg (Gedichte 1841 S. 341):

Von oben, dem höchsten Sitz, schaut ich hinab,
Wie klein die Stadt, die Wandernden unten,

---

[1] Vgl. Simrock, Sprichw.: Wenn du Einen vom Galgen lösest, der brächte dich selber gerne dran.

Und rückkehrend las ich dann noch freudig
Den Namen „Goethe" in Stein gehauen,
Und seine frische Jugendzeit stand flammend
Vor meiner Erinnerung.

Man vgl. zu unserem Gedichte jetzt auch Düntzer, Uhland's Balladen und Romanzen 187. 188. In einer Note sagt Düntzer: „An der südöstlichen Wendeltreppe finden sich auf der Seite der Plattform im rechten Pfeiler auf einem Stein die Namen Linton (?) und Goethe, auf einem andern Lavater, Lenz, Röderer u. a., diese mit der Jahreszahl 1776; dass Goethe seinen Namen selbst eingemeisselt oder habe einmeisseln lassen, ist zweifelhaft. Gewiss hat er keinen Antheil daran, dass auf einem Steine im Innern, der Pyramide der Uhr gegenüber, die Grafen von Stolberg, Goethe, Herder, Lavater, Lenz u. a. im Jahre 1776, wo der Dichter Strassburg gar nicht sah, eingemeisselt wurden; Lavater, Lenz u. a. finden sich auch in der Hohlkehle des südöstlichen Thurmpfeilers."
— Uhland's „Münstersage" stammt aus dem Jahre 1829, Tieck's „Reisegedichte" fallen in die Jahre 1805 und 1806; Tieck wäre somit der Erste, welcher von jener Inschrift Anlass genommen Goethe eine Huldigung darzubringen, wenn auch nicht in der sinnigen und lebendigen Weise Uhland's, das Wirkliche sagenhaft-allegorisch umzubilden und auszugestalten. Vgl. „die Ulme zu Hirsau".

Augst bei Basel. Der arme Leonhard. Von Karl Simrock. Die Sage von Augst (bei Basel) hat sich auch in der Mittelrheingegend localisirt: „Ein junger Mann aus Nassau findet Nachts an der Stelle der Bäderlei bei Ems ein hell erleuchtetes Schloss. Der Pförtner empfängt ihn freundlich mit zwei Humpen des köstlichsten Weins und ladet ihn ein, ehe er den dritten leere, sich das Innere des Palastes anzusehen. Hier heisst ihn eine schöne Jungfrau, zur Hälfte in Schlangengestalt, willkommen, scheucht die drohenden Hunde und beschenkt ihn mit mancherlei Münzen. Auf ihre Mittheilung, dass sie, eine königliche Prinzessin, von einem feindlichen Könige verzaubert und verbannt sei und nur durch drei Küsse eines reinen Jünglings erlöst werden könne, beginnt jener das Befreiungswerk, hat aber nicht den Muth, es durch den dritten Kuss zu vollenden, da die Jungfrau auf's Furchtbarste schreit und wüthet. Sofort verschwindet er und hat nie mehr den Weg zum Schlosse finden können." Seyberth im zweiten Lorelei-

Programm S. 19. — Die Sage ist vollständig gleichlautend mit der von Simrock bearbeiteten, den Schluss ausgenommen: „Hernach hat es sich begeben, dass ihn (den Leonhard) etliche in ein Schand-Haus mitgenommen, wo er mit einem leichtsinnigen Weibe gesündigt. Also vom Laster befleckt, hat er nie wieder den Eingang in die Schlauf-Höhle finden können, welches er zum öftern mit Weinen beklagt." Grimm, Deutsche Sagen I, 18. 19. Grade dieser Schluss aber verleiht der augster Sage und bzw. ihrer Bearbeitung durch Simrock, man möchte beinahe sagen, etwas Tragisches.

Constanz. Graf Gero von Montfort. Von Gustav Schwab. Diese schöne Sage vom Bodensee wird nun auch durch die Zimmerische Chronik als echt bezeugt (II, 282—284): Uf ain zeit wollt er (Gero's Vater) mit seinem gemahel von Montfort herab gen Pfullendorf raisen ..... do war sie aber ganz schwanger und grosz leips; nichts destoweniger do raiset der graf uf dem Bodensehe herab und fur bisz gen Costanz zu dem Aichhorn, ist ain ser schens und lustigs weldle¹ .... Wie sie nur an dasselbig ort kamen, das sonst ain lustigs und schens wesens sommers zeiten, do ward der grefin im schiff wehe zum kindt, und wiewol man sie in der eile daselbst ussetzen und der gepur nach handlen wollt, iedoch nach dem willen Gottes gepar sie•ain schönen son im schiff. Als Gero alt, schwach und lebensmüde geworden, beschliesst er zu Petershausen in den Orden zu treten, und fur darvon den sehe abhin nach Pettershausen, der mainung, sein überig zeit daselbst zu verschleiszen. Wi si nun den Bodensehe herab komen zum Aichhorn, da der graf ainest vor vil jaren war geborn worden, do het der allmechtig ain henttegen an seiner krankhait, das er gleich daselbst im schiff verschiede.

Ueberlinger See. Schwäbische Tafelrunde. Ein schottisches Lügenlied erzählt: „Vierundzwanzig Hochländer jagen eine Schnecke, der Hinterste spricht: „Nehmen wir sie am Zagel!" Sie streckt ihre Hörner wie eine ungehörnte Kuh, der Vorderste spricht: „Nun spiesset sie uns alle"." S. Uhland, Schriften III, 232.

St. Gallen. Der Kaiser und der Abt. Von Bürger. Eine spanische Variante: „Der Pfarrer von San Babilés", findet sich bei

---

1) Vgl. die Anmerkung zu Stöber's „Kaiser Sigismund".

Fastenrath, Wunder Sevilla's 279 ff. Dem Gedicht Fastenrath's liegt eine Prosaerzählung des Don Antonio de Trueba: Grammatica parda, zu Grunde. — Eine interessante Räthsellegende wird im Bonum universale des Thomas Cantipratensis [1]) mitgetheilt: „Fuit sacerdos quidam vita et officio dignus, qui beatum Bartholomaeum apostolum specialiter diligebat et in eius solemnitate plures quam alio tempore pauperes recreabat. Accidit autem in quodam huius apostoli festo, ut celebrata missa daemonem in specie pulcherrimae mulieris honesti habitus et decentis extra ecclesiam stantem invenerit. Quam salutatam rogat, ut secum ad prandium declinaret. Qua annuente introducta est et ad mensam cum sacerdote resedit. Iuxta solitum autem nullus tunc pauper fuit invitatus. Non immemor ergo beatus Bartholomaeus devoti erga se presbyteri et frequentissimae servitutis venit ad portam illius in specie pauperis et mendici. Quo clamante occurrit famulus domus, ingressum negat, praecepit post prandium eleëmosynam expectare. Cui apostolus benigno vultu: Bene, inquit, expecto; sed interim dicas domino tuo, ut respondeat et renunciet mihi, quid illud sit, quod in rebus mundi mirabilius est et tamen unius pedis spacio terminatur? Subridens ergo servus venit ad dominum, exponit illi mendici hominis quaestionem. Cui cum sacerdos respondere non posset, susurravit ei mulier invitata in aure: Facies hominis est, quae in tot hominibus diversificata consistit, ut nulla sit similis alteri forma, cum in omni-

---

1) Ein geborener Brabanter, seit 1230 Mitglied des Dominikanerordens, Cantipratensis cder Cantipratanus von dem Chorherrnstift Chantimpré bei Cambray genannt. Sein Buch vom Bienenstaat (Thomae Cantipratani Bonum universale de apibus. Ed. Colvenerius. Duaci. 1627) verfasste er 1263. S. Wattenbach, Deutschlands Geschichtsquellen 439. Böhmer (Leben und Briefe II, 531) schrieb mir am 5. Mai 1849: „Neulich lernte ich den Thomas Cantimpratensis kennen, der ganz zum Cäsarius gehört. In seinem Liber Apum vergleicht er Alles mit den Bienen: Weil die Biene zwei Flügel und einen spitzen Stachel hat, darum soll der Mensch zu arbeiten anfangen, damit fortfahren und damit fertig werden." Böhmer trieb mich hier in feiner Weise zur Beschleunigung einer zwischen mir und Ficker verabredeten Herausgabe kölnischer Quellenschriften, namentlich Chroniken, die sich jedoch daran zerschlug, dass Ficker sich den westfälischen Quellen zuwandte, ich aber in Dienstverhältnisse kam, welche solche Arbeiten unmöglich machten, was Böhmer denn auch einsah. Vergl. seinen Brief vom 6. April 1858, a. a. O. III, 247. Ueber Thomas von Chantimpré hoffe ich eine Arbeit zu liefern, die sich an Cäsarius anschliessen und ein Gegenstück zu dem Buche über diesen bilden soll.

bus sit eadem natura[1]. Quaestionem ergo solutam remittit presbyter et cum solutionem laudasset apostolus, Vade, inquit, adhuc et quaeras ex parte mea, quid sit magis proprium hominibus in rebus habitis? Regressus igitur servus quaerentis verba proponit. Super hoc etiam nescio sacerdoti mulier in aure respondet: Propriissimum, inquit, hominis in rebus habitis est peccatum. Susceptam itaque solutionem a domino refert servus ad portam. Quam cum iterum laudasset apostolus: Sapienter, inquit, quaestiones duae solutae sunt; adhuc addam et tertiam et tunc quiescam. Vade igitur et quaeras a domino tuo ex parte mea, quot miliaribus via a coelis ad infernum extendatur? Rediens famulus tertio iam verba proponit et hoc quoque presbytero ignoranti mulier in aure susurrat dicens: Hoc nemo melius novit, quam qui viam illam saepius eundo ad inferos mensuravit[2]. Hanc cum servus susceptam a domino suo responsionem retulisset ad portam: Bene, inquit apostolus, respondit dominus tuus. Vade ergo et dic illi: Et quis est ille, qui viam illam saepius mensuravit nisi daemon nequissimus, qui in specie mulieris prudentis tecum leniter in aure susurrat et te ad concubitum illecturus erat, nisi ego Bartholomaeus apostolus, cui devote servivisti, te misericorditer praevenissem. Nec mora, ubi haec servus domino suo nuntiarit, statim ab oculis eius daemon evanuit. Qui mire stupens a mensa surrexit et currens ad portam, ut suum liberatorem cerneret, non invenit." In der Legenda aurea findet sich dieselbe Erzählung in doppelter Version, einmal (cap. CXXIII, 5) wie bei Thomas auf den h. Bartholomäus und das andere Mal mit unwesentlichen Modificationen auf den h. Andreas übertragen (cap. II, 9); nur ist in dieser zweiten Version der Apostel nicht der Fragende, sondern der Befragte, welcher sich durch Lösung von Räthseln Gastrecht erwerben soll, vgl. über diesen, besonders in den nordischen Quellen öfters erwähnten Brauch Uhland, Schriften. III, 182. 289. In allen drei Erzählungen aber wird der

---

1) Vergl. Wackernagel, Sechzig Räthsel und Fragen (in Haupt's Zeitschr. III, 28. 29). Ein frag. welchs das gröst wunder werck gottes sey. Ant. das er so vil menschen geschaffen hat. doch kains dem andern gleich ist.

2) Vergl. Wackernagel a. a. O. 32: Ein frag. Wie hoch vom himel her ab sey. Antwurt. Das waiss nach got nyemant dan der teüfel, der hat es gemessen vnnd mag nit wider hin auff kommen. Vgl. auch die Frage in des Strickers Pfaffen Amis und im 27. Cap. des Eulenspiegel (Simrock, Volksbücher X, 375), wie hoch vom Himmel bis zur Erde sei.

schlimme Gast, der sich unbefugt in ein Haus eingedrängt hat, durch die dritte und schwierigste Frage (fiet ei tertia quaestio gravissima et occulta et ad solvendum difficilis et obscura, ut sic eius sapientia tertio comprobetur et dignus sit, ut ad mensam episcopi merito admittatur, leg. aur. c. II) als böser Dämon entlarvt und aus dem Hause fortgeschafft, wie auch in unserem „Abt von St. Gallen" die dritte Frage die entscheidende ist und den Kaiser über das wahre Wesen des Befragten aufklärt. — Wie Simrock unsere Erzählung mit dem nordischen Mythus (Waftbrudnismal, Herwararsage) in Zusammenhang bringt, s. m. in dessen Handbuch [3] 436. 466. — Zu den vielen Bearbeitungen unseres Stoffes in Dramen [1], in kleinen epischen Gedichten und in Prosa kommt noch eine niederdeutsche Darstellung in des Josepe (15. Jahrh.) Gedicht von den sieben Todsünden (Bibl. d. Vereins f. Kunst u. vaterl. Alterth. zu Emden. Ausg. in Babucke's Progr. d. Norder Progymn. 1874). Der Hirt wird hier Reyneke genannt — eine ganz passende Benennung des durchtriebenen Burschen. Näheres über Joseph's Gedicht findet sich in Müller's Zeitschr. f. deutsche Kulturgesch. III, 771. Vgl. auch Dr. Babucke's briefliche Aeusserung in Pick's Monatsschrift I, 396. — Nach Karl Unkel's Mittheilungen über Sitten, Sagen etc. aus Honnef (Annalen XXXVIII) wurde unser Schwank auch von dem Abt und dem Saujungen der Speckermönche bei Düsseldorf erzählt. A. a. O. 98. — Zu den 30 Silberlingen (pence in dem engl. Gedicht King John and the abbot of Canterbury, Reichsgulden bei Bürger) vgl. Grieshaber's älteste oberrh. Chronik in Prosa S. 16, wo es von Titus heisst: Der gewan Jerusalem und gab trisig Juden umbe einen phenning als Cristus umb trisig phenninge wart gegeben [2].

---

1) S. das Spil von einem keiser und eim apt bei Kurz, Gesch. d. deutsch. Lit. I, 740—742.

2) Vorher heisst es von Vespasian: Vespasianus hatte wespen in der nasen. do der vernam von unserm herren die zeichen, do fielen im die würme ûs der nasen. (Dies ein vielfach behandeltes Thema, Litteratur Koelh. Chron. II, 311. Red. Dr. Card.) Der Talmud (Hagada) weiss von einer colossalen Mücke, welche dem Titus — im Talmud heisst er immer harascha, der Bösewicht — zur Strafe für die Zerstörung Jerusalems zuerst in die Nase und von da in's Gehirn gekrochen sei und an letzterem gefressen habe. S. Ludw. Kalisch, Bilder aus meiner Knabenzeit 35. 36 — ein an jüdischen Sagen und Legenden reiches Büchlein. Vgl. die Bemerkungen zu „Wilhelm von Holland".

Die Häuser Saalecke und Mirweiler zu Köln.

Von **J. J. Merlo.**

I. Haus Saalecke.

Die Stadt Köln hat nur noch sehr wenige jener stattlichen, burgartigen Wohnsitze aufzuweisen, welche bis in das Mittelalter zurückreichen und schon in der äusseren Erscheinung das Gepräge der Vornehmheit ihrer Erbauer tragen. Nennen wir die Häuser Overstolz in der Rheingasse und Wolkenburg am Cäcilien-Klosterplatze — dem Hackeney'schen Palaste auf dem Neumarkte ist, mit Ausnahme des Thurmes, sein alterthümliches Aussehen gänzlich benommen —, so bleibt nur noch das nach der gegenwärtig besitzenden Familie so genannte Etzweiler'sche Haus auf der Ecke der Strassen Am Hofe und Unter Taschenmacher, mit den Nummern 15 und 17 zur letztgenannten Strasse zählend, anzureihen. Waren die beiden ersteren ursprünglich die Ansiedel mächtiger edler Geschlechter, so repräsentirt das dritte Bauwerk den Reichthum und die Behäbigkeit vom Glücke gehobener bürgerlicher Familien. Es ist der Aufmerksamkeit unserer örtlichen Geschichtsforscher nicht entgangen, und die fremden Besucher der Stadt werden in ihren Reisehandbüchern nicht leicht den Hinweis auf dasselbe vermissen.

Als in den Jahren 1834 bis 1835 diesem Hause eine sorgfältige Wiederherstellung zu Theil geworden, brachte das Beiblatt Nr. 3 der Kölnischen Zeitung von 1835 sowohl dem Eigner als auch den Künstlern, welche durch Rath und That mitgewirkt hatten, nämlich dem Maler und Zeichnenlehrer Heinrich Oedenthal und dem Bildhauer Christoph Stephan, eine wohlverdiente Ehrenmeldung. Die beiden letzteren hatten insbesondere dem an der nordöstlichen Giebelecke aufgestellten, mit seinem schlanken Baldachin hoch emporsteigenden schönen Marienbilde [1], sowie den Erkern, welche

---

1) Der schöne Brauch, an den Häusergiebeln das Bild der h. Jungfrau

in der Höhe an den Ecken, von Säulen mit kannelirt-gewundenen Schäften unterstützt, angebracht sind, ihre Fürsorge zugewandt. Der Verfasser des betreffenden Aufsatzes war De Noël (D—l), und wie anerkennenswerth sein aufmunterndes Auftreten im Allgemeinen sein mag, so hat er doch bei derselben Gelegenheit eine historische Notiz als Anmerkung beigegeben, die durchaus unrichtig ist, indem sie das in Rede stehende Haus in der Namensbezeichnung mit einem ganz anderen verwechselt — ein Irrthum, der von da an von allen Localschriftstellern, Fahne und Ennen nicht ausgenommen, durch blindes Nachschreiben bestätigt und bis zum heutigen Tage in Geltung geblieben ist.

De Noël sagt: „Dieses Haus und das mit Nr. 5896 (neue Nr. 4) auf der Cäcilienstrasse bezeichnete führen in den alten Pfarr-Registern den Namen „Myrweiler-Hof"; beide, sowie die Burg zum Glockenring bei St. Gereon, Plankgasse Nr. 3569 (neue Nr. 3), waren Eigenthum der Familie von Lyskirchen, zu Myrweiler genannt. Das in Rede stehende erstgenannte Haus dürfte, zufolge der Form seiner scheinbar ursprünglichen Fensteröffnungen, welche in das 16. Jahrhundert hinüberreicht, der Epoche angehören, in welcher (1531) die Wittwe des letzten Constantin von Lyskirchen [1] mit einem Helmstael von der Sulze zur zweiten Ehe schritt und ihm so bedeutende Besitzthümer zubrachte."

De Noël war in den Schreinsbüchern (sie scheinen unter den

---

aufzustellen und durch diesen sinnigen Schmuck Haus und Hausbewohner dem Schutze der Gottesmutter anzuempfehlen, soll um die Mitte des 14. Jahrhunderts in Köln zuerst aufgekommen sein. Die Koelhof'sche Chronik von 1499 erzählt Bl. 254[b] in dem den Erzbischof Walram († 1349) betreffenden Abschnitt: „Item so hait he ouch as ich hain horen sagen gesatzt dat Marienbilde ind eyn hangende luchte dair vur bynnen Coellen an der oueren buttengassen ort (Ecke) Ind is gewest dat eyrste Marienbilde in Coellen die vp den canten van den straissen stain. Ind is ouch als ich hain hoeren sagen aflais. dair tzo gegeuen der eyn Aue maria vur dem bilde spricht.

1) Die Familie hat in ihrer Hauptlinie noch manchen Constantin aufzuweisen, wovon mehrere Bürgermeister wurden. Im Jahre 1670 führten Constantin von Lyskirchen und Caspar von Cronenberg die Regierung. Der von De Noël genannte Helmstael von der Sülze hiess Wilhelm (abbreviirt Helm) Stael v. d. Sülze. Seine Frau war die Wittwe eines Constantin von Lyskirchen, der zwar den Glockenring, aber niemals weder Haus Saalecke noch Haus Mirweiler besessen hat. — Auch als weiblicher Name kommt Helma und Helme vor; 1428 lebte eine „Helme weduwe heren Emonts vam Cusine Ritters."

Pfarr-Registern verstanden zn sein, da sie grösstentheils nach Pfarrbezirken eingetheilt und benannt sind) fast gänzlich unerfahren, und es muss als ein Irrthum bezeichnet werden, wenn Ennen (Zeitbilder aus Köln, 293) seinen Auszügen aus den ältesten Schreinsbüchern einen hohen Werth beilegt. Die Auszüge, welche De Noël's Nachlass enthielt [1], sind grösstentheils von einer fremden Hand gemacht, und wo er selbst sich daran versuchte, beweisen zahlreiche offen gelassene Stellen, die er in ihren Abbreviaturen nicht zu enträthseln vermochte, wie fremd ihm das Gebiet der alten Urkunden war. Zudem ist dabei nur in ein paar Schreinsbüchern geforscht worden.

In einem Schriftchen von Ernst Weyden: Das Haus Overstolz zur Rheingasse, ist S. 16 dem Etzweiler'schen Hause die Benennung „zur Rose am Hof" zuerkannt, wahrscheinlich nach einer Rosette, welche als Verzierung am nördlichen Giebel angebracht ist.

Ich führe den Leser nunmehr auf das Gebiet der Wirklichkeit.

In den letzten Decennien des 13. Jahrhunderts lebte zu Köln ein Steinmetz mit dem Namen Meister Thilmann, auch Thelemann und Theoderich genannt, der durch fortschreitenden bedeutenden Gütererwerb sowie durch den Umstand, dass er der Schwiegervater des Dombaumeisters Johann [2], des Vollenders des Domchores, wurde, zu erkennen gibt, dass er ein angesehener und viel beschäftigter Mann gewesen. Seine werthvollste Besitzung, wo er zugleich seine Wohnung nahm, entstand aus mehreren Ankäufen an der eingangs bezeichneten, innerhalb des Pfarrsprengels von St. Laurenz gelegenen Eckstelle. Die erste Erwerbung geschah im März des Jahres 1280 von den Kindern des Ritters Godefrid von Halle, bestehend aus dem Unter Taschenmacher (inter Rintsutere), dem Palaste gegenüber und zweitnächst der Ecke gelegenen Hause, wofür er jährlichs zwei Mark Geldes nebst zwei Kapaunen als Erbrente zu entrichten übernahm. Im Mai 1282 folgt das südwärts neben Scharpenstein gelegene Haus, welches sich auch als Elmerichs- oder Emmerichs-Haus bezeichnet findet, durch Ueber-

---

[1] Der Verfasser hatte Gelegenheit, dieselben bei einem Neffen und Miterben De Noël's, Professor Heimsoeth in Bonn, einzusehen.

[2] Meister Johann heirathete Thilmann's Tochter Methildis, die vor 1315 starb, in welchem Jahre Johann als Wittwer erscheint. 1336 lebt er in zweiter Ehe mit Katharina, der Wittwe eines Mathias von Bonn. Eine Urkunde von 1330 (Nid. Vadim. antiq.) nennt die verstorbene erste Frau „Methildis quondam de Sailecgin."

trag seitens der Eheleute Richwin und Frederunis. Erst 1295 im November erhält er von sechs Geschwistern das Eckhaus selbst, welches die Benennung Scharpenstein[1] führte, „prout iacet ex opposito palatij in angulo inter Sutores". Bei diesen drei Veranlassungen ist er jedesmal „Theodericus lapicida" genannt und neben ihm lernt man auch seine Frau Gertrudis oder Druda kennen. Die Urkunden finden sich im Schrein von St. Laurenz, Liber tertius, eingetragen.

Meister Thilmann, nachdem er diese drei Bestandtheile in einem Neubau zu seinem Wohnsitze[2] vereinigt hatte, gab demselben einen veränderten Namen. Bei einer Eintragung von 1318 die bti. Marcelli (Laur. Lib. III) liest man: „in domo dicta Scharpinsteyn que modo dicitur Saylecken", und daher findet sich der Besitzer denn auch in mehreren Schreinsurkunden als magister Thilmannus de Saleegin vorgeführt. Der benachbarte erzbischöfliche Palast, im Volke der Saal genannt, liess ihn diesen Namen für sein auf der Ecke gegenüber gelegenes neues Haus wählen.

Dasselbe konnte auch Fahne, bei seinen umfassenden Schreinsstudien, nicht fremd bleiben; aber nachdem er, De Noël folgend, an die Stelle ein Haus Mirweiler gesetzt, wurde ein neuer Missgriff unausbleiblich, so dass er „das grosse Haus Saalecke neben das Palatium des Erzbischofs" verweist. (Dipl. Beitr. S. 22.) Unsern Steinmetzmeister Thilmann kennt er (S. 33) nur als „Tilman aus Köln, und dessen Frau Gertrud, wohnten 1285 in der Johannisstrasse neben dem Hause Hengbach gegenüber der Servas-Capelle". Die Urkunde in Niderich, A domo ad portam, meldet hingegen umgekehrt, dass Thilmannus lapicida et uxor sua Gertrudis im Jahre 1285 duas mansiones sub uno tecto sitas apud sanctum Seruatium ex opposito domus dicte Hengebag erwarben.

Das nach Süden (Unter Taschenmacher zur Bürgerstrasse hin) anstossende Nebenhaus wurde Klein-Saalecke, parva domus Saleckgin, genannt.

---

1) Ein anderes Haus Scharpinsteyn lag auf der Cäcilienstrasse. Es kam 1513 in den Besitz des Goldschmiedes Daym (Adam) Pyll, aus dessen Nachkommen drei kölner Bürgermeister hervorgingen, die den Familiennamen Pfeil von Scharfenstein, auch v. Scharfenstein genannt Pfeil, führen.
2) Eine Schreinseintragung aus dem Jahre 1283 (Laur. Lib. III) sagt: domus quam Thilmannus lapicida inhabitat sita ex opposito palacij. Das Haus Scharpenstein wird er damals nur als Miether benutzt haben.

Die Schreinsbücher enthalten die vollständige Chronologie der nachgefolgten Besitzer des Hauses:

1341 feria vj*. ante festum nat. bti. Joh. bapt. Druda relicta quondam Johannis de domo medonis . . . domum dictam salecgen cum domo contigue adiacente versus vicum Judeorum.

1373 crastino bti. Thome. Druda uxor Johannis vam henberge . . . domum magnam nuncupatam Saleckgin sitam in ordone inter Galeatores [1]. Item parvam domum Salekgin sibi adiacentem versus domum ad porcum.

1399, 15 Martii. Durghine elige dochter wylne Johans vamme houberge mit Johanne Juden yren eligen manne.

1401, 19 Augusti. Johan genant Howyser.

1470, 4 Novembr. Jacob Hauyser — Godart Hauyser.

1471, 27 Octobr. Gotschalck van Gilsse ind Styngyn sin elige wyf.

1477, 8 Octobr. Heynrich, Marie ind Ailheit van Gilse . . . dat groisse huyss gnant Salecgen gelegen vp dem orde vnder helmsleger. Item dat cleyn huyss ouch gnant Salecgen daran gelegen zom vercken [2] wert. Item eyn huyss dat wilne Emmelrichs was gelegen by dem huyse Salecgen vurss. Item des Smalenhuyss ouch gelegen by Salecgen ane eyn huyss ind was ouch wilne Emmelrichs. Item zwey halffschiet eyns halffschiet des huyss nyest Salecgen gelegen zo des hertzogen huyse wert van brabant [3]. Item dat huyss gelegen nyest dem huyse zom vercken zom pallais wert ind der Stouen da achten gelegen.

1485, 22. Januarij. Johan van Meelheym.

In ihm, der über vierzig Jahre im Besitze geblieben, wird man

---

1) Der untere Theil der Strasse Am Hofe hiess so, weil hier die Helmschläger sich niederzulassen pflegten.

2) Der Bäckermeister Heinr. Jos. Becker erwirbt am 7. November 1788 (Laur. Lib. II) das Haus genannt zum rothen Schild „neben dem goldenen Vercken zu helmschlägeren warth." Das gedruckte Einwohnerverzeichniss von 1798 hat denselben als Bewohner von Nr. 2163 Unter Taschenmacher, welche Nummer der jetzigen Nr. 9 entspricht. In dem Hause ist andauernd bis zur Gegenwart eine Bäckerei betrieben worden. Das Haus Zum goldenen Vercken oder, wie man im Mittelalter einfach sagte, „Zum Vercken, ad porcum", trägt jetzt die Nr. 7.

3) Ueber das Haus des Herzogs von Brabant habe ich in Heft 63 u. 64 der Jahrbücher des Vereins von Alterthumsfreunden im Rheinlande eine ausführliche Abhandlung mitgetheilt.

den Erbauer des Hauses in seiner gegenwärtigen Gestalt vermuthen dürfen.

1528, 24. Augusti. Johan van Neyll vnd Druitgen syn elige huysfrauwe.

1560, 23. Novembris. Gertruyd vnd Anna van Niell. Magdalena van Niell mit Alberto Horst der Rechten Doctori.

1566, 2. Martij. Johann vom Krieptz vnnd Gertrud vonn Nyell eheluide.

1608, 20. Octobris. Gertraudt vonn der Reck mit dem Edlen Ehrenuesten Constantin von Leiskirchen [1] jhrem ehehauswirdt ($^2/_3$) — 1613, 16. Julij, Laur. Lib. II. Dieselben ($^1/_3$).

1673, 6. Maij. (Lib. I.) Frau Anna Margaretha von Ritz [2] gebohrne von Lyskirchen mit ihrem Eheherrn Johann Caspar von Ritz zu Etgendorff NiederEmb vnd Draussdorff. — Henrich Stamberg Kauffheudtler vndt Frawe Gertrudt Köningshouen eheleuthe.

1705, 9. Junij. Frawe Anna Catharina Stambergs verwittibte Engelskirchens. Sie trennt das „kleine hauss genant Saleggen nunmehr zum weissen Lewen genendt".

1754, 23. Julij. Maria Agnes, Maria Elisabeth und Maria Agatha Josepha Ellers.

1784, 12. Augusti. Juffer Maria Agnes Ellers. — Johann Henrich Bollich Sr. Kurfürstlichen Durchlaucht zu Köln Hof- und Regierungsrath. — Herr Johann Jacob Etzweiler und Frau Maria Sibilla Arensberg Eheleute.

Damit wären wir bei der Familie angelangt, deren Nachkommen noch heute die Eigenthümer des Hauses sind.

Eine hübsche und getreue Abbildung des Hauses Saalecke findet man in dem Werke: Malerische Ansichten der merkwürdigsten und schönsten Cathedralen, Kirchen und Monumente der gothischen Baukunst am Main, Rhein und der Lahn. Mit vierzig lithographirten Ansichten. Nach der Natur aufgenommen und gezeichnet von L. Lange, Architect. (Frankfurt a. M., Verlag von Karl Jügel. 1843. Fol.) Das Blatt ist unten bezeichnet; L. Lange n. d. Nat. gez. Gedr. v. Th. Kammerer. Auf Stein gez. v. A. Schott. Tiefer steht: Das Haus am Hof zu Cöln. | Maison antique dite „am Hof" à Cologne.

---

[1] Bürgermeister zu Köln, führte von 1613 bis 1631 siebenmal den Regierungsstab.

[2] Mit Unrecht gibt Fahne (Köln. Geschlechter 1, S. 363) ihr die Taufnamen Anna Maria.

Dass die Strasse Unter Taschenmacher (inter peratores) im 13. Jahrhundert häufig mit der Benennung inter Rintsuteren, inter Sutores, inter Rindshuderen erscheint, hat seinen Grund darin, weil daselbst die Handwerker ansässig waren, welche hauptsächlich Gegenstände aus Rindshäuten, wie Hängetaschen und Schuhe, verfertigten [1]. Von anderer Seite ist freilich eine durchaus abweichende Erklärung aufgestellt worden, dahin lautend, dass zur Zeit, wo das Bett des Rheines sich über den Altenmarkt ausdehnte, so dass die Abtei Gross-St. Martin auf einer Insel lag, die in Rede stehende, nahebei gelegene Strasse von den Hütern oder Wächtern des Rheines (Rheinshütern) bewohnt gewesen sei. Zu solchem Resultate gelangt man, wenn lediglich die Phantasie sich an den Wortklang hängt und man dem Urkundenstudium ausweicht. Weit auffallender noch muss es erscheinen, wenn in jüngerer Zeit sogar die Schreinsschreiber sich zu dem gröblichsten Verstosse verleiten liessen und man z. B. 1788 im Lib. II von St. Laurenz von einem Hause „unter rheins uferen gelegen zu helmschlägern warth" liest.

II. Haus Mirweiler auf der Hochstrasse.

Nachdem in der vorhergegangenen Abhandlung über das Haus Saalecke der Nachweis erbracht worden, mit wie entschiedenem Irrthum demselben von den neueren Kölner Localschriftstellern, trotz ihrer Uebereinstimmung, der Name „Mirweiler" beigelegt wurde, will die gegenwärtige sich mit dem Hause beschäftigen, welches sich zur Verwechslung hat hergeben müssen und welches mit Saalecke nur darin übereinstimmt, dass beide an Strassenecken in dem ehemaligen Pfarrbezirke von St. Laurenz gelegen waren.

Den Namen Mirweiler führten mehrere Häuser in Köln, alle von vornehmem Gepräge. Man findet im Schreinsbuche Columbae, Clericorum porta, 1324 die domus que vocatur Mirwilre que sita est apud domum taiffelrunden in termino clippeorum, d. h. in der Schildergasse. Dieses Haus von bedeutendem Flächengehalt ver-

---

[1] Auch in Strassburg sind sie bekannt; dort gab es einen „Rintzhütergraben". (Königshoven, Elsassische u. Strassburgische Chronicke, 1698, S. 269.)

wandelt sich am 10. Juni 1494 in das Zunfthaus der Brauer [1], die dasselbe von der Familie Luyninck erworben haben. Ferner hiess das Haus Nr. 4 in der Cäcilienstrasse, wo sich jetzt das Haupt-Telegraphenamt befindet, nachdem es lange Jahre hindurch als Königliches Banco-Comptoir benutzt worden, ebenso. Es erscheint Petri, Caeciliae, 1580 mit der Bezeichnung: „haus gnant Mirwiler gelegen bej S: Cecilien." Auch die Trankgasse hatte ein Haus Mirweiler aufzuweisen, an dessen Besitz 1447 der Dombaumeister Conrad Kuene und Styngin, seine Frau, betheiligt waren. (Nid. A domo ad portam.)

Bei weitem das interessanteste und stattlichste war aber das zur St. Laurenzpfarre gehörende Haus Mirweiler, welches bis zum Anfange des 14. Jahrhunderts die „domus Pylegrimi nigri" oder „des swartzen huys" geheissen wurde. Es stand auf der südöstlichen Ecke von Hochstrasse und Grosse Budengasse als ein gewaltiger Koloss mit riesenhaftem Dache noch bis in die 1840er Jahre, zeigte jedoch an den Aussenseiten die Formen vielfacher Modernisirung. Der Haupteingang befand sich an der Hochstrasse, die auch von dem südwärts anliegenden kleinen Garten berührt wurde; die Einfahrt geschah durch ein grosses Thor in der Budengasse. Gegenwärtig nehmen die fünf Häuser Nr. 136, 134^a, 134^b, 134^c und 134^d der Hochstrasse nebst den Häusern Nr. 2^a, 2^b und 2^c der grossen Budengasse seine Grundfläche ein.

Pilegrim Niger gehört einer Tuchhändler-Familie an und hat sich unter den Kölner Bürgern seiner Zeit durch seinen ungeheuren Reichthum ausgezeichnet, so dass er sogar in Urkunden den Beinamen „der Reiche" führt. Um das Jahr 1215 kommt er auf Carta III des Laurenzschreines mit seiner Gemahlin als „Pilegrimus niger diues et uxor eius Elyzabet" vor.

Aus dem Jahre 1233 finden sich Urkunden, worin Mabilia, die Gattin eines Pelegrimus Niger, vielleicht des Sohnes des vorstehenden, verschiedene Schenkungen nach ihrem Tode anordnet, welche theils die Gesammt-Orden der Prediger und Minoriten in

---

[1] Mit vielem und dankenswerthem Fleisse hat W. Scheben Nachrichten über die Geschichte des Brauergewerbes in Köln gesammelt. Die Angabe jedoch (S. 11 ff. in dem Buche: Das Zunfthaus und die Zunft der Brauer zu Köln), dass das Haus vor der Erwerbung durch die Brauer „Myrwilre", später aber „gross Taiffelraide" geheissen, wird in sofern einer Berichtigung bedürfen, als Mirweiler und Tafelrunde zwei verschiedene, nachbarlich gelegene Häuser waren und geblieben sind.

Deutschland, theils das Predigerkloster in Köln und das Kloster Marienborn (de fonte sancte Marie[1]) empfangen sollen. Es ist dabei von einer Liegenschaft die Rede, gelegen „inter pannorum uenditores in qua Ricolfus pannos suos uendere solet." Dieser Ricolf ist als Pelegrim's Sohn bezeichnet. 1234 meldet eine Urkunde, dass Ricolf Overstolz und seine Gemahlin Elisabeth unter anderem „quartam partem cubiculi siti inter pannorum uenditores, in qua pelegrimus niger pannos suos uendit" ihren Söhnen Heinrich und Ricolf übertragen[2].

Mehrere Decennien später erscheint ein Pelegrim Niger, der die reichen Vorfahren noch bedeutend an Güterbesitz übertraf. Manches weist schon allein der Liber secundus des Laurenzschreines nach, unter anderm die domus Romani und das Haus Bolinheym[3], 1270 mense Augusto erworben, die domus Wilhelmi Albi, 1280 vigilia bti. Benedicti erworben. Im Buche Veteris portae des Schreins Airsbach kommen seine Kinder zur Theilung der von den Eltern ererbten Besitzungen im dortigen Bezirke. Auch in der Brigida-Pfarre war er begütert und hier sagt uns das Schreinsbuch A coquina Archiepiscopi, dass auch er zu den mächtigen Kölner Tuchhändlern gehörte, dass er das alte glänzende Geschäft der Familie fortsetzte. 1280 mense marcio ist nämlich von einer „area sita in littore reni prope domum Pelegrimi nigri pannificis versus sanctam Afram" die Rede.

Doch kehren wir zum Laurenzschreine und zu dem Ansiedel der Familie zurück. Die darauf bezüglichen Verhandlungen befinden sich sämmtlich in dem bereits erwähnten Liber secundus, welcher mit der Ueberschrift beginnt: „Terminus de domo Kusini usque ad domum Pilegrimi („„que nunc Mirwilre vocatur"" ist

---

1) Eine Karte des Niderich (Fol. XX) nennt um 1237 dieses Kloster: „conuentus in burne Sce. marie in superiori parte Burbach". Es lag am Vorgebirge in der jetzigen Bürgermeisterei Hürth, Landkreis Köln.

2) Quellen zur Geschichte der Stadt Köln, Bd. II, S. 140—142 u. 151. Eine Urkunde von 1223 daselbst, S. 89, handelt von einem cellarium situm in foro inter pannicidas, d. h. auf dem Altenmarkt.

3) 1355 kam der Steinmetz Wilhelm vamme Hamme mit seiner Frau Alveradis, als Erbe seiner Eltern, des Steinmetzen Johann v. H. und Sophia, in den Besitz. Die Bezeichnung des Hauses lautet hier: domus dicta Boillenheim sita ex opposito domus Johannis de Mirwilre. Zuletzt angeschrieben ist am 26. November 1778 Meister Michael Bourscheidt, dem im Adressbuche von 1798 Ferdinand B., Gerichtsschreiber an der Tuchhalle, folgt. Die alte Nummer war 2205, welche gegenwärtig in Nr. 1 verwandelt ist.

von etwas späterer Hand darüber geschrieben) ex utraque parte platee". Dem Buche sind also die Häuser von Oben-Marspforten, Ecke von Unter Goldschmied (hier steht das Haus zum Kusin, jetzt der Familie Farina zugehörend), bis zur Ecke der Hochstrasse und von da domwärts bis zu Grossen Budengasse zugewiesen.

Die Jahre 1307, 1309 und 1318 bringen die Theilungsverhandlungen und Ueberträge zwischen den Kindern und Enkeln des zuletzt genannten Pilegrim, der mit Sophia vermählt gewesen. Man erfährt, dass nach seinem Tode das Stammhaus von seinem Sohne Gerard bewohnt worden, der 1318 auch bereits verstorben war und unter dessen Kindern sich eine Tochter Stina befand, deren Gemahl mit dem Namen „Johannes dictus de Mirwilre" vorgeführt wird. Er und seine Frau erwarben die Antheile aller Miterben, und der Schreinsschreiber beurkundete ihnen den alleinigen, vollständigen Besitz: „Notum sit quod domus que fuit quondam mansio Gerardi nigri et Katerine vxoris sue. et que fuit quondam mansio Pylegrimi nigri et Sophie vxoris sue. parentum ipsius Gerardi. ita est congregata. quod tota prout iacet. et sicut est prescripta ... est Johannis dicti de Mirwilre et vxoris sue Stine ... Datum in festo beati Michaelis archangeli. anno domini m⁰. ccc^{mo}. xviij." Damit war die Veranlassung gegeben, die bisherige Benennung „Des Schwarzen Haus" nach dem neuen Besitzer in „Mirwilre" umzuändern, und 1349, nach dem Tode des Johann von Mirwilre, kommt die Neuerung dann auch in den Schreinsbüchern zur Anwendung. Man liest: „Notum sit quod Cristina relicta quondam Johannis de Mirwylre ... donauit. tradidit et remisit. Gobelyno de Lysenkirchen. eius genero et Katheryne eius vxori legitime. domum et aream. olim des swartzenhuys. nunc vero Mirwylre vocatam. que domus ipsorum quondam Johannis et Cristine adhuc viuentis. mansio dicta Aynseydel fuit ... (Anno dni. m^{mo}. ccc^{mo}. xlnono. in vigilia bte. Katheryne virginis.)"

Indem die verwittwete Frau Stina ihrer Tochter und ihrem Schwiegersohne Gobelin aus dem alten Geschlechte der Lyskirchen, der bald darauf das Amt eines städtischen Rentmeisters bekleidete, diese werthvolle Schenkung zuwandte und dieselben dadurch vor ihren übrigen Kindern um ein bedeutendes bevorzugte, machte sie von einem Rechte Gebrauch, welches in den Ehepakten mit ihrem verstorbenen Gemahl ausbedungen war. Es findet sich gleichzeitig mit der Schenkung im Schreine beurkundet, „quod quondam Johannes de Mirwylre et Cristina eius vxor legitima, adhuc viuens, quandam conuencionem dictam Vermechnisse inter se fecerunt jn hunc modum, quod quicumque ex eis alium superuixerit, quod ille superstes de omnibus hereditatibus eorum, infra parochiam Sci. Laurencij situatis, vni suorum puerorum plus et alteri minus dandi et conferendi plenam et liberam habeat potestatem. Contradictione quacumque non obstante." Die Rechtsbefugnisse der Eltern, ihren Kindern gegenüber, waren also damals weit ausgedehnter als in den Gesetzen, unter welchen wir gegenwärtig leben.

Die nächsten Anschreinungen geschehen nach dem Tode „quondam Gobelini de Lysenkirgin Reddituarij Ciuitatis Coloniensis et Catherine eius vxoris" an deren neun Kinder:

1. dominus Constantinus Reddituarius Ciuitatis Coloniensis,
2. Hadewigis
3. Cristina } moniales Monasterij Sancte Agathe Coloniensis,
4. dominus Rutgerus canonicus Ecclesie sancti Andree Coloniensis, für diese vier im Jahre 1380,
5. Johannes I. 1381,
6. Engilradis monialis sancte Clare Colonie,
7. Johannes II. Canonicus ecclesie sancte Marie ad gradus Coloniensis,
8. Gobelinus I. Canonicus ecclesie sancti Severini Coloniensis, für diese drei im Jahre 1383, und zuletzt
9. Gobelinus II. monachus monasterii Tuiciensis ordinis sancti Benedicti, 1384.

Es liegt in diesem Familienbilde, wo unter neun Kindern sieben in Stiften und Klöstern untergebracht wurden, ein recht charakteristisches Beispiel von dem Missbrauche, der die geistlichen Institute zu blossen Versorgungsanstalten herabwürdigte.

Die letzteren acht Geschwister übertragen ihre Antheile dem erstgenannten Constantin von Lyskirchen, „eorum fratri et domine Elizabet sue vxorj." Die Fahne'sche Stammtafel (Köln. Geschlechter, I, 253) kennt nur fünf dieser Kinder.

1397 feria sexta post Epiphaniam domini kommt in den Besitz „Elizabeth, elige dochter wylne heren Costins van Lysenkirchen zu Mirwilre Scheffens zu Coelen ind vrouwe Elizabeth syn elige wyff was, mit Roilken van Odindorp Rentemeister zu Coelne yren eligen man." Letzterer wurde im Jahre 1408 regierender Bürgermeister. Ennen, der seiner Volksausgabe der Geschichte der Stadt Köln ein Verzeichniss der Bürgermeister von 1396 bis 1796 angehängt hat, entstellt seinen Namen in „Roland von Odendahl".

1412, 13. Junij folgt: „Geirwyn van Aldenbreckelvelde", der das Haus sogleich an „Claergin elige doichter Heynrichs Suyderman ind Beelgyns syns eligen wyfs, des vurss. Gerwyns eynkelinge" abtritt, die dann 1416 „Johan Birkelin yren eligen man" an dem Eigenthume sich gesellich macht.

1419, 12. Septembr. übertragen „Johan Byrckelin ind Claire" an „Heynrich Suderman ind Beylgin syn elige wyf", und letztere dann sogleich an „Gerarde van den Vehoeue [1] van Dorneck ind Girdruyt syn elige wyf".

1442, 28. Nouembr. überträgt Gerard das Haus dem „Heynrich van dem Vehoff syme neuen ind Elsgin syme eligen wyue."

1493, 20. Augusti folgen als Erben „Johan Engelbrecht ind wilne Mettelgyn syne elige huysfrauwe". Dann kommen in einem Notum vom selben Tage und in einem späteren von 1500 „Elsgyn (die nachmalige „„elige huysfrauwe Francken Wolff"") ind Mettelgyn yre elige kinder" für zwei Drittel, und „Clais van der Dunck ind Styngyn syn elige huysfrauwe" für ein Drittel in den Besitz.

1501, 4. Januarij erhält „der Eirsame hogelierde meister Cristian van Conresheym doctoir in beiden rechten (ind frauwe Hylgyn syn elige huysfrauwe)" das Drittel des Clais van der Dunck, welches er 1505 „dem Eirbern Franck Wolff" überträgt. Letzterer erwirbt 1506 auch das Drittel von Mettelgyn Engelbrecht, jetzt Ehefrau des Goedart Bemel, und lässt sich dann als Erbe seiner ersten Frau Elsgyn Engelbrecht an das von dieser herrührende Drittel mit „Hylgyn nu syner eliger huysfrauwen" schreiben.

1506 am 25. Mai geschieht der nächste Besitzeswechsel, der uns zu einem der vortrefflichsten und berühmtesten kölner Bürgermeister führt: „Kunt sy dat Franck Wolff ind Hylgyn syne elige huysfrauwe yre huyss ind hoeffstat vurtzyden des Swartzenhuyss mer nu Mirwylre gnant asdat gelegen is vmme ind vmme, mit allen synen zobehoeren... Gegeuen ind erlaissen haint Arnt van Bruwylre ind Hylgyn synre eliger huysfrauwen... Datum M v^c vj die xxv mensis maij." Arnold von Brauweiler hat eine Stelle in dem geschätzten Werke Heinr. Pantaleon's: Prosopographiae he-

---

[1]) Er gehörte zu den Kirchmeistern von St. Laurenz zur Zeit eines Umbaues der Kirche, mit dem im Jahre 1441 begonnen wurde. Er betheiligte sich an demselben auch durch freigebige Geldspenden. M. s. meine Auszüge aus einem alten Büchlein „Van der kyrchen zo sent Laurentius" im Kölner Domblatt Nr. 133 und Nr. 136 von 1856.

roum atque illustrium virorum totius Germaniae partes I—III, gefunden, das 1565—66 zu Basel bei Brylinger erschien. 1571—78 folgte ebenda eine Ausgabe in deutscher Sprache, aus der wir folgendes entnehmen:

„**Arnoldt von Brauwiler** Burgermeister zu Cöln. Arnoldt ist zu Cöln auss der Brauwiler ehrlichen geschlecht erboren, vnd von jugendt an woll aufferzogen worden: er begab sich erstlich auff die freyen künst, vnd erlanget ein zimmlichen verstand darinnen. Hiemit was er auch wol beredt, vnd mit sonderbarer weissheit bezieret. Desshalben als die gefahrliche zeit, der Bauren aufrur allenthalben in Teutscher nation angangen, warde er von dem Rath zu Cöln im 1525 jar (zum erstenmal schon 1516) Burgermeister erkoren: dieses ampt hat er loblich in die 30 jar versehen, vnd das Vatterland durch vielfaltige tugent nicht ein klein bezieret. Als Keiser Carolus solliches verstanden, hat er jn sehr geliebet, vnd jm offt durch brieff vnd Legaten zu wüssen gethon, wie es vmb alle sachen ein gestalt habe. Dergestalt ist er auch den Bäpsten zu Rom bekandt worden, welche jhm jre brieff zugeschicket. Wie Arnold dergestalt seines Vatterland nutz vnd ehr treuwlich gefürderet, vnd in grosser authoritet gewesen, ist er in hohem alter im 1552 (irrig hat P. 1555) jar gestorben, vnd ehrlich begraben worden." In den Rathsverhandlungen des Jahres 1552 liest man: „Mercurij xiij Julij. Nachdem der Almechtiger Gott seinen Gotlichen willen geschafft vnd den weithberoempten althen nube zum dreuzehentenmal newgekorenen Burgermeister heru Arnolt van Bruweiler am verlittenen 4. Julij von diesem Ertrich beruffen hat. Ist vff diesen Dag eine newe Burgermeister Koer angestellt." In einem städtischen Ausgabebuche von 1510 ersieht man, dass er den Tuchhandel betrieb. Man kaufte rothes englisches Tuch für die Hosen der Schützen, sowie das für die Kleidung der Bürgermeister bestimmte Tuch bei ihm.

Arnold von Brauweiler war auch ein kunstsinniger Mann, ein besonderer Freund und Gönner unseres trefflichen Malers Bartholomäus Bruyn, von dessen Hand sein Bildniss mehrmal im städtischen Museum aufbewahrt wird. Einiges Nähere in meinem Buche: Die Meister der altkölnischen Malerschule S. 159.

1558, 26. Aprilis kommt Haus Mirweiler an Arnold's Sohn „Melchior van Brouwiler Greue zurzit der Sfede Colne", in Folge der Auseinandersetzung „mit synen Mitgedelingen". Als Melchior's Gattin ist „Sibilla Roethkirchens" genannt.

1582, 13. Octobr. folgt dessen Neffe „Melchior Bruwiler Adolffs son — jn macht Clausulen Testamenti durch weilandt den Erentuesten Melchioren Brauwiler dess hohen gerichtz in Collen Greuen vffgericht".

1616, 6. Octobr. wird dessen Tochter Christina angeschreint „mit bewilligung des Ernuesten vnd Hochgelherten Wilhelmen von Weseren der rechten Licentiaten jres ehelligen Mans".

1631, 25. Octobr. kommt das Haus an „Philipsen Brassardt".

1637, 21. Aprilis (Laur. Lib. III) an Johann Linterman, der sogleich an die Eheleute Hubert Bleyman und Anna Wichems überträgt.

1659, 15. Septembr. (Lib. II) an der letzteren Kinder Helena Christina („mit Georgio von Gyse ihrem Eheherren") und Margaretha Juliana („mit Johan Simon von Veuelt ihrem Eheherren").

Seitens der letztgenannten beiden Ehepaare erfolgt sogleich die Abtretung an „Hugo Ernsten Freyherren von der Ley Herrn zu Odendorff vnd Frawen Sophiae Mariae Freyfrawen geborner Quadt von Bussfeldt Eheleuthen".

1738, 22. Aprilis geht der Besitz auf der Vorgenannten Sohn „Carl Caspar von der Leyen nunmehriger Reichsgraf" über.

Eine fernere Mutation ist in den Schreinsbüchern nicht vermerkt. Die Grafen von der Leyen hielten sich bis zur französichen Periode im Besitze, und der Volksmund gab dem Hause die Benennung „der Ley'sche Hof". Mit Privatvertrag vom 28. Dezember 1773 vermiethete der regierende Graf Franz Carl „das ihm eigenthumblich zustehende auff dem eck der so genanten buttengassen in der stadt Cöllen gelegene das Mirweiler genante hauss mit allen seinen Zubehoorungen" an den Sammt- und Seidehändler Joh. Peter Heinius auf vierundzwanzig Jahre „gegen einen jahrlichen Zinss von einhundert zwolff undt einen halben Reichsthlr. courant in newen Thaler à 8½ Kopstuck." Welch ein Gegensatz zu den heutigen Miethpreisen! In den Adressbüchern von 1798 und 1813 ist Heinius andauernd als Bewohner genannt. Das Haus wurde 1798 bezeichnet: „Unter Spormacher [1] Nr. 2099"; die neue Nummerirung verwandelte diese in Nr. 136.

Das nordwärts an der anderen Ecke von Hochstrasse und Budengasse gelegene Haus besass und bewohnte im 14. Jahrhun-

---

[1] Sollte heissen Unter Speermacher, inter hastilarios; auch liest man in alten Urkunden: Unter Schechtmechern.

dert der Glasmaler Meister Philipp. Man liest 1367 (Laur. Lib. III): „domus sita in ordone ex opposito domus mirwilre in qua quondam magister philippus vitriator inhabitare consueuit", und noch am .11. December 1790 (Lib. II) ist gesagt, dass es „Meister Philipp des Glaswerters zu sein plag". Und wenn man im Buche Columbae, Clericorum porta, beim Jahre 1530 liest: „huys gnant Schallenhuys gelegen vp dem orde tghain Myrwylre ouer zor Schyldergassen wart", so kann damit nur das Haus Hochstrasse Nr. 119 gemeint sein, welches als Palant'sches Cafehaus allgemein bekannt ist.

Sowohl De Noël wie auch Ennen gefallen sich darin, das Haus Mirweiler zu einem „Mirweiler Hofe" zu illustriren. Die Berechtigung dazu ist unerfindlich.

Nachschrift. In der zweiten Jahreshälfte 1883, kurz nachdem der vorstehende Aufsatz der wissenschaftlichen Commission übergeben war, sind mit dem Hause Saalecke bauliche Herstellungen und Veränderungen vorgenommen worden, die hauptsächlich darauf abzielen, durch Vermehrung der Fenster in den unteren Räumen den Ansprüchen des heutigen Geschäftsbetriebes gerecht zu werden. In architektonischer Hinsicht ist die stylistische Harmonie des Gebäudes dadurch in keiner Weise beeinträchtigt.

Urkunden aus dem Stadtarchiv von Köln.

Herausgegeben

von

Leonard Korth.

Die gegenwärtige Veröffentlichung einer kleinen Anzahl von Urkunden hat in erster Reihe den Zweck, an Beispielen zu erläutern, wie die von der „Gesellschaft für Rheinische Geschichtskunde" aufgestellten und hier wieder zum Abdrucke gebrachten „Bestimmungen über die Herausgabe handschriftlicher Texte" zu verstehen sind. Es ist deshalb bei der Auswahl vor allem nach möglichster Mannigfaltigkeit der diplomatischen Form gestrebt worden. Erwünscht wäre es natürlich gewesen, wenn dabei dem mitgetheilten Stoffe innerer Zusammenhang hätte gewahrt bleiben können, allein selbst eine so reiche Schatzkammer wie das Stadtarchiv von Köln bot in den bis jetzt zugänglich gewordenen Theilen nicht so viel neues Material verschiedenartiger Gestalt und Provenienz zur Beleuchtung einer geschichtlichen Thatsache, dass man alsdann auf die Wiedergabe einer Mehrzahl bereits gedruckter Stücke hätte verzichten dürfen. Haben doch auch jetzt noch einige wenige Urkunden Aufnahme finden müssen, welche bereits in brauchbaren Publikationen vorlagen. Es ist aber vielleicht nicht ohne Interesse, an den hier gelieferten Neudrucken feststellen zu können, in wie fern die nunmehr zur Anwendung gebrachten Editionsprincipien einen Fortschritt über die frühere Planlosigkeit hinaus bedeuten.

Im einzelnen bleibt mir zu sagen, dass ich Dorsualnotizen nur dann wiedergebe, wenn sie entweder gleichzeitig sind oder aber eine besonders bezeichnende ältere Auffassung des Inhaltes der Urkunde zum Ausdrucke bringen.

Bestimmungen über die Herausgabe handschriftlicher Texte.

I. Behandlung der Texte im Allgemeinen.

§ 1. Der Herausgeber handschriftlicher Texte hat die Aufgabe, jeglichem Leser und Benützer den betreffenden Text mit vollständigster wörtlicher und buchstäblicher Genauigkeit und unzweifelhafter Richtigkeit durch den Abdruck zu übermitteln und dabei auch wichtige Aeusserlichkeiten der Vorlagen, soweit dies möglich ist, zur Erscheinung zu bringen.

§ 2. Die Vorschrift des § 1 versteht sich mit folgenden Einschränkungen und Erläuterungen:

a) Grosse Buchstaben werden nur am Anfange eines Satzes und bei Eigennamen gesetzt. Auch in der Zeit der noch schwankenden Bildung der Eigennamen nach Wohnsitz, Gewerbe, Beschäftigung, Gewohnheiten, körperlichen oder geistigen Eigenschaften etc. werden diese Worte gross geschrieben, also: Fridericus de Lapide, de Fontibus, Heinricus Snuzze, Cunradus Faber etc. Gross ferner die Namen der Strassen, Plätze, Districte, Regionen, Fluren, gleichviel woher sie genommen sind.

Die Monatsnamen und die adjectivischen Bildungen der nomina propria in Münz-, Mass- und Gewichtsbezeichnungen werden mit kleinen Anfangsbuchstaben gegeben, also: denarius coloniensis, maldrum trevirense, moneta rheuensis, mensura limpurgensis. Dagegen bei Personen immer gross: rex Romanus, dux Saxonicus, episcopus Spirensis.

b) Der Unterschied zwischen langem und gewundenem s (f und s) wird in lateinischen Texten nicht berücksichtigt; es wird immer das letztere gesetzt. In deutschen Texten darf ß weder durch sz noch durch ss gegeben, sondern muss durch eine besondere Type (ß wie z. B. in den Reichstagsakten) ausgedrückt werden.

c) u und v werden geschieden und ersteres nur vocalisch, letzteres nur consonantisch genommen, also universi (nicht vniuersi), und unsern (nicht vnd vnsern); dagegen in Namen, besonders in früheren Jahrhunderten, soll die urkundliche Form beibehalten werden. Die Vocalzeichen unterliegen derselben Vorschrift also ä (nicht å) ö (nicht o̊).

Die im 14. und 15. Jahrhundert häufige Verschlingung von v und u zu w wird aufgelöst; also gedruckt vulnus, vult (nicht wlnus, wlt).

d) In lateinischen Texten kann für j und ij immer i und ii gesetzt werden; in deutschen dagegen muss ij beibehalten und namentlich auch von y (ypsilon) unterschieden werden.

e) Das einfache e und das sogenannte geschwänzte ę, welche für ae oder oe stehen, werden beibehalten, also: bone memorie, dictę reginę oder cęnobium, cena. Die Verschlingungen æ oder œ werden in ae oder oe aufgelöst.

f) Die verdoppelten und gehäuften Consonanten in Handschriften des 15. Jahrhunderts werden gestrichen, jedoch mit möglichster Schonung der orthographischen Eigenthümlichkeiten und mit Rücksicht auf die sprachliche Bildung und Zusammensetzung der Worte. Die Grundsätze, welche von den Herausgebern der deutschen Reichstagsakten und der deutschen Chroniken (in den Mon. Germ. hist.) befolgt werden, können dabei als Muster dienen. Bei Handschriften des 16. Jahrhunderts ist grössere Freiheit der Textbehandlung, auch bei ganz besonders gearteten Vorlagen, z. B. den Originalbriefen hervorragender Personen, ein engerer Anschluss an den Brauch des Schreiber gestattet; doch ist hier in jedem einzelnen Falle genaue Rechenschaft über das beschlossene Verfahren zu geben.

Die seltenere Häufung der Consonanten im 14. Jahrhundert ist beizubehalten, vielleicht mit Ausnahme des häufigen Doppel-f im Anlaut, also Fridericus, nicht Ffridericus.

§ 3. Die Abkürzungen werden aufgelöst, doch soll dabei die Schreibart der Vorlage sorgfältig berücksichtigt werden. Bei den Auflösungen wird deshalb zu prüfen sein, ob z. B. für d$\overline{n}$s dominus oder domnus, für l$\overline{ra}$ litera oder littera, für $\overline{gra}$ gratia oder gracia, für geschr. geschrieben oder geschriben gesetzt werden soll. Findet sich ein Wort in der Vorlage nur abgekürzt vor, so muss die Auflösung dem Takt und der Kenntniss des Editors überlassen bleiben. Eigennamen, die bloss durch Anfangsbuchstaben angedeutet sind, sollen nach Möglichkeit vollständig gegeben, doch die ergänzten Buchstaben in Cursive gesetzt werden, also: G*eorgius* oder Fr*idericus*.

Münz-, Mass- und Gewichtsbezeichnungen können durch die handschriftlichen Zeichen oder Abkürzungen wiedergegeben werden. z. B. sol. oder sh., den. oder dn., hl. oder hll. lb. mod. qr. etc.

Auch können stereotype oder formulare Textesstellen, welche in gewissen Vorlagen (Registern, Rechnungen, Nekrologen, Memorien, Matrikeln etc.) sich häufig wiederholen, in abgekürzter Weise (selbst nur durch Anfangsbuchstaben) wiedergegeben werden. Doch hat der Herausgeber dafür zu sorgen, dass durch dies Verfahren keine Undeutlichkeit und Verwechslung hervorgerufen werde. Jede Sigle und jede Kürzung muss mit einem Punkt versehen sein, also: item st. et o. (item statuimus et ordinamus), n. s. t. f. q. pr. q. (notum sit tam futuris quam praesentibus quod) etc.

§ 4. Alle Rechnungszahlen werden durch arabische Ziffern ausgedrückt, hauptsächlich mit Rücksicht auf Raumersparniss, grössere Uebersichtlichkeit und die häufig vorkommenden Bruchtheile, welche im Druck schwer oder nur unschön nachgeahmt werden können (wie z. B. iⱼ iiiⱼ).

Bei Jahreszahlen (Incarnation, Indiction, Ordination, Regnum, Imperium, Pontificat) dagegen und den Zahlen des römischen Kalenders werden die römischen Zahlen beibehalten. Von der Wiedergabe der überschriebenen Buchstaben, welche die Geschlechts- und Casusendung andeuten, kann abgesehen werden. Der Brauch der mittelalterlichen Schreiber, die Jahreszahlen theils in Worten, theils in Zahlen auszudrücken, wird beibehalten, also: anno millesimo CCC quinquagesimo VI.

§ 5. Von der alten Interpunction wird abgesehen und dafür eine Interpunction durchgeführt, welche dem Sinn entspricht und das Verständniss erleichtert. In zweifelhaften oder überraschenden Fällen muss in einer Note Bericht erstattet werden. Fragezeichen vor den Fragesätzen bleiben stehen. Ebenso die sogenannten Dignitätspunkte (zwei liegende Punkte statt der Eigennamen vor Dignitätsbezeichnungen z. B. . . praepositus). Accente in lateinischen Worten können beibehalten werden, wenn sie lehrreich sind für die Kenntniss ihrer Anwendung und Entwickelung.

§ 6. Offenbare kleinere Schreibfehler und einzelne Worte, die aus Versehen doppelt geschrieben sind, werden im Texte verbessert und gestrichen, doch muss eine Note darauf aufmerksam machen. Grössere Versehen bleiben im Texte stehen und die vermuthlich richtige Lesung wird in der Note angegeben. Einzelne Worte, die durch offenbare Schuld des Schreibers ausgelassen, aber für das Verständniss unbedingt nöthig sind, sollen vorsichtig ergänzt und im Texte in runde Klammern gesetzt werden.

§ 7. Alle Lücken und Ausfälle, welche durch Beschädigung des Schreibstoffes oder durch Flecken entstanden sind, sollen nach Möglichkeit ergänzt werden. Die ergänzten Worte, Silben oder Buchstaben werden in eckige Klammern gesetzt; also wird z. B.

[rei] testimonium andeuten, dass das Wort rei durch Zufall unleserlich geworden, dagegen (rei) memoriam, dass rei durch Schuld des Schreibers ausgefallen sei. Wenn die Ergänzung nicht gelingt, so soll die Lücke durch Punkte angedeutet werden. In jedem Falle soll dem Leser über den Umfang der Lücke Mittheilung gemacht werden.

§ 8. Leere Stellen, die sich in Handschriften vorfinden, sind anzudeuten, ebenso Correcturen, Rasuren, Wortversetzungen und überschriebene oder nachträglich hinzugefügte oder getilgte Worte.

Auch Beobachtungen, die man bezüglich der Veränderung der Hand, der Feder, der Tinte oder der Schrift überhaupt (breitere oder gedrängtere, auch ausweichende Schrift) macht, sollen mitgetheilt werden.

II. Behandlung der Urkunden im Besondern.

§ 9. Jede Urkunde wird eingeführt durch ein kurzes den Inhalt bezeichnendes Regest, wozu an passender Stelle der Ausstellungsort und die Zeitangaben (letztere nach dem heutigen Kalender und zwar zuerst Jahr, dann Monat, endlich Tag) gesetzt werden. Die Typen des Regestes müssen sich von den Typen des Textes unterscheiden.

§ 10. Unter den Text der Urkunden kommen in kleinerer Schrift alle Nachrichten über die Beschaffenheit der Vorlage (ob Original oder Abschrift, bei letzterer aus welcher Zeit und von welcher Ableitung, ob auf Pergament oder Papier), über den Fundort, die Besiegelung und die Faltung; eine kurze Beschreibung der Siegel und Aufzählung der Werke, in denen die Urkunde etwa bereits gedruckt, verzeichnet (regestirt) oder ausführlich commentirt ist.

Durch die Verweisung auf ein Regestenwerk von anerkannt wissenschaftlicher Bedeutung kann die Aufzählung unbedeutenderer Druckwerke erspart werden.

§ 11. Die Absätze, welche sich in Kaiser- und Papsturkunden zeigen, werden im Drucke beibehalten, vor Allem die Zeilen der königlichen oder kaiserlichen Unterschrift, der Recognition des Kanzlers, Notars, Exkanzlers etc., der Datirung. Bei dem Monogramm soll der Vollziehungsstrich beachtet, bei dem Recognitionszeichen die etwaige autographe Mitwirkung des Recognoscenten festgestellt und beim Datum darauf gesehen werden, ob sich durch andere Tinte, andere Hand oder andern Zug die nachträgliche

Hinzufügung des Ortes oder des Tages constatiren lasse. Auch bei hervorragenden Privaturkunden (Urk. der Bischöfe und Aebte, weltlicher Fürsten, Städte etc.) sollen diplomatische Regeln und Bräuche in ähnlicher Weise beachtet werden.

§ 12. Die in kaiserlichen und päpstlichen, auch in privaten, Urkunden in der ersten Zeile (in Kaiserurkunden lange Zeit auch im Signum und in der Recognition) vorkommenden litterae oblongatae werden im Druck durch gesperrte Schrift ausgedrückt.

§ 13. Das Chrismon vor der ersten Zeile der Kaiserurkunden wird durch C (ohne Klammer!) gegeben. Auch das in Privaturkunden etwa vorkommende Chrismon wird beachtet, ebenso die Kreuze, die sich häufig in bischöflichen Urkunden finden.

§ 14. Das in feierlichen Papsturkunden stereotype Compendium für in perpetuum (P P M) kann durch eine besondere Type wiedergegeben werden. Auch die S S (Subscripsi) bei den Unterschriften des römischen Bischofs und der Cardinäle.

§ 15. Um auch im Druck dem Leser Belehrung zu geben über den schwankenden Kanzleigebrauch, die erste Zeile oder nur einen Theil derselben mit verlängerten Buchstaben zu schreiben, ferner um eine Andeutung über die Länge der Schriftzeilen und dadurch über das Format der Urkunde zu bringen und endlich, um bei dem Vorkommen mehrerer Originale oder Exemplare die Identität einer Urkunde mit der dem Drucke zu Grunde liegenden Vorlage rasch äusserlich feststellen zu können, sollen die 2 oder 3 ersten Zeilen jeder Originalurkunde durch kleine stehende Parallelstriche ausgezeichnet werden. Auch bei Abdrücken aus älteren und werthvolleren Copialbüchern kann diese Regel mit Nutzen angewandt werden.

In Papsturkunden (vornehmlich des XIII. Jahrhunderts) sind in derselben Weise die beiden letzten Zeilen auszuzeichnen, weil die päpstlichen Kanzleien über die Vertheilung der Zeitangaben auf diese beiden Zeilen besondere Vorschriften gehabt haben und es von Interesse ist, an diese auch im Drucke erinnert zu werden.

Bonn, im Juli 1883.

Im Auftrag des Gelehrten-Ausschusses
Prof. Dr. Karl Menzel.

I. Papst-Urkunden.

1178 Juni 19. Lateran. — *Papst Alexander III. bestätigt in feierlicher Weise dem Erzbischofe Philipp und dessen rechtmässigen Nachfolgern alle Rechte, Ehren und Besitzungen der Kölner Kirche.*

Alexander episcopus servus servorum dei venerabili fratri Philippo [a] Coloniensi archiepiscopo eiusque ⸬ [b] successoribus canonice substituendis IN P P M ·, ‖ Etsi teneamur omnibus fratribus et coepiscopis nostris ex amministratione suscepti regiminis apostolicum patrocinium exhibere, hiis tamen specialiter adesse com|| pellimur qui sicut dignitate ita preminent et virtute, cum nostre sollicitudinis debeat et circumspectionis existere, ut universos iuxta qualitates persouarum et merita res||picere videamur. Eapropter, venerabilis in Christo frater archiepiscope, prudentiam et devotionem tuam diligentius attendentes et tuis petitionibus nostrum facile prebentes assensum, Coloniensem ecclesiam cui deo auctore preesse dinosceris sub beati Petri et nostra protectione suscipimus et presentis scripti privilegio communimus, statuentes, ut quascumque possessiones quecumque bona eadem ecclesia in presentiarum iuste et canonice possidet aut in futurum concessione pontificum, largitione regum vel principum, oblatione fidelium seu aliis iustis modis prestante domino poterit adipisci, firma tibi tuisque successoribus et illibata permaneant. Preterea tua, frater archiepiscope, prudentia et devotione pensat[a] [c] confirmamus tibi ea que in privilegiis patrum et predecessorum nostrorum habentur videlice[t]: crucem et pallium suo tempore suoque loco ferendum, insigne quoque festivi equi quod a quibusdam vulgo naccum vocatur. Concedimus etiam et apostolica auctoritate statuimus, ut maius altare ecclesie tue uni et vero deo in memoriam beate Marie virginis et alterum in memoriam beati Petri apostolorum principis dedicatum reverenter ministrando procurent septem canonici cardinales presbiteri induti dalmaticis, quibus etiam cum totidem diaconibus et subdiaconibus ad hoc ministerium prudenter electis ut utantur sandalibus indulgemus, sicut a patribus et predecessoribus nostris

---

a) *Der Name in Kapitale von dunklerer Tinte.*
b) *Die Punkte auf einer Rasur.*
c) *Die in [ ] stehenden Buchstaben sind durch Beschädigung des Pergaments ausgefallen.*

id predicte ecclesie concessum est per autentica privilegia et hactenus observatum. Insuper etiam auctoritatem et honorem quem ecclesia tua hactenus habuisse dinoscitur apostolici favoris patrocinio confirmamus, videlicet : ut siquando synodus infra tuam diocesim a Romano pontifice aut a legato ab eius latere destinato fuerit congregata, priorem locum post ipsum Coloniensis archiepiscopus in synodo teneat et in proferenda sacrorum canonum auctoritate prior existat, ita tamen, ut sicut est prior in hac probabili dignitate, ita etiam prior polleat ho[n]estate vite et gratia meritorum et cuius annunciaverit verba imitetur exempla. Consecratione[m] quoque regum infra limites tue diocesis fiendam p[re]sentis scripti auctoritate censemus et ut electio archiepiscopi secundum statuta canonum a f[i]liis prescripte ecclesie celebretur per huius scripti paginam duximus statuendum. Ad hec monasteria ecclesias Colonie pos[i]tas et omnia sacra loca infra et circa urbem Colonie ad iurisdictionem Coloniensis ecclesie pertinentia, monetam predicte civitatis, theloneum, forum et omne ius civile sub potestate tua et [s]uccessorum tuorum, abbatias per diversa loca, villas, vicos et castella cum omnibus eorum pertinentiis, servis videlicet, ancillis, terris cultis et incultis, aquis, pr[ati]s, campis, silvis, forestis necnon etiam comicias in Westphalia que vulgariter gograrhespbe (!) [a] dicuntur et allodia Dulberh, Hachen, Marchan, Wassenberh sicut hec [om]nia rationabiliter possides tibi tuisque successoribus auctoritate apostolica confirmamus. Illud quoque statuimus, ut sicut nullus co[a]rchiepiscoporum tuorum est tibi subiectus, ita etiam tu sub nullo [pri]mate debeas esse, salva tamen nobis in te sicut in ceteris archiepiscopis subiectione que apostolice auctoritati debetur. Decernimus ergo, ut nulli omnino hominum liceat, prefatam [e]cclesiam temere perturbare aut eius possessiones auferre ve[l] ablatas retinere, minuere aut aliquibus vexationibus fatigare [s]ed omnia integra conserventur eorum, pro quorum gubernatione ac sustentatione concessa sunt usibus omnimodo profutura, salva in omnibus apostolice sedis auctoritate. Si qua igitur ecclesiastica secularisve persona hanc nostre constitutionis paginam sciens contra eam temere venire temptaverit secundo terciove commonita, nisi satisfactione congrua id emendaverit, potestatis honorisque sui dignitate c[a]reat reamque se divino iudicio existere de perpetrata iniquitate cognoscat et a sacratissimo corpore ac sanguine dei et domini redemp[t]oris nostri·

---

a) *Eine (unten verzeichnete) Kopie 14. Jhds. hat* ‚Gograrshaspbe'.

Jesu Christi aliena fiat atque in extremo examine di[vine] ultioni subiaceat. — Cunctis autem eidem ecclesie iusta servantibus sit pax domini nostri Jesu Christi, quatenus et hic fructum bone actionis percipiaut ᵃ et apud dis[trict]um iudicem premia eterne pacis inveniant. Amen ⁞ amen. Amen ⁞ ||
    (Rota) Ego Alexander catholice ecclesie episcopus SS.(Benevalete.)ᵇ
    †Ego Hubaldus Hostiensis episcopus   SS.

†Ego Johannes presbiter cardinalis sanctorum Johannis et Pauli
                              tituli Pamachii SS.
†Ego Boso presbiter cardinalis sancte Pudentiane tituli Pas[t]oris SS.
†Ego Petrus presbiter cardinalis [tituli] sancte [Susanne   SS.]

†Ego Jacinctus dyaconus cardinalis sancte Marie in Cosmydyn SS.
†Ego Hardicio dyaconus cardinalis sancti Theodori   SS.
†Ego Cynthyus diaconus cardinalis sancti Adriani   SS.
†Ego Hugo diaconus cardinalis sancti Angeli   SS. ᶜ

Datum Laterani per manum Alberti [sancte Romane] ecclesie presbiteri [cardinalis] et cancellarii XII[I] kalendas iulii indictione XI. incarnationis dominice anno [MCLXXVIII. pontificatus vero domi]ni Alexandri pape III. anno XVIIII.

Köln, Stadtarchiv. — Haupt-Urkunden-Archiv n⁰. 28.
Original auf dickem, schlecht präparirtem Pergament, lang: 0,750; breit: 0,628. Die Urkunde ist durch Faltung an mehreren Stellen gebrochen und durchlöchert, die Schrift ist vielfach abgesprungen, die Unterschrift des Kardinalpriesters Petrus und die Datumzeile fast ganz erloschen. Die auf der Apostelseite beschädigte Bulle hängt an roth- und gelben Seidenfäden, welche durch zwei Löcher der auffallend schmalen Umfaltung gezogen sind. Auf der Rückseite oben rechts: † ᵈ. *Unten in Schrift der 1. Hälfte des 14. Jhdts.:* „Privilegium quod archiepiscopus Coloniensis potest consecrare regem Romanum in diocesi sua Coloniensi". *Eine Hand aus dem Ende des 14. Jhdts. hat die weiteren Bestimmungen des Privilegs summarisch hinzugefügt.*

---

    a) *Die Vorlage hat* percipiant.
    b) *Auf autographe Mitwirkung des Papstes deutet das Ringkreuz der Rota und der obere Strich am E der Unterschrift. Diese letztere rührt vom Schreiber des Kontextes her.*
    c) *Die Unterschriften der Kardinäle sind sämmtlich unter sich verschieden. Mit gleicher Tinte haben die Diakonen* Cynthius *und* Hugo *zeichnen lassen.*
    d) *Kardinalkreuz des Kanzlers?*

Urkunden aus dem Stadtarchiv von Köln.

Das Archiv bewahrt eine durch das Siegel des kölner Officials beglaubigte Kopie auf Pergament a. d. Anfg. des 14. Jhdts.; dieselbe weicht in der Orthographie von unserer Vorlage ab und gibt die Unterschriften der Kardinäle nach dem Range geordnet (wie J. v. Pflugk-Harttung in den Acta inedita pontiff. Rom.). — Ferner befindet sich eine Abschrift im Domkartular fol. 18.

Gedruckt: u. a. Hartzheim, Concil. Germ. 3, 429; Mansi, Concilior. ampliss. collectio 21, 909; Seibertz, Westfäl. Urkb. 1, 101 zum J. 1177.

Verzeichnet: Jaffé, Regesta 8593; Mittheilgn. a. d. Stadtarchiv v. Köln Heft 3 S. 9 n⁰. 28.

1191 December 20. Lateran. — *Papst Coelestin III. bestellt den Dekan und den Scholaster von S. Suitbert zu Kaiserswerth sowie den Scholaster von S. Andreas in Köln zu Schiedsrichtern in dem Streite, der sich zwischen den Aebten von Deutz und von Stoppenberg um den Zehnten zu Burg erhoben hat.*

Celestinus episcopus servus servorum dei dilectis filiis . . decano et magistro [s]colarum ª sancti Suiberti in || Werda et . . magistro scolarum sancti Andree in Colonia salutem et apostolicam benedictionem. Innotuit nobis || ex conquestione dilecti filii . . Tuitiensis abbatis, quod cum inter ipsum et . . abbatem de Stoberch co'¦ram dilectis filiis prioribus maioris ecclesie in Colonia super quibusdam decimis de Burgo' questio verteretur, pars adversa de iure suo diffidens sedem apostolicam frustratorie appellavit et sue ᵇ nullum appellationi [t]erminum ª prefigens ᵇ eam adhuc ᵇ non est per se vel per alium prosecuta. Quia vero pa[rs] altera et terminum prefixit et appellationem fuit eandem prosecuta, discretioni vestre presentium auctoritate mandamus, quatinus partibus convocatis audiatis que hinc inde proposita fuerint et causam ipsam appellatione remota fine debito decidatis in statum debitum reducentes, siquid post appellationem ad nos interpositam temere noveritis attemptatum, nullis litteris veritati et iustitie preiudicantibus a sede apostolica impetratis. Quod si omnes his exequendis nequiveritis || interesse duo vestrum ea nichilominus exequantur. Datum Laterani || XIII. kalendas januarii pontificatus nostri anno primo. ||

---

a) *Die in [ ] stehenden Buchstaben sind durch Beschädigung des Pergaments ausgefallen.*
b) sue figens adhuc *auf Rasuren.*

*Köln, Stadtarchiv. — Haupt-Urkunden-Archiv n⁰. 35.
Original auf italienischem Pergament, lang 0,159 cm., breit
0,144 cm., am oberen Rande zernagt und an mehreren Stellen durchlöchert, mit Umfaltung. Die Bulle (deren Namensstempel genau dem durch W. Diekamp in den „Mittheilgn. des Instit. f. oesterr. Geschichtsforschg.' 3, 627 n⁰. 24 abgebildeten entspricht), hängt an einer durch zwei Löcher gezogenen Hanfschnur.
Verzeichnet: Mittheilgn. a. d. Stadtarchiv v. Köln Heft 3 S. 10 n⁰. 35.*

1192 April 18. Lateran. — *Papst Coelestin III. bestätigt der Aebtissin Clementia von S. Ursula zu Köln die durch Erzbischof Philipp dem Stifte verliehenen Einkünfte.*

Celestinus episcopus servus servorum dei: dilecte in Christo filie C*lementie* abbatisse sanctarum vir[ginum salutem et apostolicam benedictionem. Justis petentium desideriis dignum est nos facilem || prebere consensum et vota, que a rationis tramite [a] non discordant effectu prosequente || complere. Eapropter, dilecta in domino filia, tuis iustis postulationibus grato concurrentes assensu, quattuor stipendia que bone memorie Phi*lippus* archiepiscopus predecessori tue et tibi [b] ad supplendum prebendarum defectum et curtes monasterii restaurandas concessit, sicut ea omnia iuste ac sine controversia possides auctoritate tibi apostolica confirmamus et presentis scripti patrocinio communimus. Nulli ergo omnino hominum liceat, hanc paginam nostre confirmationis infringere vel ei ausu temerario contraire. Si quis autem hoc attemptare presumpserit, indignationem omnipotentis dei et beatorum || Petri et Pauli apostolorum eius se noverit incursurum. Datum Laterani XIIII. [kalendas maij pontificatus nostri anno secundo. ||

*Köln, Stadtarchiv. — Haupt-Urkunden-Archiv n⁰. 36.
Original auf Pergament, lang 0,200, breit 0,154. Die wohlerhaltene Bulle hängt an roth- und gelben Seidenfäden.
Verzeichnet: Mittheilgn. a. d. Stadtarchiv v. Köln Heft 3 S. 10 n⁰. 36.*

1206 August 31. Ferentino. — *Papst Innocenz III. gestattet der Abtei Deutz, die Pfründen derjenigen, welche sich ungehorsam*

---

a) tramite *von dunklerer Tinte.*
b) tue et tibi *auf Rasur.*
c) *Kleines Loch im Pergament.*

gegen die Befehle des apostolischen Stuhles erwiesen haben, drei Jahre lang zu ihrem Nutzen zu verwenden.

Innocentius episcopus^c servus servorum dei dilectis filiis . . abbati et conventui Tuiciensi Coloniensis diocesis || salutem et apostolicam benedictionem. Solet annuere sedes apostolica piis votis et honestis petentium precibus favo||rem benivolum impertiri. Eapropter, dilecti in domino filii, vestris iustis postulationibus gratum impertientes assensum auctoritate vobis presentium duximus indulgendum, quatinus proventus beneficiorum ad vestram donationem spectantium que propter eorum contumaciam qui mandatis apostolicis obedire contempnunt vacare contigerit, in usus proprios per triennium de consensu dilecti filii . . Coloniensis electi libere convertatis, ut vel sic vestra necessitas sublevetur, quam pro virtute obedientie incurristis. Nulli ergo omnino hominum liceat, hanc paginam nostre concessionis infringere vel ei ausu temerario contraire. Si quis autem hoc attemptare presumpserit, indignationem omnipotentis dei et beatorum || Petri et Pauli apostolorum eius se noverit incursurum. Datum Ferentini II. || kalendas septembris pontificatus nostri anno nono. ||

Köln, Stadtarchiv. — Haupt-Urkunden-Archiv n⁰. 50.

Original auf Pergament, lang 0,25, breit 0,184; die Datumzeile ist durch die Umfaltung bedeckt, die wohlerhaltene Bulle hängt an roth- und gelben Seidenfäden.

Verzeichnet: Mittheilgn. a. d. Stadtarchiv v. Köln Heft 3 S. 13 n⁰. 50.

1211 Mai 15. Lateran. — *Papst Innocens III. beauftragt die Aebte von S. Pantaleon zu Köln, Siegburg und Heisterbach, die Abtei Deutz gegen die Pfarreingesessenen daselbst im Besitze der Kirchen zu Deutz, Zündorf, Wald und Eschweiler zu schützen.*

Innocentius episcopus servus servorum dei dilectis filiis . . sancti Pantaleonis Coloniensis . . Sibergensi et . . de Valle sancti Petri || Coloniensis diocesis abbatibus salutem et apostolicam benedictionem. Cum bone memorie *Bruno* Coloniensis archiepiscopus de Tuitio. de Çudin||dorp. de Walde et de Eschwilre ecclesias, in quibus Tuitiense monasterium ius obtinet patronatus, ad fratrum || pauperum et hospitum sustentationem intuitu pietatis monasterio memorato concesserit et nos concessionem ipsam duxerimus confirmandam sicut dilectus filius . . Tuitiensis abbas nostro apostolatui reservavit, dilectis filiis parrochianis Tuitiensibus nostris damus litteris in mandatis, ut abbatem et monachos cenobii memorati super eisdem ecclesiis aliquatenus non molestent. Quocirca discretioni vestre per apostolica scripta mandamus, quatinus supradictos ab ipsorum abbatis et monachorum super hoc molestatione indebita monitione premissa per censuram ecclesiasticam sicut iustum fuerit appellatione postposita compescatis. Quod si non omnes || hiis exequendis potueritis intercesse duo vestrum ea nichilominus exequantur. Datum Laterani || idus maij pontificatus nostri anno quartodecimo. ||.

Köln, Stadtarchiv. — Haupt-Urkunden-Archiv n⁰. 53.

Original auf italien. Pergament, lang 0,148, breit 0,118; die wohlerhaltene Bulle hängt an zwei durch die schmale Umfaltung gezogenen Hanfschnüren. Auf dem Rücken in Schrift 15. Jhdts.: Abbas Tuiciensis contra parochianos.

Verzeichnet: Mittheilgn. a. d. Stadtarchiv v. Köln Heft 3 S. 13 n⁰. 53.

1247 Juni 9. Lyon. — *Papst Innocenz IV. nimmt die Juden auf ihr Ansuchen in seinen Schutz und verbietet, sie zur Taufe zu zwingen, ihre Personen und ihre Habe anzutasten, ihren Gottesdienst zu stören und ihre Friedhöfe zu schänden, vorausgesetzt, dass sie den christlichen Glauben nicht zu schädigen suchen.*

Innocentius[a] episcopus servus servorum dei: dilectis in Christo filiis fidelibus Christianis: salutem et apostolicam benedictionem: || Sicut[b] Judeis non debet esse licentia in sinagogis suis ultra quam permissum est lege presumere, ita in hiis que concessa sunt, nullum debent preiudi'cium sustinere. Nos ergo, licet in sua magis velint duritia perdurare quam prophetarum verba et suarum scripturarum archana cognoscere atque ad christiane || fidei et salutis notitiam pervenire, quia tamen defensionem nostram et auxilium ;postulant, ex christiane pietatis mansuetudine predecessorum nostrorum felicis memorie Calixti Eugenii Alexandri Clementis Celestini Innocentii Honorii et Gregorii Romanorum pontificum vestigiis inherentes ipsorum petitionem admittimus eisque protectionis nostre clipeum indulgemus. Statuimus etiam ut nullus Christianus invitos vel nolentes eos ad baptismum per violentiam venire compellat, sed si

---

a) *Die Vorlage hat:* Innocentis.
b) *Die Anfangsbuchstaben der Sätze sind verzierte Majuskeln.*

eorum quilibet sponte ad christianos fidei causa confugerit, postquam voluntas eius fuerit patefacta christianus absque aliqua efficiatur calumpnia; veram quippe christianitatis fidem habere non creditur qui ad Christianorum baptisma non spontaneus sed invitus cognoscitur pervenire. Nullus etiam Christianus eorum personas sine iudicio potestatis terre vulnerare aut occidere vel suas illis pecunias auferre presumat aut bonas quas hactenus in ea in qua habitant regione habuerint consuetudines immutare. Preterea in festivitatum suarum celebratione quisquam fustibus vel lapidibus eos ullatenus non perturbet neque aliquis ab eis coacta servitia exigat nisi ea que ipsi preteritis facere temporibus consueverunt. Ad hec malorum hominum pravitati et avaritie obviantes decernimus, ut nemo cymiterium Judeorum mutilare vel minuere audeat sive obtentu pecunie corpora humata effodere. Si quis autem decreti huius tenore cognito temere, quod absit, contraire temptaverit, honoris et officii sui periculum patiatur aut excommunicationis ultione plectatur, nisi presumptionem suam digna satisfactione correxerit. Eos autem dumtaxat huius protectionis presidio volumus communiri qui nichil machinari presumpserint in subversionem fidei christiane .j .j .j

(Rota) Ego Innocentius catholice ecclesie episcopus (Bene valete) ᵃ

†Ego Oto Portuensis et sancte Rufine episcopus SS.

†Ego Petrus tituli sancti Marcelli presbiter cardinalis SS.
†Ego Willelmus basilice duodecim apostolorum presbiter cardinalis SS.
†Ego frater Johannes tituli sancti Laurencii in Lucina presbiter cardinalis SS.
†Ego frater Hugo tituli sancte Sabine presbiter cardinalis SS.

†Ego Johannes sancti Nicolai in carcere Tulliano diaconus cardinalis SS.

---

a) *Das Ringkreuz in der Rota hat die Form* ✳; *der Schrägstrich von rechts oben nach links scheint der Vollziehungsstrich zu sein, jedoch rühren offenbar auch die anderen Theile nicht vom Zeichner der Rota her. Das grosse E in der Unterschrift des Papstes hebt sich ebenso augenfällig ab. Die übrigen Buchstaben sind von der gleichen Hand wie die Umschrift der Rota:* Notas fac michi domine vias vite.

†Ego Willelmus sancti Eustachii diaconus cardinalis SS.^a

Data Lugduni per manum magistri Marini sancte Romane ecclesie vicecancellarii V. idus junii. indictione V^a. incarnationis dominice anno M. CC. XLVII. pontificatus vero domini Innocentii pape IIII. anno quarto^b.

Köln, Stadtarchiv. — Haupt-Urkunden-Archiv n^o*. 145.*
Original auf italien. Pergament, lang 0,55 cm., breit 0;57 cm. mit schön ausgeprägter Bulle an roth- und gelben Seidenfäden. Die Datumzeile nur zum Theil von der Umfaltung bedeckt. Auf der Rückseite kölner Registraturvermerk 15. Jhdts.: Privilegium Innocencii pape IIII^{ti} ut prius.

Verzeichnet: Mittheilgn. a. d. Stadtarchiv v. Köln Heft 3 S. 28 n^o*. 145. — Vgl. Potthast, Regesta 12315. 20861. 20915.*

1255 April 13. Neapel. — *Papst Alexander IV. bestätigt die Privilegien des Cisterzienserordens.*

Alexander episcopus servus servorum dei dilectis filiis . . abbati Cistercii eiusque coabbatibus et || conventibus universis Cisterciensis ordinis salutem et apostolicam benedictionem. Solet annuere sedes apostolica piis vo||tis et honestis petentium precibus favorem benivolum impertiri. Eapropter, dilecti in domino filii, vestris iustis postulationibus grato concurrentes assensu omnes libertates et immunitates a predecessoribus nostris Romanis pontificibus sive per privilegia seu alias indulgentias ordini vestro concessis nec non libertates et exemptiones secularium exactionum a regibus et principibus vel aliis Christi fidelibus rationabiliter vobis indultas auctoritate apostolica confirmamus et presentis scripti patrocinio communimus. Nulli ergo omnino hominum liceat hanc paginam nostre confirmationis infringere vel ei ausu temerario contraire. Si quis autem hoc attemptare presumpserit indignationem omnipotentis dei et beatorum Petri et Pauli apostolorum eius || se

---

a) *Die Unterschriften der Kardinäle rühren durchweg je von einem besonderen Schreiber her; bei denjenigen des Bischofs Oto und des Diakons Johannes zeigt das Kreuz dunklere Tinte als die Schriftzeile. Der Kardinalpriester Johannes scheint auch hier* † *und SS, nicht aber die Unterschrift selbst gesetzt zu haben. (Vgl. W. Dickamp in den Mittheilungen des Instit. f. österreich. Geschichtsforschg. 4, 500.)*

b) *Die Hand der Datumzeile weicht von der des Kontextes ab. Marini ist von dunklerer Tinte.*

noverit incursurum. Data Neapoli idus aprilis || pontificatus nostri anno primo.,. ||
*Köln, Stadtarchiv. — Haupt-Urkunden-Archiv n⁰. 206.
Original auf Pergament, 0,250 cm. lang, 0,203 breit, mit anhängender Bulle an roth- und gelben Seidenfäden. Die Anfangsbuchstaben der Sätze sind verziert. Auf dem Rücken von gleichzeitiger (römischer?) Hand:* Frater Anselmus. *Darunter in Schrift 15. Jhdts.:* Confirmacio omnium privilegiorum. *Ferner finden sich Kanzleivermerke 17. Jhdts.*
Verzeichnet: Mittheilgn. a. d. Stadtarchiv v. Köln Heft 3 S. 38 n⁰. 206.

II. Kaiser-Urkunden.

1193 Juni 28. Worms. — *Kaiser Heinrich VI. gibt dem Erzbischofe Bruno III. von Köln das Schloss Ahr, welches er um die Hälfte des Reichsschlosses Nürburg und das dazu gehörige Allod von den Grafen Dietrich von Hostaden und Gerhard von Ahr eingetauscht, für die kölner Kirche zu Eigen und bestätigt den erzbischöflichen Städten Köln, Neuss und andern die unter Erzbischof Philipp gewährte Vergünstigung, zu Boppard nur den alten Zoll zu entrichten, zu Kaiserswerth aber frei zu sein.*

⁺C⁺ In nomine sancte ᵃ et individue trinitatis : Henricus sextus divina favente clementia Romanorum imperator et semper augustus : || Imperatorie maiestatis excellentia fidem sinceram ac devota fidelium obsequia clementer consuevit attendere eosque, quos devotos imperio et obsequiosos invenerit, largiflua sue || munificentie dextera remunerare, perfidos autem et rebelles condigna percellere vindicta. Ad noticiam itaque tam presentis etatis quam successure posteritatis volumus pervenire, || quod nos attendentes fidem puram ac devota obsequia dilecti principis nostri Brunonis Coloniensis archiepiscopi ex consilio principum et sententia et aliorum multorum imperii fidelium castrum Are, quod nos cum salemanno nostro pro imperio et ad opus imperii a fidelibus nostris comitibus Theoderico de Hostaden et Gerardo de Are receperamus pro dimidia parte castri Nurberch et pro toto allodio Nurberch pertinente ab imperio cambivimus ipsumque castrum Are predictis comitibus resignavimus et ipsi comites in presentia nostra et multorum principum aliorumque imperii fidelium

---

a) *Vorlage:* sante.

proprietatem illius castri ecclesie Coloniensi in manus Brunonis archiepiscopi Coloniensis et Henrici maioris domus in Colonia advocati nostro consensu et voluntate resignaverunt et ab eodem archiepiscopo castrum illud in feodo receperunt iudicio et consensu principum, facientes eidem archiepiscopo hominium et fidelitatem iurantes. Hec autem in presentia nostra acta sunt et huius rei testes sumus. Ad hec quoque ad omnium imperii fidelium volumus pervenire noticiam, quod nos privilegium illud, quod dilecto principi nostro Philippo pie recordationis quondam Coloniensi archiepiscopo et ecclesie Coloniensi a nostra serenitati tam ipsi archiepiscopo quam ecclesie et civitati Coloniensi concessum est, tam ipsi ecclesie quam civitati Coloniensi perpetuo confirmamus et imperiali auctoritate corroboramus[a] scilicet: ut burgenses de civitate Coloniensi et Nussia et aliis oppidis ad manum archiepiscopi Coloniensis libere pertinentibus apud Bopardiam nullum de cetero nisi antiquum persolvant theloneum, apud Werdam vero ab omni thelonco liberi sint et absoluti. Si vero aliquis predictorum burgensium sive mercatorum a nostris theloneariis culpetur, quod merces vehat alienas, iuramento proprie manus se expurget et sine dilatione libere recedat. Ista quidem et alia omnia que in privilegio ecclesie Coloniensi a nobis prius indulto continentur rata et inconvulsa perpetuo volumus observari. Statuimus itaque et imperiali auctoritate firmiter precipimus, ut nulla omnino persona, alta vel humilis, ecclesiastica vel secularis, hanc nostre confirmationis paginam violare vel ausu temerario presumat contraire. Quod qui facere attemptaverit, nostre maiestatis indignationem graviter se noverit incursurum. Ut igitur omnia que supra scripta sunt rata perpetuo observentur et firma, presentem exinde paginam conscribi et sigillo nostre maiestatis precepimus communiri. Huius rei testes sunt: Johannes Treverensis archiepiscopus. Otto Frisingensis episcopus. Ûdelscalcus Augustensis episcopus. Dithalmus Constantiensis episcopus. Henricus Wormatiensis episcopus. Cunradus abbas de Lacu. Gozwinus abbas de Monte. Cŭnradus Goslariensis prepositus. Adolfus maior in Colonia prepositus. Bruno prepositus de Gradibus. Tirricus prepositus sanctorum apostolorum. Cŏnradus palatinus comes Reni. Hermannus lantgravius Thuringie. Albertus marchio Misnensis. Cunradus marchio de Landesberc. Henricus dux Lovanie. Henricus dux de Limburch et filii eius

---

a) *Vorlage*: coroboramus.

Henricus et Walramus. Adolfus comes de Scowenburc. Albertus comes de Werningerode. Gunterus comes de Keverinberc et filius eius Gunterus. Gevardus burgravius de Megedeburc. Emecho comes de Liningen. Fridericus burgravius de Nûreuberc. Godefridus comes de Vchingen. Boppo comes de Wertheim. Henricus comes de Seíne. Wilhelmus comes Juliacensis. Fridericus comes de Vienne. Henricus comes de Kesle. Gerardus comes de Lôn. Symon comes de Teckeneburc. Henricus comes de Spanheim et fratres sui Albertus et Lodowicus. Henricus de Vroizbreth. Walterus. Bertoldus. Gerardus de Wassenberc. Gerardus de Grintberc. Gerardus de Dist. Rutgerus de Merebeim. Wilhelmus de Hemersbach. Henricus burgravius Coloniensis. Hermannus advocatus Coloniensis. Hermannus camerarius. Wilhelmus Solidus. Lambertus de Wintre. Antonius de Blense. Volcquin Stempel et alii quam plures[a].

Signum domini Henrici sexti Romanorum imperatoris gloriosissimi: (*Monogramm* [b])

Acta sunt hec regnante domino Henrico sexto Romanorum imperatore [c] gloriosissimo anno regni eius XX IIII., imperii vero III. || anno dominice incarnationis millesimo centesimo nonagesimo III., indictione undecima . . . . || Datum apud Wormatiam. IIII. kalendas iulii . . . . . ||.

Köln, Stadtarchiv. — Haupt-Urkunden-Archiv n⁰. 37.

Original auf Pergament, lang 0,565, breit 0,496, schön erhalten. Das wenig verletzte Siegel in weissem Wachs hängt an grün-gelb- und rothen Seidenfäden. Umschrift: HEINRIC · DI GRA. ROMAN.OR IMP R ET SECOP AVGVS TVS. *Auf der Rückseite kölner Registratur-Vermerke 14., 15. u. 17. Jhdts.*

Gedruckt: u. a. Lacomblet, Niederrhein. Urkundenbuch Bd. 1 n⁰. 539; Quellen zur Gesch. d. St. Köln Bd. 1 p. 603.

Verzeichnet: Stumpf, Reichskanzler II n⁰. 4820; Mittheilgn. a. d. Stadtarchiv v. Köln, Heft 3 S. 10 n⁰. 37. An letzterer Stelle ist im Regest 'Uebereignung' statt 'Lehnsauftragung' zu setzen.

---

a) alii — plures *in breiterer Schrift.*
b) *Ein Vollziehungsstrich ist nicht festzustellen.*
c) *Vorlage:* impatore.

1299 December 2. Toul. — *König Albrecht schreibt der Stadt Dortmund, er habe mit Unwillen vernommen, dass die Juden daselbst durch gewaltthätige Eindringlinge aus der Grafschaft Mark zur Auswanderung gezwungen worden seien, und gebiete daher, dieselben zurückzuberufen und unter städtischen Schutz zu stellen.*

Albertus dei gracia Romanorum rex semper augustus prudentibus viris .. sculteto .. scabinis .. consulibus et universis civibus Tremo||niensibus fidelibus suis dilectis graciam suam· et omne bonum. Noscat vestra prudentia, nostris esse maiestatis auribus intimatum, quod Judei nostri in opido || Tremoniensi vobiscum commorantes, quos venerabili Wicboldo Coloniensi archiepiscopo principi et secretario nostro karissimo tenendos commisimus et custodiendos, licet tamen alienigene ingredienti opidum Tremoniense ex ipsius opidi libertate vis inferri non debeat, per vos a violenciis in eodem opido non sunt defensi, eo quia alias, cum tuti in domibus suis ipsi Judei esse crederent, per extraneos de comitatu de Marka ad eosdem dictum opidum ingredientes sunt exactionati violenter ad non modicam pecunie quantitatem, sic quod ipsi Judei, videntes se indefensos, ad loca alia ubi defensionis presidio gaudere credunt postmodum transierunt; quod nostra serenitas graviter ferens de vobis reputat utique male actum, cum vos noscatis ipsos Judeos esse camere nostre servos et per consequens per vos tamquam imperii fideles fore iugi fiducia defensandos. Propter quod vobis seriosius presentibus committimus et mandamus, quatinus Judeis nostris predictis ad vestram presentiam convocatis intimetis eisdem, quod etiam vos facere volumus operis per effectum, quod deinceps in personis ipsorum et rebus a nullo quoquam ipsis in opido Tremoniensi violentiam inferre permittetis, sed quod revocatis aliis ad se qui dicuntur opidum exivisse tam eiusdem archiepiscopi Coloniensis, specialis eorum nomine imperii defensoris, quam vestra in ipso opido vestro ubicunque protectionibus sine quavis offensa et violentia in omni ea libertate quam antiquitus habuerunt maneant et letentur, id nullatenus, sicut nostram graciam diligitis, dimissuri. Datum apud Tullum IV. nonas decembris regni nostri anno secundo.

Köln, Stadtarchiv. — Haupt-Urkunden-Archiv n⁰. 659.

Kopie auf Pergament; dieselbe hat zu den vom Notar Düring am 25. September 1300 beglaubigten Abschriften kölnisch-westfälischer Urkunden gehört, über welche ich in den „Mittheilungen a. d.

Stadtarchiv v. Köln' Heft 4 S. 1 nähere Nachricht gegeben habe. Am oberen Rande cyrographische Linien. — Verzeichnet: a. a. O. S. 43 n⁰. 659. Zur Sache vgl. Rübel, Dortmunder Urkundenbuch Bd. 1 n⁰. 269 ff.

1346 December 13. Nürnberg. — *Kaiser Ludwig der Baier beurkundet die Bedingungen, unter welchen sich Graf Gottfried IV. von Arnsberg verpflichtet hat, ihm Hülfe wider den Markgrafen Karl von Mähren zu leisten.*

Wir Ludowig von gotes gnaden Romischer cheiser cze ͣ allen cziten merer des riches bechennen offenlich und tun chunt, das sich der edel man graf Gotfrid von || Arnsberg unser lieber getrewer wider margraf Karln von Merbern der sich des riches wider uns annimt und wider all unser feinde verbunden hat und hat uns gelobt || und geheizzen cze dienen und cze helffen wider den obgenanten margrafen, wider all sein helffer und wider allermenlich, nieman uzgenomnn, wann wir sein || bedürffen und in darumb ermanen hie zwisschen und sant Walburgtag der schirst chumt und darnach die nehsten zwei iar nach einander mit funfczig mannen mit helmen in seinem land und gebieten und überal by dem Rein oder uzwendig landes mit funfundzweintzig helmen. Und in seinem land und gebieten sol er die funfczig helmen halten uf sein selbs kost, uzwendig seins landes by dem Rin oder anderßwo sullen wir im wein und brot geben. Wird aber er mit den funfundzweintzig helmen uzwendig landes ziehen, so sullen wir im geben: gen Beham win und brot, gen Franckenrich oder gen Lamparten solt als andern herren. Und sullent uns und unsern dienern und helffern all sein vest und sloz zu unsern und irn nöten dieselben frist und iar offen sein wider all unser feinde. Und umb denselben dienst sullen wir im geben und bezaln zweinczig tusent klein gewegen guldin, der wir im sehstusent guldin geben und bezaln süllen uf sant Walburgtag der schierst chomet an bereidem gelde und die übrigen vierczehen tusent guldin haben wir im verschaft uf dem czoll den wir uf dem Rein ufseczzen werden, daz er daran drei turnos ufheben sol als lang biz er der vierczehen tusent guldin bezalt wirt und gewert. Wer aber daz derselb czol niht furgang hett, so sullen wir deim obgenanten von Arnsberg des geldes siben tusent

---

a) *cz ist überall beibehalten worden.*

guldin geben und bezaln uf sant Martinstag der schierst chomet und die überigen siben tusent gulden uf sant Walburgtag darnach cze nebst, oder wir sullen den von Arnsberg desselben geldes anderswo beweisen daran in benügt. Auch sullen wir bestellen mit unsern dienern und helffern die dem obgenanten von Arnsberg geseczen sint, daz si im beholffen sien und in schurn on geverde ob er von unsern wegen in der obgenanten frist angriffen würde, und also sal der von Arnsberg an [al] un[sern]ᵃ helffern und dienern hinwider auch beholffen sein und si schürn on geverde. Nem auch der oftgenant von Arnsberg in unserm dienst [in] der frist iht kuntlichen schaden, den sullen wir im uzrihtten als redlich und gewonlich ist. Und wer, daz er iht gevangen vieng, die sullent unser sein und die sal er uns antwurten. Wër auch, das wir unser diener zu dem obgenandem von Arnsberg santen, die er bi im hett, die sal der von Arnsberg verkosten und dieselben kost sal er von dingzal ufbehen und innemen. Und gewunn der von Arnsberg iht sloz oder swas er unsern feinden anbehübe da by unser diener werent, daz sal uns und unsern dienern und dem von Arnsberg nach der mannzal geteilt werden, es wëren dann sollich sloz oder veste, die von uns und dem rich rürten oder unser offen vest wern oder sein solten, die sal uns der obgenant von Arnsberg antwurten und die sullent unser wesen und sullen wir im seinen schaden abtün als vorgeschrieben stet. Möht aber der von Arnsberg unserr diener kost von der dingczal niht berihtt werden, so sullen wir unserr diener kost selb bezaln, oder es sal der von Arnsberg die kost und ob er iht schaden nem, des wir im gebunden wern abczetün als vor geschriben stet, voruz innemen und ufheben von den gevangen und von andern dingen was den feinden oder sust abgenomen und anbehebt wer, und das überig alles sal uns der von Arnsberg geben und antwurten als vor stet begriffen. Und dar über ze urchund geben wir im disen brief besigelten mit unserm keyserlichen insigeln, der geben ist cze Nurnberg an sant Luczientag nach Kristes geburt driuzehenhundert iar darnach in dem sehs und vierczigistem iar, in dem drei und drizzigistem iar unsers riches und in dem nuinzehendem des keysertumes. —

Auf der Innenseite der Umfaltung rechts die Signatur des Kanzlers.

Köln, Stadtarchiv. — Haupt-Urkunden-Archiv n⁰.

---

a) *Loch im Pergament.*

Original auf Pergament, lang 0,393, breit 0,284, durch Nässe beschädigt und an einigen Stellen durchlöchert. In der Umfaltung Einschnitt für die Siegelschnur, das Siegel verloren.

III. Bischofs- und Fürsten-Urkunden.

[1213 Mai [1]] — *Stephan, Kardinalpriester und päpstlicher Kämmerer, beurkundet, dass Erzbischof Dietrich von Köln zur Bestreitung der Kosten seiner Sachverwaltung von genannten römischen Kaufleuten 625 Mark Sterling entliehen habe, rückzahlbar auf dem S. Aigulfsmarkte zu Provins.*

Stephanus dei gratia basilice duodecim apostolorum presbiter cardinalis domini pape camerarius omnibus has litteras ‖ inspecturis salutem in domino. Noverit universitas vestra quod venerabilis pater Theodericus Coloniensis archi‖episcopus confessus est coram nobis, se pro suis et ecclesie sue negotiis procurandis tantam summam pecunie a Johanne Romano, Petro de Centio de Lavinia, Johanne de Centio et Petro Johannis de Romano et sociis suis nobilibus civibus et mercatoribus Romanis mutuo recepisse quam dictus archiepiscopus et ecclesia sua eis vel eorum certo nuntio sexcentas viginti quinque marcas bonorum novorum et legalium sterlingorum tredecim solidis et quattuor denariis computandis pro marca in proximis nundinis santi Augulfi apud Pruvinum quattuor diebus antequam clametur: ‚hare! hare!' [2] solvere sine difficultate tenentur, sicut in eiusdem archiepiscopi litteris plenius noscitur contineri. In cuius rei testimonium has litteras nostro sigillo munitas dictis creditoribus duximus ad instantiam partis alterius concedendas.

Köln, Stadtarchiv. — Haupt-Urkunden-Archiv n°. 59.

Original auf Pergament, das angehängt gewesene Siegel abgefallen.

Verzeichnet: Mittheilgn. a. d. Stadtarchiv v. Köln, Heft 3 S. 14 n°. 59.

---

1) *Das Datum ergibt sich aus der Bürgschaftserklärung des Kapitels von S. Gereon, Quellen z. Gesch. d. Stadt Köln Bd. 2 n°. 40.*
2) *„Hare hare. Vox quae ad nundinas inclamari solebat." Ducange III p. 626 ad v. Die dort angezogenen Stellen stimmen fast wörtlich mit der gegenwärtigen überein.*

1249 Mai 29. — *Erzbischof Konrad bestätigt der Dekanin und dem Kapitel von S. Maria im Kapitol zu Köln den Besitz der Kirchen von Kirspenich, Effern, Hoengen, Wollersheim und Sinzig.*

Conradus dei gracia sancte Coloniensis ecclesie archiepiscopus apostolice sedis legatus dilectis in Cristo filiabus decane et capitulo ‖ beate Marie in capitolio Coloniensis salutem in vero salutari. Cum a nobis petitur quod iustum est et honestum tam vigor equitatis ‖ quam ordo exigit rationis, ut id per sollicitudinem officii nostri ad debitum perducatur effectum. Eapropter, dilecte in Christo filie, vestris iustis postulationibus grato concurrente assensu collationes ecclesiarum in Kirsmich. Efferne. Hoingen. Wolresheim. Sinchich quas bone memorie Gerbirgis Hadewigis et Agnes quondam ecclesie vestre abbatisse vobis et ecclesie vestre in supplementum prebendarum vestrarum sub certa forma et obedienciarum titulo legitime contulerunt et ordinationem de his factam sicut in instrumentis super hoc confectis plenius continetur, que vidimus et perspeximus diligenter, auctoritate legationis a sede apostolica nobis commisse confirmamus et presentis scripti patrocinio communimus. Nulli ergo omnino hominum liceat hanc paginam nostre protectionis et confirmationis infringere vel ei ausu temerario contraire. — Si quis autem hoc attemptare presumpserit indignationem omnipotentis dei et beatorum Petri et Pauli apostolorum eius et sententiam excommunicationis a nobis late se noverit incurrisse.

Datum anno domini millesimo ducentesimo quadragesimo nono quarto kalendas junii. —

Köln, Archiv der Pfarrkirche zu S. Gereon.
Original auf Pergament. Die Umfaltung bedeckt nahezu die Datumzeile. Ein Bruchstück des Siegels nebst Rücksiegel in weissem Wachs hängt an grünen Seidenfäden. — In dorso (14. Jhdt.): Confirmacio imcorporacio archiepiscopi et legati sedis apostolice ecclesiarum Kirsmich. Efferne. Hoyngen. Synzege et Wolresheim, exhibicio.

1249 September 5. — *Erzbischof Konrad von Köln beurkundet die Entscheidung, die er nach Anhörung rechtsgelehrter Leute zwischen dem Kapitel von S. Aposteln und dem Kleriker Dietrich, Sohn des Ritters Gerhard Heilige, über die Besetzung einer Vikarie der Kirche zu Nymwegen getroffen.*

Nos Conradus dei gratia sancte Coloniensis ecclesie archiepiscopus sacri imperii per Ytaliam archicancellarius apostolice sedis legatus, perspecta difficultate questionis in causa que fuit inter decanum et capitulum ecclesie sanctorum apostolorum in Colonia ex una parte et Theodericum clericum filium Gerardi militis dicti Heilige fidelis nostri ex altera super ecclesia Novimagiensi et quod non modicum incommodum ex ea hinc || inde posset evenire, consideratis eciam omnibus circumstantiis et cause meritis, prout nobis magister Joannes cancellarius noster et notarius noster magister G. retulerunt, habito eciam eorum ac aliorum iurisperitorum || consilio, in nomine domini de consensu partium sic pronunciamus: quod dictus Theodericus clericus elapsis ab hac nostra pronunciatione duodecim annis, quia tunc legitime dicitur etatis, in sacerdotem promoveatur si vicarium qui nunc est ᵃ in dicta ecclesia contingat ibi non esse; et si ultra ibi manserit vicarius, pensio danda Theoderico clerico de qua infra dicetur durabit quamdiu ibi sit vicarius antedictus; et post duodecim annos elapsos vel ex tunc ibi non existente vicario memorato decanus qui nunc est in ecclesia sanctorum apostolorum vel quicunque fuerit pro tempore qui rectores sunt et erunt ecclesie Novimagiensis perfato Theoderico vicariam dicte ecclesie concedet tempore vite sue optinendam. Si vero dicto termino elapso in sacerdotem promotus non fuerit Theodericus, decanus liberam habebit potestatem vicariam suam concedendi cuicunque voluerit et sibi videbitur expedire. Et si medio tempore ipsam vicariam vacare contigerit, decanus presentato sibi a Theoderico dictam vicariam concedet, dummodo persona sit idonea et honesta, ita eciam, quod per dictum clericum sive aliquem de suis predicta vicaria in nullo diminuatur. Item ordinando pronunciamus, quod decanus infra duodecim annos predictos dabit Theoderico singulis annis quinque marcas colonienses de redditibus pastorie, et nos auctoritate legationis qua fungimur et ordinaria vicariam sepedictam honeramus quinque marcis Coloniensibus quas vicarius qui pro tempore fuerit, dabit Theoderico iam dicto per singulos annos predictos. Dum autem Theodericus promotus fuerit in sacerdotem dictis 12 annis elapsis vel vicario qui nunc est ibi extunc non existente, erit vicaria liberata ab honere istarum quinque marcarum et extunc decanus solvet ecclesie sanctorum apostolorum pro ipso Theoderico, quamdiu vivet et erit in ecclesia Novimagiefisi vicarius, quinque marcas, quas vicarius solvere tenetur ad prebendas canonicorum ecclesie sanctorum aposto-

---

a) est *auf einer Rasur.*

lorum; fiet autem solutio predictarum decem marcarum ipsi Theoderico hiis temporibus: ita videlicet, quod vicarius solvet in festo beati Remigii 5 marcas et decanus in cathedra beati Petri 5 marcas per annos singulos supradictos. Siqua autem promissio seu obligatio vicarie ecclesie Novimagiensis tam per decanum sanctorum apostolorum quam per Theodericum clericum facta est quibuscunque personis, illa pronunciamus non valere utpote contra ius expresse facta et ᵃ ea expresse revocamus, omnes eos qui se huic nostre ordinationi sive pronunciationi duxerint opponendos aut aliquam questionem Theoderico decano quem rectorem ecclesie Novimagiensi decernimus moverint vel moveri procuraverint, excommunicationis sententia innodantes, questionem autem expensarum hinc inde factarum predictis cancellario et notario nostro committimus terminandam, dantes eis potestatem, per excommunicationis sententiam compellendi eos qui eorum ordinationem circa premissa non observaverint et quos iure duxerint compellendos. Item ordinamus et volumus, quod Gerardus miles et filii sui fide data ad hoc se obligent, quod tam decanum quam ecclesiam sanctorum apostolorum in omnibus quibuscunque possunt per se et amicos suos fideliter promoveant et decanus et capitulum eos versa vice habeant in favore speciales. Item pronuntiamus et volumus, quod Theodericus clericus tam in ecclesia sanctorum apostolorum quam in ecclesia Novimagiensi expresse et publice renunciet iuri quod per legatum videlicet dominum Petrum cardinalem vel per eum quem sibi in predicta causa dederat executorem habere se credebat et instrumenta omnia super hoc obtenta in manus decani resignet, et hoc fieri precipimus infra mensem. Premissa autem omnia et singula tam a partibus quam ab aliis sub pena excommunicationis sententie nunc a nobis promulgate precipimus inviolabiliter observari, partem que ea, que in hac nostra ᵇ pronuntiatione et ordinatione continentur non observaverit, parti eadem observanti in penis videlicet ducentarum marcarum, excommunicationis nunc a nobis late et ut a causa cadat, que pene eciam in eorum compromisso sunt comprehense, per diffinitivam sententiam condempnamus. Si qua vero in hac nostra pronunciatione seu ordinatione fuerint, que dispensatione indigeant, super hiis ex nostre legationis officio misericorditer dispensamus. Volumus eciam, ut siquid du-

---

a) et *auf Rasur*.
b) *Der Abbreviaturstrich auf einer Rasur.*

bietatis vel obscuritatis emerserit in premissis, super hoc ad nos recursus habeatur. Pronunciatum actum et datum anno domini MCCXLIX nonas septembris.

Köln, Stadtarchiv. — Haupt-Urkunden-Archiv n⁰. 165.
Original auf Pergament, schön geschrieben. Das Siegel des Erzbischofs nebst Rücksiegel in grünem Wachs hängt an grün- und rothen Seidenfäden. Der Kopf des Bildes und ein Theil der Umschrift sind abgesprungen. Auf der Rückseite kurze Inhaltsangabe [14. Jhdt.].
Verzeichnet: Mittheilgn. a. d. Stadtarchiv v. Köln Heft 3 S. 31 n⁰. 165.

1251 Januar 17. — *Erzbischof Konrad von Köln beurkundet, dass der kölner Bürger Gottfried von Withrike und dessen Frau Blitheldis den bisher zwischen ihnen und dem Kloster Dünwald streitigen Zins von einem Hause an S. Kunibert unter Vermittlung des Pfarrers Hermann von S. Peter dem Kloster gütlich übertragen haben.*

Conradus dei gracia sancte Coloniensis ecclesie archiepiscopus Ytalie archicancellarius universis ‖ presentem paginam inspecturis in perpetuum. Cum hominum memoria labilis sit et non diuturna ‖ ne ea que aguntur in tempore simul labantur cum tempore, expedit ut voluntates hominum litterarum munimine roborentur, ne in posterum veniat in dubium, quod nunc liquidum est et manifestum. Inde est, quod universorum noticie volumus declarari, quod cum questio esset inter conventum de Doenwalde ex una parte et Godefridum dictum de Withrike civem Coloniensem ex altera super censu sex solidorum qui solvuntur de quadam domo que sita est super Renum in parrochia sancti Kuniberti et dicitur Rufa Domus que fuit quondam Macharii, tandem diversis tractatibus hinc inde habitis consilio et monitis Hermanni plebani sancti Petri sacerdotis sui [a] inductus idem Godefridus et Blitheldis uxor sua necnon et liberi eius futuri heredes ipsius scilicet Heinricus. Godefridus. Blitheldis. Bertradis. Elizabeth et Katherina [b] unanimi voluntate et consensu [c] ad honorem dei et beate Marie in remedium et salutem animarum suarum et perpetuam sibi memo-

---

a) *In dem Worte* sui *ist corrigirt, am Rande ist daselbe wiederholt.*
b) *Die Vorlage hat hier noch:* quod.
c) *Vorher ist* consilio *ausgestrichen.*

riam faciendam predictos sex solidos duobus denariis minus qui annuatim solvuntur ad hovecynss resignantes et effestucantes libere et absolute prefate ecclesic in Doenwalde assignaverunt in nativitate domini tres solidos et in festo Johannis baptiste alios tres solidos de prescripta domo perpetuo recipiendos. Idem vero Godefridus et Blitheldis uxor sua supra memorata hoc factum suum perfecta stabilitate firmare cupientes, cum personaliter propter debilitatem suam non possent, miserunt filios suos Heinricum et Godefridum suprascriptos qui ex voluntate et mandato ipsorum coram nobis Goswino decano, capitulo et Philippo thesaurario maioris ecclesie Coloniensis et multis aliis astantibus publice sunt protestati, se predictorum sex solidorum censum de domo prefata ecclesie memorate in Doenwalde sicut supra scriptum est perpetuo assignasse rogantes [a] humiliter et devote, ut hoc scripto nostro confirmare dignaremur. Nos vero, eorum piis precibus inclinati, ne res tam utilis oblivionis interitu depereat et ecclesia quod suum est firmum possideat, presentem paginam exinde confectam nostro, Goswini decani, capituli, Philippi thesaurarii ecclesie supra memorate sigillis duximus roborandam, excommunicationis sentencia innodantes qui se temerarie huic facto opposuerint et sepedictam ecclesiam in Doenwalde super huiusmodi collacione presumpserint molestare. Testes vero hii sunt qui huic facto et resignacioni interfuerunt: Arnoldus prior, Theodericus cellerarius, Panthaleon conversus, fratres ecclesie in Doenwalde. Hermannus supradictus plebanus saucti Petri. Thobias cappellanus prefati thesaurarii; cives et officiales Colonienses: Wernerus miles dictus Parfûse. Hermannus et Gerardus nepotes predicti Godefridi. Heinricus dictus Thelonearius[b]. Johannes privignus suus. Sibertus et alii multi. Actum et datum anno domini M. CC. quinquagesimo. XVI. kalendas februarii.

Köln, Stadtarchiv. — Kopiar des Klosters Dünwald [1] *fol. 80ᵇ (Litt. X n⁰. 32).*

1252 December 11. — *Erzbischof Konrad von Köln beurkundet, dass sein Verwandter, Gerhard von Arberg, den von der kölner*

---

a) *Vorlage:* rogamus.
b) *Ursprünglich stand:* Theolonearius.

1) *Der Kopiar des Klosters Dünwald ist bald nach dem Jahre 1481 angelegt worden. Er enthielt ursprünglich auf 86 Pergamentblättern, welche noch im 17. Jhdt. vollständig vorhanden waren, in 22 (23?) durch Buchstaben bezeichneten Abtheilungen sämmtliche Besitz- und Rechtstitel des Konvents. Gegenwärtig fehlen einige Lagen (die Buchstaben S—V resp. W incl.), jedoch bieten Originale Ersatz.*

Kirche lehnsrührigen Zehnten in der Pfarrei Osterfeld dem Deutschen Orden übertragen und dafür sein Allod zu Grimlinghausen vom erzbischöflichen Stuhle zu Lehen genommen hat.

Conradi archiepiscopi, quod fratres milicie domus Theutonice Jherosolimitane molendinum in Grimbechusen et alia bona ibidem in feodo tenent ab ecclesia Coloniensi ᵃ.

Conradus dei gratia sancte Coloniensis ecclesie archiepiscopus sacri imperii per Ytaliam archi||cancellarius notum facimus universis et tam posteris quam modernis cupimus || declarari, quod constituti in nostra presentia noster consanguineus et fidelis vir nobilis Gerardus de Arberg natus Henrici burgravii Coloniensis et nobilis mulier Methildis ipsius Gerardi uxor nata viri nobilis Adolfi de Holthe decimam sitam in parrochia Ostervelde quam a nobis et ab ecclesia nostra tenebant in feodo ad opus dilectorum in Christo . . preceptoris et fratrum milicie domus Theutonice Jerusalemitane libere resignarunt ipsamque ad manus nostras cum renunciacione seu effestucacione sollempni ab ipsis communiter reportando eam memoratis donari preceptori et fratribus cum instantia postulantes in ipso instanti compensacionem feodi ad valorem ipsius decime nobis et nostre ᵇ fecerunt ecclesie in aliis bonis suis: molendino videlicet apud Grimbechusen et aliis ipsorum bonis ibidem sitis que ipsorum allodium usque ad tempus illud extiterant et a nobis ea in feodo receperunt inde nobis, qui illa compensacione contenti fuimus, homagium sicut debetur de feodis faciendo. Nos itaque huiusmodi resignacione bonorum pariter et recompensacione feodi rite factis de nostrorum consilio fidelium, accedente capituli nostri conniventia et assensu, memoratam decimam ita ab onere feodi ac homagii liberam prefatis preceptori et fratribus duximus conferendam libere ac donandam, ut eam perpetuo obtineant pleno iure. In predictorum testimonium presens littera est exinde conscripta et nostro nostrique capituli antedicti sigillis una cum supradicti Gerardi sigillo munita. Actum Colonie III. idus decembris anno domini MCCL secundo.

Köln, Stadtarchiv. — Kartular des Domstifts [1] *fol. 138 nº. 220*

---

a) *Die Ueberschrift roth.*
b) *nostre über der Zeile.*
1) *Der im Stadtarchiv von Köln befindliche Kartular des Domstifts ist ein Pergamentband von 276 Bll. fol. Die Mehrzahl der Eintragungen hat zwischen 1306 und 1308 statt gehabt; die spateren Nachträge gehen nicht über das 15. Jhdt. hinaus. Der ganze Kodex ist ein kalligraphisches Meisterwerk.*

Verzeichnet: Cardauns, Regesten Erzb. Konrads v. Hostaden, Annalen des hist. Ver. f. d. Niederrhein Heft 35 n⁰. 327.

1326 Juni 23. — *Erzbischof Heinrich von Köln, vom apostolischen Stuhle ernannter Richter, theilt dem Klerus seiner Diöcese mit, dass er seine und seines Subdelegaten Verordnungen gegen die jüdischen Bäcker, Brauer, Fleischer und Geflügelhändler widerrufen habe.*

Henricus dei gracia sancte Coloniensis ecclesie, archiepiscopus sacri imperii per Ytaliam archicancellarius, iudex unicus a sede apostolica || deputatus, dilectis in Christo universis et singulis plebanis presbiteris et clericis civitatis et dyocesis nostre Coloniensis ad quos presentes || litere pervenerint salutem in domino . . Moniciones et mandata quecumque contra Judeos Colonienses nostros pistores braxatores carnifices et pullorum venditores seu venditrices ac alios quoscumque universaliter aut singulariter, nominatim vel in genere per nos aut dilectum nobis . . decanum ecclesie Bunnensis nostrum subdelegatum emissa cum eorum effectibus presentibus revocamus revocatam in hiis scriptis prout requisiti fueritis publice nuncietis . . Datum in vigilia nativitatis beati Johannis baptiste anno MCCCXX sexto.

Köln, Stadtarchiv. — Haupt-Urkunden-Archiv n⁰.

Original auf Pergament, ohne Plica, mit drei Bruchstücken des erzbischöflichen Siegels an einem Pergamentstreifen, der aus der Urkunde geschnitten ist. Auf der Rückseite von gleichzeitiger Hand: Revocacio mandatorum ex parte Judeorum a domino archiepiscopo Coloniensi.

1339 Mai 10. — *Graf Dietrich VIII. von Kleve verspricht der Stadt Kleve, welche den wegen schweren Diebstahls auf der Burg Huissen verfolgten Heinrich von Hülchrath ihm ausgeliefert hat, gegen jede daraus entspringende Belästigung zu schützen und ihr gegebenen Falles einen ähnlichen Dienst zu leisten.*

Nos . . Theodericus . . comes Clevensis ad universorum noticiam hoc presens scriptum intuencium volumus pervenire, quod cum Henricus || de Hylgeroyde in nostro castro Hůssen furtum commiserit grave et nocivum, quemadmodum hoc per litteras patentes scabinorum in Hůssen || opidi nec non voce viva per Gerardum dictum van deme Walle et Gerardum dictum Ector scabinos in Hůssen ex ratihabicione ceterorum suorum conscabinorum coram viris prudentibus dominis scabinis Coloniensibus qui eundem Henricum ad queremoniam amicorum nostrorum nostri ex parte pro furto predicto captivatum detinuerunt et vinculis mancipatum ipsique scabini Colonienses eundem Henricum ad preces nostras efficaces nobis presentandum nostris tradiderint amicis, promittimus bona fide, si civitas Coloniensis scabini prefati coniunctim seu divisim aut aliquis civium Coloniensium ob presentacionem prescripti Henrici impeteretur seu quomodolibet molestaretur a quoquam, quod extunc prefatam civitatem Coloniensem ac scabinum vel civem quemcunque de huiusmodi molestacione seu impeticionę relevare tenebimur penitus et indempnem conservare et nichilominus in casu simili unum aut duos fures Colonie in furto deprehensos si in nostro comperti fuerint territorio et detenti sepedictis scabinis Coloniensibus omni excusacione postposita libenti animo ad eorum requisicionem presentare, omni fraude et dolo exclusis penitus in premissis. In cuius rei testimonium sigillum nostrum de mandato nostro speciali presentibus litteris et appensum. Datum feria secunda post ascensionem domini, anno eiusdem millesimo trecentesimo tricesimo nono ∴ —

Köln, Stadtarchiv. — Haupt-Urkunden-Archiv n⁰.
Original auf Pergament. Das an einem Pergamentstreifen hängende kleine Wappen-(Sekret-)Siegel wohlerhalten. Auf der Rückseite Registraturvermerk 15. Jhdts.

IV. Privat-Urkunden und Briefe.

1155 (?). — *Es wird beurkundet, dass nach dem Urtheile des rechtskundigen kölner Rathsherrn Heinrich und seiner Genossen die Abtei Kornelimünster auf Grund eines Privilegs des Kaisers Ludwig Zollfreiheit in Köln geniesst.*

In nomine sancte et individuę trinitatis. Notum sit cunctis Christi fidelibus tam futuris quam presentibus, quod pius Romanorum imperator Lûthewicus adeo || honorifice et tam magno dilectionis studio Yndam constituit, ut non solum in ea nobile templum a sua nobilitate constitutum salvatori et sancto Cornelio || consecratum diversitate beneficorum et hominum ditaret et magna libertate nobilitaret, verum etiam omnes cuiuscunque sint condicionis homines ad santum Cornelium pertinentes hac libertate nobilitavit, quod eos sua regali potestate ubique locorum in Romano imperio ab omni genere thelonii absolvit. Contigit autem ex antiquitate temporis, quod Fugelo, magnę discretionis homo, Coloniensis civitatis honestus theolenarius sub archiepiscopo secundo Arnoldo, predictorum Yndensium thelonii libertatem tam regaliter a pio rege, ut predictum est, et institutam et proprio sigillo suo in perpetuum firmatam non ex industria nitebatur infringere sed quadam negligentia, quę [a] sepe accidit hominibus ex scriptorum penuria quia huius libertatis memoria non fuit scriptis commendata. Hoc audito nobilis abbas Anno super hoc facto querimoniam fecit imperatori [!] Fritherico qui super eundem locum regalem prepotens fuit advocatus. Inde vero rex [!] commotus precepit archiepiscopo sub obtentu et dilectionis sue et gratię, ut abbati et suis hominibus digne et secundum tenorem iusticię satisfaceret et eorum thelonii libertatem, quam a multis regibus [b] in quieta possessione inconcussam hactenus obtinuerunt, non infringeret, sed eandem per sententiam iudicis astrueret et scripto in sua civitate faceret ad noticiam omnium civium reformari. Archiepiscopus vero tocius civitatis senatu convocato et melioribus de civitate et aliis qui erant precipui et sanioris consilii astantibus cepit diligenter discutere, si illi de Ynda quid iuris in thelonio in sua civitate sibi et suo debeant theolenario. Tandem super hac causa diu ventilata Henricus, unus de senatoribus et in omni legali et politica scientia probatus, a summo iudice consultus iudiciaria sententia omnes supradictos ab omni thelonio iudicavit esse liberos, aliis senatoribus et eorum confratribus id ipsum approbantibus; unde predictus abbas Coloniensibus tam pauperibus quam divitibus, sed precipue senatoribus suam exhibuit presentiam et ut hoc, quod iudicis sententia est adiudicatum, perpetua firmitudine haberetur roboratum secundum institutionem civilis iuris et eorum consuetudinem eis omnibus sui iuris persolvit testimonium. Huius rei testes sunt: Hermannus advocatus. Vogelo theolenarius. Hermannus comes. Richolfus advocatus. Gerardus Albus. Hermannus camerarius. Marcmannus Hoicr. Henricus. Gerardus Niger. Richolfus de Novo Foro. Godefridus filius Volsvindę. Hermannus filius Razonis. Godefridus de Stavera. Richolfus de sancta Brigida. Daniel et frater eius Bruno. Malbodo. Marcman Lembichin. Ludolf Grin. Emunt. Franco. Albero de sancta Cecilia. Heinricus Comes. Heinricus filius Hermanni. Karolus. Vo-

---

a) *Hinter* quę *eine Rasur; ursprünglich hat wohl* quod *gestanden.*
b) regibus *über der Zeile nachgetragen.*

gelo et omnes scabinorum fratres et qui sanioris sunt consilii in Coloniensi civitate. Hec acta sunt anno dominice incarnationis ML.C.L.V. [!] quarta [!] epacta XV. indictione victoriosissimo rege [!] Fritherico regnante et archiepiscopo Arnoldo secundo [a] episcopatum sancte Coloniensis ecclesie feliciter gubernante. *)

Köln, Stadtarchiv. — Haupt-Urkunden-Archiv n⁰. 19.
Angebliches Original auf Pergament. — Fälschung 12. Jhdts.
Das (echte) Siegel der Stadt Köln hängt verkehrt an einem Lederstreifen späterer Zeit; möglich ist, dass dasselbe ursprünglich im Spatium unter dem Texte eingelassen war; man hätte alsdann später das nichtbeschriebene Pergamentstück abgeschnitten und die jetzige Befestigungsweis gewählt. Dafür spricht, dass auch unter der Umfaltung noch Linien sich befinden. Dorsalnotiz 15. Jhdts.: Littera de thelonio Coloniensi. *— Die Annahme einer Fälschung stützt sich zunächst auf den chronikalischen Charakter des Textes. Zudem wird Friedrich '. einmal* imperator, *dann aber* rex *genannt. Die Jahreszahl ist verschrieben, Epakte und Indiktion sind verwechselt, auch ist die Schift, besonders in den Abkürzungszeichen, auffallend geziert. Der Inalt an sich ist freilich nicht anfechtbar.*
Gedruckt: u. a. Martène et Durand, Collectio ampl. 1, 829.
Verzeichnet Quix, Gesch. d. St. Aachen 1, 79. Mittheilgn. a. d. Stadtarchiv t Köln Heft 3 n⁰. 19. Vgl.: R. Hoeniger, Der Ursprung der kölnr Stadtverfassg. in der Westdeutsch. Ztschr. f. Gesch. u. Kunst Bd. iS. 245.

1248 (1247) Januar. — *Das kölner Domkapitel beurkundet die Bedingungen, nter denen sein Ackerland beim Hofe (Kirch)-Herten in Pacht gieben ist.*

Quod vilus de Herthene annuatim solvet capitulo centum et quin||quagin maldra tritici et de pensionariis ibidem. CLIX.[b] ||

Gozwinudei gracia decanus et archidiaconus totumque maioris ecclesie in Conia capitulum uni||versis notum esse volumus, quod de terra nostri arabili ad curtem nostram de Her||thene pertinente pensionariis dilibet ipsorum 16 jurnales jure hereditario ita con-

---
a) *Zwisen* secundo *und* episcopatum *ist radirt.*
b) *Die Lerschrift roth.*
*) *Die schrift dieses Stückes verdanke ich der Güte des Herrn Archiv-Volontärs Dr. dolf Ulrich in Köln.*

cessimus habendos, quod de quolibet jurnali solvet quilibet sumbrinum tritici mensure coloniensis, et predictam annonam prefati pensionarii octava beati Remigii totaliter suis laboribus et expensis villico nostro de Herthene Colonie assignabunt et persolvent eidem, alioquin vadium 7 solidorum et 6 denariorum[a] prefato villico prestabunt. Item non est licitum alicui pensionario de 16 jurnalibus plus quam unum jurnalem cum weit seminare, alioquin, siquis magis seminaverit, villico vadiabit 7 solidoi et 6 denarios. Item, si quis pensionarius tantum 16 jurnales habuerit, ipsos dividere inter heredes vel aliis vendere non poterit. Siquis autem 32 jurnales habuerit, uni heredi 16 jurnales et alteri 16 cum licencia relinquere poterit. Et si qui pensionarii annonam termino prefixo, ut dictum est, infra octo dies non persolverint ettunc bonis que habent a predicta curte ipso jure sunt privati, ita quod villicus ibidem de predictis bonis libere et absolute poterit ordinare prout melius curti nostre viderit expedire. Si quem vero mori contigerit, heres ipsius tres solidos pro curmeda et alos tres solidos pro licencia villico persolvet et sic bona cum ||[b] olere suo obtinebit. Et predictus villicus tam pro se quam pro hominibus pensionariis, suis expensis et laboribus in festo beati Martini centum et quinquaginta maldra tritici coloniensis mensure, sicut moris est pensionariorum ecclesie nostre, plenarie Colonie persolvet. In cuius rei testimonium scripto presenti sigillum ecclesie nostre apposuimus. Actum anno domini MCCXLVII mense januario.

Köln, Stadtarchiv. — Kartular des Domstifts ol. 145.

1342 September 12. — *Gottfried de Colonia, Dekan von S. Paul zu Lüttich, und Elbert von Bettincourt, Kanonike am Dom daselbst, lassen notariell bezeugen, dass der kölner Kleriker Gerhard von Cirlo, Kanoniker an S. Bartholomaeus, vor ihnen seinen Ansprüchen an den kölner Juden Nathan und dessen Genossen entsagt habe.*

Universis presentes litteras inspecturis et specialiter honorabilibus ac circumspectis viris .. magistris .. iuratis . consulibus et omnibus || civibus civitatis Coloniensis Godefridus de Colonia decanus .. sancti Pauli et Elbertus de Betincourt canonicus .. maioris

---

a) denariorum *auf einer Rasur.*
b) *fol.* 146[b].

ecclesiarum Leodiensium || veritatis noticiam cum in domino sincera salute. Noverit universitas vestra, quod coram nobis personaliter constitutus honestus vir Gerardus de Cirlo clericus Coloniensis canonicus ecclesie sancti Bartholomei Leodiensis renunciavit expresse liti seu litibus quam vel quas auctoritate cuiusdam rescripti apostolici moverat coram venerabili viro .. domino officiali curie Leodiensis, iudice quo ad hoc subdelegato, contra Nathan Judeum et suos in hoc consortes Judeos cives Colonienses prout in actis ipsius cause seu ipsarum causarum continentur et etiam ipsos .. Judeos ab omnibus actionibus quittavit et quittos clamavit in futurum. In cuius rei testimonium litteras presentes per Goffinum Roleaz clericum Leodiensem tabellionem publicum conscribi fecimus et signari et nostrorum appensionibus sigillorum communiri. Actum Leodii in domo claustrali mei Elberti predicti sub anno nativitatis dominice MCCCXLII indictione decima mensis septembris XII. die presentibus ibidem venerabilibus viris dominis Theoderico de Roys decano dicte .. sancti Bartholomei. Nicolao de Marneffe cantore .. dicte sancti Pauli et Gerardo de Sarto dicte .. sancti Bartholomei ecclesiarum canonicis. Johanne dicto Monacho presbitero in dicta ecclesia sancti Pauli et Gerardo de Cirlo patruo dicti quittantis cive Coloniensi, testibus ad hoc vocatis specialiter et rogatis.

(*Notariatszeichen*) ... Ego ... Et ego Goffinus Roleaz clericus Leodiensis publicus imperiali [a] auctoritate notarius premissis una cum dictis testibus interfui, ea scripsi et meo signo solito signavi rogatus.

Köln, Stadtarchiv. — Haupt-Urkunden-Archiv n⁰.
Original auf Pergament. Bruchstücke von zwei Siegeln hängen an Pergamentstreifen. Auf der Rückseite kölner Registraturvermerk a. d. Anfange 15. Jhdts.

1346 April 12. — *Philipp Madenart, Schöffe zu Luxemburg, beurkundet, dass nach der Aussage von vier genannten Zeugen das von Aylis, Wittwe des Heyne le Tourneman bewohnte Haus nach deren Tode an das Kloster Marienthal falle.*

Je Philippe Madenart, eschevin de Luccemburch, fais savoir a tous que en la presence || de Thieleman dit Bouchart, eschevin

---

a) imperiali *unterstrichen*.

de Luccemburch, Aylis femme de Heyne les Tourneman || qui fut commist a moi de oijr la veriteit entre lie d'une part et les dammes dau Val-Notre-Damme d'autre part tant comme de la maison en la queile la dicte Ailis demeure a present steant devant la porte Huael a Luccemburch. Donc a savoir ᵃ est que je ai oijt 4 persones a queiles la dite Aylis se croit a veriteit, c'est a savoir: dammoiselle Jute d[ic]te ᵇ de Duvenvelt nonnain [1] dan Val-Notre-Dame, sire Heinry de Halbay prestre, Marie Warnier de Trintenges et Gobel son serourge [2]; la queile veriteit je ai oijt et examineit par foit et sairment et ont communalment dit par leur foit et sairment que la dicte Aylis riens n'ait en la dicte maison fors que sa vie et que apres sa vie doit escheoir quitement az dictes dammes dan Val-Notre-Dame sens nul empechement a metre. En tesmoing de queilz choses je ai mis mon propre saiel [3] a ces presentes lettres qui furent faites en l'an mil CCC quarante six douze jours en avril.

Köln, Stadtarchiv. — Haupt-Urkunden-Archiv n⁰.
Original auf Pergament, an mehreren Stellen durchlöchert. Das verletzte Siegel hängt an einem Pergamentstreifen. Umschrift: S. PHI. M[ADEN]ART.

1349 November 13. — *Goebel Schalant schwört der Stadt Köln Urfehde bezüglich seiner Gefangenhaltung und gesteht ihr das Recht zu, ihn ohne Schöffenurtheil hinzurichten, falls seine Betheiligung an den Ausschreitungen wider die Juden nachgewiesen werde.*

Ich .. Goybel Schalant dûn kunt allen luden inde bekennen offenbare, dat ich umbe alsulche scholt als der rayt || inde die stat van Colne mich up myn lijf gevangen hadden eyne gantze stede orvede inde vertzichnisse || han gedayn inde vertzien luterlichin in desme intgienwordichin bryeve up den rayt ind die stat van Colne inde up alle die gene die mich intgien den vorgenanten rayt inde stat besacht hadden, inde han dat vort up den heylgen geswoyren, dat ich noch alle die gene die mich angyent nummer me dat gewrechin ensolen an der stat van Colne of an den genen, die mich inigien sij besacht hadden myt worden of myt werckin in der voygin: were dat sache, dat die stat van Colne hernamayls up mych

---
a) *Vorlage:* assavoir.
b) *Loch im Pergament.*
1) = *religieuse.*
2) = *beau-frère.*
3) = *sceau.*

brengen moychtin inde beczûchin inde dat id myt waerheyde bevunden wurde, dat ich myt der hant da oyver inde an were, da man Jûden zů Colne slůch inde da die kettenen wurden up geslagen inde die hûs in der Jûdengassen verbrant wurden, dat die stat van Colne mich neymen mach sunder scheffenurdel inde voyren mich in gien velt inde slayn mir myn hoyft af. Want dese orvede inde wilkûre geschiet is overmytz myns hirren vrûnt van Ryferscheit, so han ich mynen vorgenanten hirren van Ryferscheit gebeiden, dat hey zů eynre myrre stetgeit sijn segel hange an desin bryef. Inde wir .. Johann hirre zů Ryferscheit bekennen, dat wir umbe des egenanten Goybels ᵃ beyden willen unse segel han gehangen an desin bryef, de gegeyven wart na Christes geburde M. CCC. XLIX jaer des vrydays na sente Mertyns dayge.

Köln, Stadtarchiv. — Haupt-Urkunden-Archiv n⁰.
Original auf Pergament, ohne Umfaltung, mit anhangendem sehr verletztem Siegel Johanns von Reifferscheid in grünem Wachs an einem Pergamentstreifen.
Gedruckt: K. Lechner, D. grosse Sterben in Deutschld. in den Jahren 1348—1351 (Progr. des Gymnas. zu Mitterburg in Istrien 1882/83) 2, 46 *).

1480 Februar 3. — *Die Stadt Köln lädt den Arzt Dr. Heinrich Birkendal (und andere ehemalige Angehörige der medicinischen Fakultät) ein, der Obduktion eines hingerichteten Verbrechers beizuwohnen* [1].

Dem eirsamen meister Heinrich Birckendaill doctor in medicinis unsem guden vrunde.

Eirsam gude frunt. Die eirsamen doctoire ind meistere der faculteten in medicinis bynnen onser stat werden des dynstages na dem sondage invocavit nyest komende eyne anathomye doin mit upsnydonge ind entledonge der woentartzer an eyme doeden, der umb syner oeveldait willen by ons mit scheffenurdel zom doide verwyst is ind bis an die zijt deshalven verhalden wirt zo richten. So ir dan in onser stat wirdiger universiteten ind in der selver faculteten promovyert sijt woulden wir uch sulchs unverkundigt

---
a) *Rasur.*
[1] *1479 März 31 (up gudesdach na dem sondage judica) dankt die Stadt dem Kaiser unter anderm für die 'Gestaltung der Anatomie' — (Kopienbücher Bd. 32 fol. 120 b). Vgl. Haeser, Gesch. d. Medizin 2. Aufl. S. 746.*
*) *Nach freundlicher Mittheilung des Herrn Dr. Robert Hoeniger.*

nyet laissen, off yd uch geleygen were dairby zo syn, dat ir uch darna in dem besten wist zo schicken. Unse herre got sij mit uch. Geschreven up donrestach sent Blasius dach des heyligen bischofs anno etc. lxxx.

In simili forma: honorabili magistro Johanni Wimers
   de Tornaco in Brugis
Honorabili magistro Johanni Florencii in Leyda } doctoribus
Honorabili magistro Florencio Hertz in Deelfft
Honorabili magistro Adriano de Breda in Monasterio
Magistro Petro de Bummel in Ruermund } licentiatis.

Köln, Stadtarchiv. — Kopienbücher [1] *Bd. 32 fol. 208ᵇ*.

---

[1] Ueber die stadtkölnischen Kopienbücher vgl. K. Keller in den Mittheilgn. a. d. Stadtarchiv v. Köln Heft 1 S. 61 ff.

Ein Kölner Bürgerhaus im 16. Jahrhundert.

Mitgeteilt von **Dr. H. Cardauns**.

Gegen Anfang des Jahres 1519 waren die Eheleute Thonis Bertholt oder Bechtolf und Giertgin Hase, wohnhaft zu Köln im Hause zum Ochsen auf dem Heumarkt, rasch hintereinander an einer ansteckenden Krankheit gestorben [1]. Kurz vor ihrem Tode war die Frau in das Haus ihres Bruders, des Schöffen Nicolaus Hase, auf dem Filzengraben geflohen, wobei sie einen Theil der beweglichen Habe mit sich nahm, jedoch starb sie im Hause zum Ochsen. Die Vormundschaft über die unmündigen Kinder des Ehepaars übernahm im Auftrag des Grefen und der Schöffen zu Köln der Kölner Bürger Philipp Roprechtz, Mitvormünder waren Johann von Linz und der genannte Nicolaus Hase. Am Samstag 21. Mai 1519 erschienen dieselben vor dem öffentlichen Notar Hermann Heister von Ditzenroide, Schreiber des hohen Gerichts zu Köln, und verlangten die Aufnahme eines Inventars, welche noch am gleichen Tage begann und erst am 23. August geschlossen wurde. Der darüber aufgenommene Act, von Heister beglaubigt, jedoch von anderer Hand geschrieben, ist im Pfarrarchiv von St. Aposteln zu Köln vorhanden, eine vortrefflich geschriebene und erhaltene Pergamenthandschrift, 27 zusammengeheftete Folioblätter umfassend.

---

1) Schon im Jahre vorher hatte die Pest in Köln begonnen. Weinsberg's Gedenkbuch berichtet darüber: Anno 1518 war ein groisse schreckliche sterbde in Coln und anderswahe, dasz vil tausent menschen storben in der stadt, dasz man alle gerichter und scholen schlosz und die hilligen in Coln umbtrage. disse sterbte hoif zitlich an, tuschen parschen und pinsten, und als sei tag vur tach groisser wart und gansse heuser gans uisstorben und die leuth mit tausenten uis Coln wichen und kein narung vurhanden ware, flowen meine eltern auch uis der stadt zu Dormagen. Modernisirt ist die Stelle abgedruckt in Ennen's Auszügen aus Weinsberg (Müller's Zeitschr. f. d. Kulturgesch. 1874 S. 46).

Die Nachlassenschaft der wohlhabenden Leute wird hier mit der grössten Genauigkeit bis in die kleinsten Kleinigkeiten hinein aufgeführt. Vielleicht gibt es keine zweite Aufzeichnung, welche ein gleich anschauliches Bild von der fahrenden Habe einer gut situirten deutschen Bürgerfamilie des 16. Jahrhunderts bietet.

Die Inventarisirung erfolgte in nicht weniger als zwölf Terminen, über die jedesmal ein besonderer Act aufgenommen wurde. Am 21. Mai beschränkte man sich auf die Verschreibungen, das baare Geld, die Kleider, Wertsachen und sonstige Eigenthumsstücke, welche die Frau in das Haus ihres Bruders mitgenommen hatte. Die Inventarisirung im Hause zum Ochsen dagegen wurde, um die Gefahr der Ansteckung zu vermeiden, verschoben; erst am 7. Juli wurde der Keller, vom 19. bis 22. Juli das Haus in je zwei Terminen, Vor- und Nachmittags, inventarisirt, am 14. August das dem Thonis Bertholt gehörige Haus zur Nase auf dem Eigelstein, am 28. August endlich die im Hause zum Ochsen aufbewahrten Rentbriefe und Schuldverschreibungen. Letzteres war eine ansehnliche Wohnung. Abgesehen von Keller, Vorhaus (vur im huise), Heuspeicher, einem Raum „unter der Treppe", Küche, Hinterhaus (vur in dem hinderste gebuis) und „Steinweg" werden etwa 20 Räume aufgezählt in folgender Reihenfolge: die hangende Stube, die Stube unten am Heumarkt, das Gewölbchen, die grosse Stube unten, die „Polanskammer", die Dreibettenkammer, das rothe Kämmerchen, das Schlafzimmer des verstorbenen Thonis Bertholt, der Saal nach dem Heumarkt, die Mägdekammer gegenüber dem Saal, die Vierbettenkammer, die Kammer mit dem niedrigen Schornstein neben der Flachskammer, die Schlafkammer, die Dreibettenkammer — anscheinend eine andere als die früher erwähnte gleichen Namens —, die Knechtskammer, Panzer Johann's Kammer, die Kammer, in der die Frau des Thonis gestorben ist, oben der Saal nach der Strasse und eine Kammer daneben.

Ueber Beruf und Lebensstellung des Thonis Bertholt sagt unsere Handschrift nichts; anscheinend war er ein Rentner, der nicht unbedeutende Geldgeschäfte machte. Am Schlusse des Inventars findet sich ein Verzeichniss von nicht weniger als 99 ausstehenden Forderungen[1] an Personen aus Ahrweiler, Bacharach, Bonn, Coblenz, Cranenburg, Jülich, Koesfeld, Linz, Mülheim, Münster, So-

---

[1] Ausserdem sind noch zwei Schuldbriefe über 38 Gulden und 40 oberländische Gulden an anderer Stelle (2ª) verzeichnet.

lingen, Unkel, Vallendar u. s. w. von ganz kleinen Beträgen bis zu 1000 „bescheiden Gulden", zusammen 5—6000 Gulden verschiedener Sorten. Wiederholt werden auch Pfänder erwähnt, meistens Kleinigkeiten, nur einmal (Bl. 19b) begegnet eine lange Liste von verpfändetem Küchengeräth. Baares Geld fand sich reichlich vor, etwa 3000 Gulden verschiedener Sorten, darunter allein 1400 Goldgulden und eine Masse von allerhand sonstigen Münzen, Löwen, Turnose, Philippus- und Wilhelmus-Schilde, Schneeberger, Schreckenberger, Rosenobel u. s. w.[1] Einen sehr bedeutenden Besitz repräsentiren auch die Dutzende von Kauf- und Rentenbriefen über ganze Häuser und Hausteile, Grundstücke und Erbrenten in oder bei Köln, Bonn, Sechtem, Dormagen und Zons[1]. Eine auch nur annähernde Berechnung des Werthes ist wegen der vielfach ganz allgemeinen Angaben der betreffenden Urkunden-Auszüge nicht möglich, offenbar aber bilden diese Eigentumstitel schon für sich allein ein erhebliches Vermögen.

Dem starken Vorrat an baarem Gelde entspricht eine hübsche Anzahl von Wertgegenständen. Am stärksten ist das Silberzeug vertreten: 4 Kannen, 10 Schalen, ein Dutzend Becher, drei Dutzend Löffel, weiter 9 Ringe mit Diamanten und Rubinen, Biertöpfe, Salzfässer und Kännchen mit Vergoldung. Ob ein paar Perlenstickereien in Sammt und Seide (Bl. 3ª) zu den Wertstücken zu rechnen sind, muss dahingestellt bleiben, da die Perlen nicht näher beschrieben werden. Silberne, goldene oder reich mit Edelmetall verzierte Gürtel finden sich etwa ein Dutzend, auch mehrere reich verzierte Jacken und ein goldgesticktes Taufhäubchen. Ziemlich oft begegnen auch schöne Devotionalien: drei silberne Agnusdei, sieben Rosenkränze in Silber, Korallen und „Aalstein". Ausser einem Tuch mit einer religiösen Darstellung (Mariä Verkündigung und St. Christoph) werden fünf Tafelbilder, darunter eine Kreuzabnahme aufgeführt. Ein geschriebenes deutsches Evangelienbuch ist auffallender Weise das einzige Buch, welches Erwähnung findet.

Durchweg macht das Inventar den Eindruck der Solidität und des Ueberflusses. Die Zeug-, Leinen- und Teppichvorräte

---

1) Vgl. Bl. 1ª, 1b, 3ª, 3b, 5b, 16ª, 16b. In Menge begegnen die gleichen Namen in rheinischen Münzordnungen und Münzverträgen jener Zeit. Vgl. die Auszüge bei Ennen, Geschichte der Stadt Köln III. 901 ff.
2) Die meisten in dem grossen Verzeichniss Bl. 22ª, 26ª, Einzelnes Bl. 1ª und 2ª.

(hullendoich, stoillachen, bankwerk, taifeltwelendoich) betragen weit über 1000 Ellen. Dann finden wir 80 Pfund Flachs, 50 Pfund Garn, 40 Gebund Kerzen, Dutzende von Töpfen und Büchsen mit verschiedenen Gewürzen, 17 Gefässe mit „gebranntem Wasser", mehrere Hüte Zucker und in den beiden Kellern die Kleinigkeit von 50 bis 60 Fuder Wein.

Sehr reichlich, anscheinend jedoch im Allgemeinen einfach, war das Mobilar. Auffallend gross ist die Zahl der Betten: wir finden 16 Bettstätten, 6 „Spannbetten", 9 Rollbetten, kleine Bettchen u. s. w. und zwei Wiegen, zum Theil geschnitzt, fast ausnahmslos mit vollständigem Zubehör, Decken, Kissen etc. Weiter fünf Schränke (Trisore), eine Menge von Tischen, Stühlen, Bänken, Kisten, Kistchen und Schreinen von Tannen-, Nussbaum-, Eschen- und feinem Eichenholz. Der Spiegel ist nur zweimal vertreten, desto häufiger die Gegenstände, zu deren Betrachtung der Spiegel benutzt zu werden pflegt. Namentlich erfreute sich Frau Giertgin einer umfangreichen Toilette. Das Inventar wimmelt von Kopftüchern, Mützen und Mützchen, Halstüchern, Brusttüchern, Aermeln, Stickereien, von Röcken, Mänteln, Wämmsern, Hemden, Hosen und Röcken für beide Geschlechter. Neben einigen Dutzend Windeln und „Kindertüchern" wird ein Kinderkittelchen und ein Kinderleibröckchen von Sammet verzeichnet. Leinenzeug für Bett und Tisch ist in Fülle vorhanden. Bettlaken kommen zu Dutzenden vor, und die Zahl der „Twelen" verschiedener Gattung, Tischtücher, Servietten etc. geht jedenfalls weit über 100 hinaus. Zahlreich begegnen auch Handtücher, Badetücher, Kissen und Gardinen.

Schwer ins Gewicht fällt die Kücheneinrichtung. Abgesehen von einer Reihe von zinnernen Kannen, die an anderen Stellen erwähnt sind, und einer Menge verpfändeter Küchengeräthe (Bl. 19^b) fällt die Inventur der Küche und des Raumes unter der Treppe am 22. Juli (Bl. 16^b) so reichlich aus, dass manche Hausfrau die Liste nicht ohne Neid lesen würde: 8 Bratpfannen, 24 zinnerne Schüsseln, 13 Dutzend Teller, 34 Kessel, 10 Pfannen, 8 Salzfässchen, 19 Biertöpfe, 25 kupferne Töpfe, 7 Bratspiesse, dann Massen von Tiegeln, Becken, Schüsseln und Schüsselchen, Kannen, Töpfen, Flaschen, Leuchtern u. s. w. Ab und zu ist summarisch das Gewicht der Metallgeräthe angegeben, zusammen beträgt dasselbe über 1000 Pfund. Ein guter Teil des Trinkgeräts wurde zudem nicht in der Küche aufbewahrt, sondern in einem Schlafzimmer, nämlich 85 Römer, 8 Ratskannen und 60 Weintöpfe (Bl. 14^b).

Abgesehen von den angedeuteten Rubriken enthält das Inventar noch ein buntes Durcheinander. Auf kriegerische Neigungen lassen 10 Degen, 6 Hellebarden, 3 Fausthämmer, eine stählerne Armbrust, ein Paar Reiterstiefel und ein Eisenhut schliessen. Auch ein schönes Messer sei erwähnt, dann das kupferne Siegel des Anton Bertholf, ein Schleifstein, alte Taschen, ein Buchsbaumtäfelchen mit silbernem Schloss und Griffel, ein Aderlassinstrument mit Silberverzierung und einer kleinen silbernen Schale, Taufgeschenke in Gestalt von Täschchen und Beutelchen, Nadelbeutelchen, Vogelskorb, Blasbalg und — wie der Notar einigemale bemerkt, wenn es ihm zu viel wird — „allerhand Plunder, nicht wert, dass man ihn aufschreibt."

Eine besondere Erwähnung verdient das Inventar des Hauses zur Nase. Wie aus dem Verzeichniss der Kaufbriefe (Bl. 22ª ff.) hervorgeht, hatten die Eheleute Adolf und Christina Quaide 1517 „ihren Hof zur Nase am Eigelsteinertor", also in einer hervorragenden „Kappusbauern"-Gegend des alten Köln, nebst anderthalb Viertel Artland an die Eheleute Bertholt verkauft. Der neue Besitzer hat den kleinen Hof in Pacht gegeben oder auf eigene Rechnung bewirtschaften lassen, und das Inventar gewährt einen guten Einblick in eine kleine bäuerliche Wirtschaft. Es war ein kleines Häuschen mit Hof, Scheune und Ställen, bestehend aus Küche, Käsespinde, einer Kammer hinter dem Heerde und dem Speicher; die „Frauenschlafkammer" scheint sich nicht im Hause befunden zu haben, da sie erst nach der Scheune genannt wird. Den Viehstand bilden zwei bunte Kühe und drei Pferde, nämlich „ein Weissschimmel, ein Grieschen und ein Blässchen". Dann finden wir einen Leiterwagen, drei Betten, eine Wiege und einfaches aber ziemlich reichliches Küchengerät.

Bei dem nachstehenden auszüglichen Abdruck des Inventars habe ich mich im Wesentlichen an die „Bestimmungen über die Herausgabe handschriftlicher Texte" gehalten, welche im Juli 1883 Prof. Menzel im Auftrage des Gelehrten-Ausschusses der Gesellschaft für rheinische Geschichtskunde zusammenstellte[1], also lautlich wertlose Consonanten-Doppelungen vermieden, u stets als Vocal, v als Consonant behandelt ohne Rücksicht auf entgegengesetzten Gebrauch der Handschrift, grosse Anfangsbuchstaben nur für Eigennamen und bei Beginn eines neuen Satzes gewählt. Das

---

[1] Als Msc. gedruckt, Bonn, Georgi'sche Universitäts-Buchdruckerei.

durchaus willkürlich gebrauchte y ist regelmässig durch i ersetzt, sämmtliche Zahlen, auch die gewöhnlich voll ausgeschriebenen Jahres- und Monats-Daten, durch arabische Ziffern wiedergegeben. Einen vollständigen Abdruck schien mir das Inventar trotz seines sachlichen und sprachlichen Interesses nicht zu verdienen, vielmehr habe ich von der summarischen Methode, die sogar unser sorgfältiger Notarius Heister hier und da in Anwendung bringt, ausgedehnten Gebrauch gemacht. Auch sonst ist auf Raumersparniss Rücksicht genommen, stehende Wendungen abgekürzt, zahllose Alineas eingezogen und Hunderte von Items ohne Weiteres weggelassen. Meine Worterklärungen werden vielfach dem Leser nicht genügen, obwohl ich solche an etwa 150 Stellen gegeben habe. Das Verzeichniss bietet eben mit seiner Menge seltener Ausdrücke aussergewöhnliche Schwierigkeiten, und an einigen Dutzend Bezeichnungen für Kleidungsstücke und Hausratsgegenstände ist jeder Erklärungsversuch gescheitert.

In gotz namen amen. Kunt si allen und jecklichen den ghenen die dit untghainwordige offenbaire instrument of register werden sien off hoeren lesen, dat in dem jaire na der geburt Christi unsers heren 1519 in der 7. indictien up saterstach 21. dach des maintz maii zo 8 uren vurmiddage of umb den trint, paisdombs des alrehillichsten in gode vaders unsers heren heren Leonis van gotlicher vursichticheit paisz des zienden in sime 7. jaire, vur mir Hermanno Heister, hogerichtzschriver zu Coelne und offenbairen notario hie unden geschreven in siner eigener personen komen und erschenen ist der eirsam Philips Roprechtz, burger zo Coelne, as richtlich tutor vurmunder ind truwehant as hei sachte der unmundiger kindere van etwan Thonis Bertholt ind Giertgin Hasen eluden den beiden got gnade geschaffen und nagelaissen, in biwesen der eirsamer Niclais Hasen scheffens und Johans van Lins as mittruwehendere ind verwanten der vurschreven unmundiger kindere und der gezuigen nageschreven. Und hait der obgemelte Philips Roprechtz vurgegeven, also wie im overmitz die eirsamen wise heren greve und scheffenen zu Coelne in namen der vurgenanter unmundiger kindere richtliche vurmunderschaft und tutoirschaft verlient worden und dabi bevoilhen si, die nagelaissen gnedere seligen Thonis und Giertgins eluden irre vader und moder durch inventariums wise beschriven zu laissen, wie die momberschaft in des hogerichtz boichs solichs wider usgedruckt und geschreven stae. Und diewile nu der vurgenant Thonis an der sorglicher vangender krenkden gnant epidimia vur und Giertgin sine huisfrauwe balde dairna an der selver krenkden mit doide afgegangen weren und die selve Giertgin vur irem doide mit etlichen kisten und schringen mit sommigen guderen in des vurschreven Clais Hasens irs broders huis geflouwen were, so weren si itzont aldae vergadert, die selve kisten und schringin zu offenen und wes dairinnen were beschriven zu laissen, der kinder best zo proeven und argste zu warden, wie in dan bevoilhen und vertruwet worden si. Damit sin wir samen uns zeichende mit zeichen des billigen cruitz, sprechende in namen des vaders und des soens und des hilligen geist amen gegangen up eine camer ind aldae befunden wie nageschreven volgt.

Item eine beslagen kiste mit eime slosz dairinnen befunden einen erfrentbrief sprechende dri malder korns an Stingin Riszweck, Thonis van Raimbrucken ind Stingin siner eliger huisfrauwen, durch seligen Thonis Bertholt und Giertgin elude vurschreven gegoulden, und sin datum helt 1512 up den iersten dach imme spurkel [1].

Item ein fluwelen [2] teschgin mit eime silveren rinkgelgin, dairinnen befunden an silveren gelde 5 wispennink und $6^{1}/_{2}$ haller. (Bl. 1^{b}) Item ein swartz beslagen kuffer, dairinnen befunden ein busboumen taifelgin mit eime silveren slosgin und griffel. Item ein silveren agnus dei [3]. I. an allerleie gelde in buidelgin und blaisgin befunden 3 goltgulden und einen gelreschen gulden mit den lewen. ein hoernschen gulden. ein knapkoech. an harden gelde 4 gulden 5 wispennink. einen gulden lewen. einen thornois mit eime sterngin.

I. in eime wissen buidelgin befunden item 4 gulden draede wigende zosamen 3 loit. ein hornschen gulden. ein knapkoiche und ein albus in eime zedelgin dairup geschreven steit gehoret dit gelt diesem manne [4] etc. ein silveren durchslach [5]. noch ein

---

1) Februar.   2) Von Sammet.

3) Im weiteren Sinne bezeichnet das Wort nicht nur eine Darstellung des Gotteslammes; unten kommt ein Agnus Dei mit Maria und dem h. Johannes vor.

4) Alte Münz-Couverts mit dieser Aufschrift und beigefügtem Namen finden sich auch heute noch im Kölner Stadt-Archiv.

5) Wohl eine durchlöcherte Münze.

thornois mit eime sterngin ¹. ein cleyn silveren overguldt ringelgin gekuppelt. einen goltgulden.

Item in eime eichen kistgin of schringin befunden 4 silveren schailen umb die bort overguldt und binnen mit einer overgulden rosen. ein silveren agnus dei up einer siden senct Johan ind up der ander siden unse lieve frauwe gestechen. 2 swartzen fluwelen gurdele mit silveren overgulden rinken und orden jeder ein mit 3 overgulden spangen. ein damasken ² frauwenkolleir ³ mit swartzem fluwele umblacht mit eime finierden voder. ein swartze fluwelen kolleir mit swartzem schechter ⁴ gefoedert. ein sammitten doich umb dat heuft her. ein samitten halsdoich mit eime cleispen voder. ein par frauwen swartzer hoesen. ein stuck damasken swartz doichs umbtrint anderhalve ele. 2 damasken stuichen ⁵ under einer frauwenfuik ⁶. (Bl. 2ᵃ) ein roit fluwelen borstlap ⁷. 4 vierkantige esztwelen ⁸. 4 hembder. ein aederzunge ⁹ oven mit silver ind eime silvere schelgin. 2 cleine twielgin ¹⁰ und noch ein twele mit frensen. 3 clein stuckelgin hullendoichs ¹¹. ein linen broich ¹². ein clein sangwinen ¹³ siden doufbudelgin ¹⁴. 2 frauwen linen mutzen. ein taifelgin gnant signum tau ¹⁵. 3 betzellen. ein roit fluwelen schiltgin mit eime gulden bortgin ¹⁶.

Item in eime roiden buechgen schringin ¹⁷ befunden ein schoultbrief ¹⁸ sprechende 40 overlensche gulden, 24 raderalbus vur den gulden gerechent, an Crisant Schriver burger zu Munstereifel und Druiden eluden, sin datum helt 1518 jair up sent Wailburgen dach (*Mai 1*). einen koufbrief sprechende 3 gulden 4 mark churfurster werungen vur jederen gulden gerechent an Rorich vam

---

1) Das „Sternchen" wird ein Stempel gewesen sein, der andeutete, dass die betreffende Münze unterwerthig sei.

2) Von Damast.

3) Französ. collier = Halsband.

4) Schetter kommt heute noch als Bezeichnung für steifgemachtes Zeug, besonders Steifleinwand vor.

5) Aermel, heute Stauchen.   6) Unterrock.   7) Brusttuch.

8) Esstücher, Servietten.

9) Aderlass-Instrument mit dazu gehöriger kleiner silberner Schale.

10) Deminutiv von Twele = Tuch.   11) Mützentuch.

12) Beinkleid.   13) Französ. sanguin = blutfarbig.

14) Taufbeutelchen.   15) Wohl das Bild des Henkelkreuzes.

16) Börtchen.   17) Kleiner Schrein von Buchenholz.

18) Die 4 Urkunden sind mit den Buchstaben B—E bezeichnet.

Haene ind Tringin Stoessels eluden belacht mit der scheffenen segel zu Lins besiegelt, der datum helt 1519 am sambstach nach der hilliger dri konink dach (*Januar 8*). einen koufbrief sprechende 7½ overlensche gulden 24 raderalbus vur jederen gulden gerechent jairlicher erfrenthen durch wilne Thonis Bertholf ind Giertgin eluden gegoulden an Wilhelm Schorn van Ziszkoeven mit des vesten Godertz Schall van Belle schoultis zu Gluwel[1] siegel besiegelt, der datum helt 1519 up unser liever frauwen avent lichtmissen (*Febr. 1*). ein schoultbrief sprechende 38 gulden 24 raderalbus vur den gulden an Johan Snider burger zu Andernach mit zweier scheffenen zu Andernach ingesiegel besegelt, und sin datum helt 1518 up maindach niest nach senct Johans untheufunge dage (*August 30*).

Item in eime boechgen schringin befunden 5 vierdeil swartze fluwelendoichs. ein alt budel mit eime pensergen[2] overzoegen dairinnen befunden etliche swartze alstein kornen mit eime silveren disomskneufgin[3] ind dri silveren zeichenkornen.

(Bl. 2ᵇ) Item hait Philips Roprecht us diesen vurschreven kisten in leven Giertgins eliger huisfrauwen Thonis Bertholfs untfangen 164 gulden 4 mark vur den gulden, als der selve Roprecht bekante.

Item noch befunden an penningen und anderen harden penningen 28½ gulden current.

Item 19 stickelsche[4] und bullen[5] under ein anderen und 3 halsdoichere clein und grois guet ind qwait.

Und na beschrivongen dieser vurschreven guedere erzalte der vurschreven Philips, wie si diesen inventarium itzo binnen reichter zit hedde angefangen, aver diewile Thonis Bechtolf binnen kurtzer zit in dem huise zomme ossen up dem heumart gelegen an der fangender crankheit vurgenant gestorven, deshalven gar sorchlich were noch zor zit in dat huis zu ghain und die guedere zu beschriven, protestierde dairumb offentlich dat die zit diesen inventarium zu vollenden deshalven niet verloufen sulle noch moge. Dit ist geschiet in huise und wonungen des vurschreven Clais Haesen in dem viltzengraven binnen Liskirchen kirspel gelegen, daebi waeren die eirberen Joist Heister, Jacob Esser und Peter van der Haegen as gezuige herzu geroifen ind sunderlingen gebeden.

Hernae im vurschreven jaire indiction und paistdombs vur-

---

1) Gleuel.   2) Deminutiv von Panzer?   3) Bisamknöpfchen.
4) Stickereien.   5) Mützen.

schreven up donrestach 7. dach des maintz julii zu 2 uren namiddage of umb den trint ist erschenen der obgenante Philips Roprechtz as vurmunder und tutoir der vurgenanter unmundiger kindere in biwesen der eirsamer This Hasen und Johan van Lins obgenant, und hait der vurschreven Philips vorgegeven, so si hie bevoeren diesen inventarium hedden angefangen und bis noch niet geendiget, dat solichs us geiner anderre ursachen geschiet, dan id noch sorglich geweist were zomme ossen in dat huis vurgenant zu ghain, dairdurch sich diese beschrivong und inventarium verzogen hedde, und protestierden offentlich na as vur, dat in deshalven die zit des inventariums zo machen niet sulle verloufen, und sint also umb diesen inventarium vort zo vollenden samen gegangen in den keller des huisz zomme ossen und aldae befunden.

Item 26 stucker wins droeve[1] haldende zosamen 36 voeder und 4½ aime und in dem anderen keller hinder dem huise zomme ossen befonden 17 stuck und ein zulast wisz wins haldende zosamen 19 foeder 2 aemen min ein vierdeil. Hiebi waeren Peter van der Hagen und Johan van Reckelinkhuisen as gezuige herzo gebeden.

(Bl. 3ᵃ) Herna im selven jair indictien mainde und paisdombs vurschreven up dynxstach 19. dach des maintz julii zu 7 uren vurmiddage ist erschenen der vurgenant Philips as vurmunder in bisin This Haisen, Clais Haisen ind Johan van Lins vurschreven, umb diesen inventarium vort zu continueren und zu vollenden, und hait sine vurgedainde protestacien hieinnen verhoult, und samen gegangen up die hangende stoeve des huisz zomme ossen vurschreven ind aldae befunden wie nageschreven volgt.

Item zwene secke mit gelde[2].

I. . . . . . .[3] befunden an raderschillinge, wispenninge und cruizer 401½ gulden, 4 mark vur den gulden gerechent.

I. einen panzerdegen mit eime langen silveren ortiser[4], unden ind oven beslagen.

I. ein roit fluwelen schiltgin, oven mit 15 perlen rosen ind 13 perlen eichen[5].

---

1) Wohl trüber, noch in der Gährung befindlicher Wein.
2) Rest der Zeile und die folgende Zeile leer. Rasur oder Flecken.
3) Punkte auf einer Rasur oder einem Flecken, Raum für zwei bis drei Worte.
4) Einfassung der Schwert- oder Messer-Scheide.
5) Perlen in Form von Rosen und Eicheln.

I. ein siden wis wasserheuftgin mit perlen gestickt Jhesus Maria.

I. 3 zenen sckenckannen.

I. ein stuck hullendoichs baldende ungefierlich 22 elen. einen groissen langen degen sunder scheide. I. noch einen degen sunder scheide. I. ein clein stainde haudfestgin[1] oven mit zinnen. ein alt wetzkeuwer[2]. 2 alde teschen ledich. ein memorienbrett[3]. Item ....[4] I. ein alde tesche. 3 fuisthemmer. ein messige schaelenwaege. ein lederen pole[5] mit eime lederen heuftkussen. ein blao gardingin vur die glaesevinster.

I. ein gefalde tieke[6] dairinnen befinden in einem ledtgin villerleie penninge silveren und gulden. seligen Anthonis siegel koffer[7]. ein panzerdegen mit einer silveren scheiden eime hultzen zanderen hechte[8] mit einre silveren buiven.

(Bl. 3b) I. noch in der selver tieken und in eime schaff in der muiren befunden an gelde nemlich in lederen und linen secken an allerleie gelde garnalien 89 mark 9 loit, beleuft sich an gelde 334 bescheiden gulden[9] 21½ albus, den gulden vur 26 albus gerechent.

I. in eime blaisgin an schreckenberger 7 vur einen goltgulden gerechent zusamen 27 goltgulden.

I. an lewen engelschen 4 gulden min ein ort[10].

I. an slieferen 3 vur einen goltgulden gerechent zusamen vur 30 goltgulden.

I. an allerleie braobenschen gelde 28 stuver vur einen goltgulden zosamen vur 26 gulden und 3 ort. an goultgulden in goulde zosammen 380. 6 ducaten. 2 engeln van Engelant. einen lewen. 5 kroenen. 20 Philips gulden. ein dubbel ducait. ein clein stuckelgin ducaten goltz. 27 knapkoichen. 2 Philips schilde. 2 Arnoldus gulden. einen halven Andries gulden. 23 Martinus ind Ropertus gulden under ein anderen. 200 hornscher gulden. 88 berchsche gulden. an penningen und heller 4 mark ind 8 albus.

---

1) Wohl = Handfässchen d. h. Waschbecken.
2) Schleifstein. 3) Rechenbrett.
4) Punkte auf einer Rasur. 5) Pfühl.
6) Klapptisch. Heute noch Theke = Latentisch.
7) Kupfernes Siegel.
8) Heft von Sandelholz.
9) Rechnungs- oder Pagaments-Gulden.
10) engelschen—ort mit blasserer Tinte.

Unden in der stoven am heumart befunden.

Item ein dennen anrichtgin. 14 lederen roden rutzkussen [1]. 2 schraigenstoele mit lenen. (Bl. 4a) ein frauwenstoil. 2 gefalden taifelen [2]. up den benken 2 stuck frankforder gefogelder [3] stoillachen [4]. ein spegel. ein zenen hantvasz [5] mit siner hantwelen [6] und gesneden gereitschaft. boven dem tritzsoir [7] 2 zenen gedreden kannen. ein gemailde taifel up ramen depositio Christi de cruce. noch eine cleine taifel up ramen unser liever frauwen bilt. ein tritzsoir mit allerleie pluserien [8] von cleinem werde. ein taifelrink [9]. ein keeskorf. ein geschreven duitsch evangeliumboich. 2 salsvasser. ein bereglas. in der kistenbank befunden item 6 gebilder [10] taifeltwelen ein fasuin. 24 linen hantringe [11]. 4 vurtwelen up ein vierkantige taifel. noch 16 slechter linnen taifeltwelen ungebildt. in der selver kistenbank in dem anderen gefach befunden 17 kottroff mit allerleie gebranten wasser. dabi in dem cleinen gefach einen hoet zuckers.

Vur im buise befunden.

Item ein tiek, ein siddel [12] ind 6 helbarden.

Up den selven vurschreven dach zu 2 uren namiddage ist erschenen der vurgenant Philips (*Formel wie vorher*) samen gegangen zom ossen vurschreven in dat gewulfgin und aldae innen an silveren (Bl. 4b) werk befunden wie naegeschreven volgt.

Item ein dubbel kene dairinnen ein silveren becher ist, die kene umb die bort overguldt, wigende zusamen 4 mark min 5 loit. 2 bierpot umb die bort overguldt, wigende zusamen 4 mark 3 loit. 6 silveren schailen w. z. $3^{1}/_{2}$ mark ind ein loit. ein kroesgin [13] mit eime deckel umb die bort ind hengelgin [14] overguldt wigende ein mark 9 loit. ein clein overguldt kroesgin und 4 salsvasser up braebensch gemacht w. z. $2^{1}/_{2}$ mark. ein silveren kanne mit eime thorngin [15], umb die bort ind henge overguldt, die

---

1) Wohl = ruckskussen (Rückenkissen), wie Bl. 5a steht.
2) Klapptische.   3) Mit Vogelmuster.
4) Stuhllaken, Stuhlüberzug.   5) Waschbecken.
6) Handtuch.   7) Schrank.   8) Plunder.
9) Unterlage für die Schüsseln.   10) Gemustert.
11) Handtücher. Vgl. unten Bl. 5b: linen ringe dair man die hende an wechst. Bl. 9b: linen handoicher ader ringe.
12) Stuhl (sedile).
13) Kännchen, Krügelchen.   14) Henkelchen.
15) Thürmchen.

man sacht Johan van Duiren schiffman zugehoire, w. 10 mark min
4 loit. 2 bierpotte mit Anthonis seligen mirke[1] w. z. 7 m. noch
2 bierpotte mit A. s. m. w. z. 4 m. 4 salsvasser umb die bort
overguldt w. z. 2 m. 5 l. eine silveren kanne mit eime torngin
um die bort ind hengel overguldt w. 5½ m. noch ein silveren
kanne oven mit eime overgulden lewen umb die bort overguldt w.
6 m. 7 l. noch ein silveren kanne mit eime torngin umb die bort
overguldt w. 8 m. min 2 l. noch ein silveren kanne m. e. t. u. d.
b. o. w. 8 m. 6 alder degen. 2 dosin[2] silveren leffel ein fasuin
mit kneufgin overguldt w. z. 3 m. 4 l.

Unden in der groisser stoven befunden.

(Bl. 5ª) I. ein verhaven tritzsoir[3] mit 2 schaffen mit eime
overhange, dairinnen befunden ein dosin silveren becher in ein ander geslossen umb die bort overguldt w. z. 7 m. 1 l. I. 2 gulden
an penningen in eine blaisgin. 5 schaelen ein fasuin w. z. 3 m.
boven dem cunthoir[4] 2 zenen anrichskannen ind ein hoge glas.
ein lange dennen kist dairinnen befunden ein stuck smals linen
gebleichs doichs haldende 42 elen. 2 lange zwilch taifeltwelen.
15 slechter linen kusziechen[5]. so an laden glaseren ind gebacken
erden laden mit allerleie gekruide[6] zusamen 20 stuck. noch ein
dosin silveren leffel ein fasuin mit kneufgin overguldt w. z. 1 m.
12 l. ein gesneden hantfasz mit sine zenen ind gesneden werk,
dairan man die hantwele an hengt. 8 groner gebloemder stoilkussen sunder waepen. 13 lederen ruckskussen. 2 gefalde nuwe
taifelen. 3 dennen benk umb taifelen her zu setzen. ein gele ver-
nist esche taifel[7] die man up schraigen laget. ein dennen an-
richstaifelgin. ein stuck bankwerks[8] adir groen stoillachens haldende 10 elen und ein vierdeil. noch ein stuck h. 6½ ele. noch
ein stuck h. 11½ ele. ein schartze[9] desselven bankwerks h. in
die lengde und breide ungefierlich 18 elen. noch ein stuck gele
groen stoillachens h. 20 elen. noch ein stuck desselben fasuins
h. 11 elen ind wenich mehe. (Bl. 5ᵇ) Hiebi waeren Joist Heister
ind Peter van der Haigen as gezuige herzu gebeden.

Dairnae im selven jair indictien mainde und paisdombs vur-

---

1) Zeichen. 2) Dutzend. 3) Geschnitzter Schrank.
4) Secretair. 5) Kissenüberzüge. 6) Gewürz.
7) Gelbgefirnisster Tisch von Eschenholz.
8) Teppich, Tuch zum Ueberziehen von Bänken und Stühlen.
9) Grobe Wolldecke.

schreven up gudestach 20. dach julii zu 9 uren vurmiddage ist erschenen (*wie oben*) samen gegangen up die camer gnant polanskamer des huisz zomme ossen vurschreven und aldae in eime schaffe hinder eine trisoir in der muiren stainde befunden....[1] we duisent goultgulden in goulde.

I. befunden eine nosboumen kist dairinnen ist geweist an linen werk wie navolgt geschreven (*folgen 108 Twelen verschiedener Sorte*, ein stuck gebildtz taifeltwelen doichs haldende 130 elen, 31 groisser faseletger [2] die man up die scholderen laget als men mailzit heldt, 7 anrichs gebilder twelen sunder frensen, 7 geruitter [3] kusziechen, 4 scheidelen vur kindelbetzfrauwen, 2 linen ringe dair man die hende an wechst, ein ransz [4], 6 hullen, 4 stickels).

I. in einem eichen kistgin mit eime slosz befunden ein clein wis dammasken westerhuifgin [5] mit goulde gestickt. I. 21 doechergin zu den kinderen die man uf der wegen [6] gebruicht. (Bl. 6ᵃ) I. 2 gestickde koechentwelen. mit frensen. 8 gueder linen windeldoichere. 3 kinder linen umbslege. ein ransz. ein gebilde hantwele. ein vierkantige twele. noch 3 slechter fasiletger. ein blae koegel [7]. ein alde gebilde hantdoich. ein hulle. ein par alder sangwinen samelotten [8] mauwen [9].

I. noch in einer nosboumen beslagen kist befunden. I. 10 par guder slaiflaichen [10]. 3 groner arnesche [11] gardinen. 2 roider arnescher gardinen. 26 geruiter kusziechen. ein wisse braebensche kiddel. ein worstein kinderkursz mit graen voder gefodert. ein alt swartze fluwelen borstlappe. ein half worstein swartze kuirtze lifrock mit eime graen voder. ein kinder sammitten lifrockgin. ein wisse frauwenlist [12] mehe dan ein hant breit. ein frauwen kindelbetz scheidel. ein swartze wullen frauwenfail [13]. ein gebilde hantwele mit frensen. ein tritzsoirtwele gebildt as dammaske mit freensen ind einer gulden nait. noch ein derselver twelen sunder gulden naede. ein gebilde frische trisoirtwele mit

---

1) In die Lücke ist von späterer Hand ein A geschrieben.
2) Wohl = fasciola, Deminutiv von fascia = Binde.
3) Rautenförmig gemustert?   4) Ranzen?
5) Taufhäubchen.   6) Wiege.
7) Kapuze, Kopftuch.
8) Camelot, ein Wollstoff, ursprünglich aus Kameelhaaren verfertigt.
9) Aermel.   10) Betttücher.   11) Von Arnheim.
12) Wohl Leiste, Besatz für ein Frauenkleid.
13) Wohl = falie, palla, weiter Mantel.

frensen. noch ein vierkantige twele. 2 blae cleiner vinsterkogeler [1].

I. in eime eichen wagenschotzkistgin [2] befunden 2 elen worstein (Bl. 6ᵇ) zu eime wambus [3] und 2 kusziechen.

I. ein schringin gemailt dairinnen befunden. I ein perlenkrentzgin ind ein perlenroergin mit 2 riemger ind silveren naelen. ein naelenbuidelgin. ein halve ele roit fluwelens. 2 stuck lings [4] zu eime gurdel. ein linen gefruntz [5] schiltgin. ein sangwinen dammasken perlenbuidelgin as man up die doufen gift. ein swartze fluwelen beslagen gurdelgin mit 13 gefachgen [6] und 6 melgen [7] mit eime silveren overgulden ortgin. 6 linen mutzger. ein roit fluwelen webbe zu eime gurdel sunder ortiser. noch ein smal gulden lingin. ein clein alt schringin ledich.

I. noch in eime wagenschotz cleinen kistgin of schringin befunden. I. einen roiden fluwelen bortzlap mit eime graen voder. ein roit fluwelen schiltgin oven mit eime gulden borde. ein sangwinen fluwelen frauwenhalsdoich hinden mit eime gulden bortgin. ein roit fluwelen frauwenschiltgin oven' mit eime gulden borde. ein par roder dammasken frauwenmauwen vur mit latis und in dem middel mit kroppen gefodert mit 4 silveren kneufen. ein sammitten frauwencolleir mit swartzem zwilch gefodert und umbher mit fluwelen besatzt. (*Folgen noch 15 Nummern, fast sämmtlich Frauen-Kleidungsstücke, u. a.* 2 swartzer fluwelen frauwenmutzger oven mit perlen roestger [8] und umbher mit gulden gestrickden bortgin, 2 swartzer frauwen samitten mutzger boven mit perlen platten und umbher mit gulden gestrickden bortgin, ein billigeneltertwielgin mit eime roiden naetgin umbher.)

I. in diesem vurschreven kistgin is geweist ein roit schringin dairinne befunden wie nachgeschreven voulgt. I. 2 ringe mit diamantz punten [9]. ein rink mit eime diamantz und rabinsche taifel [10]. ein rink mit einer diamantz taifel und rabinsche wracke [11]. noch 3 ringelgin jeder mit einer rabinscher und diamantz taifelgin. noch

---

1) kogeler = blaue Leinwand. Also wohl Fenster-Vorhänge oder Fenster-Kissen.
2) Kistchen von feinem Eichenholz.   3) Wamms.
4) Lind, Streifen?   5) Gefranzt, mit Fransen versehen?
6) Kleine Gefächer, d. h. viereckige Abtheilungen des Gürtels.
7) Oesen?   8) Deminutiv von Rost?
9) Kleine Diamanten.   10) Geschliffener Diamant und Rubin.
11) Ungeschliffener Rubin.

2 ringelgin jeder ein mit einer rabinscher taifelgin. ein gulden gekuppelt draitgin. noch ein clein draitgin mit eime rabinsche taifelgin. einen gurdel ind is ein gulden stuck mit roiden fluwelen gefodert mit 2 groissen silveren overgulden rinken ind orde. ein silveren gurdel mit roidem fluwelen gefodert mit silveren overgulden rinken und orde. einen gurdel mit gulden ind silveren stricken up swartze fluwele mit silveren overgulden rinken und orden. ein gulden webbe up fluwelen gewirkt mit silveren overgulden rinken (Bl. 7^b) und orden mit 4 silveren overgulden melgin. (*Folgen noch 3 goldene Gürtel, 3 silberne Gürtelchen, 3 verzierte* webbe *und* webgin.) I. ein lederen simsche gurdel mit silveren rinken und orde. 7 fluwelen kinderteschgin die man up der doufen gift. 6 fluwelen kinderbuidelgin d. m. u. d. d. g. ein grois silveren Agnus Dei. ein silveren paternoster[1] haldende 31 silveren kornen mit eime silveren desemsknouf. ein silveren paternoster van 25 silveren kornen und 6 silveren overgulden zeichen korner mit unser liever frauwen in der sonnen und senct Christoferus overguldt. ein roit suverlichen korallen roesenkrantz mit 6 silveren overgulden zeichen ind eime silveren overgulden knouf. ein swartze ailstein rosenkrantz mit 6 silveren zeichen mit eime silveren hertze.

(Bl. 8^a) I. ein clein roit korallen rosenkrantze mit eime silveren knouf ind 12 silveren zeichen. ein stuck wis limprichtz[2] doich haldende 31$^1/_2$ elen. ein neder schiven bedtstadt mit eime bedde von 17 strifen mit eime pole sunder strifen mit einer blaer frankforder schartzen[3]. eine gesneden bedtstat mit 2 dennen benken, mit eime bedde und sime pole van vil cleiner strifen nae bi ein anderen, mit 2 slaiflachen, mit einer kurssen und blaewer frankforder schartzen, mit 3 blaer kogeler und 2 iseren roiden. 2 hoge brantrichten[4]. 4 cleiner vinsterkogeler. ein tritzsoir mit eime schaffe mit allerleie pluserie niet wert zu schriven (*Zeugen wie oben*).

Dairnae up denselven dach zu 2 uren naemiddage (*Formel wie oben*) samen gegangen up die vurschreven polanskamer ind aldair in einre eschen kisten mit eime slosse geslossen befunden.

I. ein gulden gurdelgin over swartz fluwelen gezoegen mit silveren overgulden rinken und orden (*folgen 27 wenig bedeutende Nummern*, twelen, coller, bullen, webgin, stickels, mauwen *u. s. w.*, *u. a.* ein samitten swartzen hilligenrockelgin mit einer cleiner la-

---

1) Rosenkranz.   2) Wohl = Limburgisch.   3) Wolldecke.
4) Metallgerüst, auf dem das Brennmaterial liegt.

tislisten, 5 manshembder gefruntzt mit swartzen siden linen borden, ein par samitten wiederschintz frauwenmauwen vur mit roidem fluwele gefodert mit 4 silveren kneufen, ein siden dannette ¹ collier mit swartzem schecht ² gefodert oven und unden mit fluwelen belacht, ein fluwelen nuwe swartze toretgin mit eime gulden borde, ein clein stuck rouwaens doichs zu einem borstlappe, ein hullenpars ³ wie ein boich formiert).

Up der dribetzcamer befunden.'

I. in einer nosboumen beslaigen kist dairinnen befunden. I. ein swartze frauwenfuik vur mit siden belacht mit eime alden (Bl. 9ᵃ) graewen voder. (*Folgen 11 Nrn.* fuik *und* wambus.)

I. in einer kisten befunden 15 par slaiflachen. ein stuck gebleidtz breidtz doichs haldende 80½ ele. 4 frauwenhembder und ein mansheinbt. ein clein groff taifeltweelgin. noch ein alde taifeltwele.

I. in einer nosboumen beslagen kiste befunden 6 par slaiflaichen. ein stuck linen smaldoichs haldende 63½ elen. ein zenen gelte ⁴. noch ein stuck sere smals doichs h. 53 elen. noch ein stuck gebleitz breidtz doichs h. 44½ ele. ein kufferen wasserschenckanne. noch ein stuck breidtz groffs stulpeldoichs h. 52 elen. 3 cleiner blaer kogeler clein und grois.

I. in einer dennen kisten befunden ein grois kindelbetz koich. (Bl. 9ᵇ) 2 scheffenen koichen. 6 laden busgin mit kruide ⁵. ein par tuffelen ⁶ und schoen. eine vierdel zenen gaffelkanne.

I. in eime dennen schaff an der durren befunden ein hoet suckers, 3 duppen mit etlichem kruide. 2 wissen kruichen ⁷. 4 nuwer taifelringe. 4 budtzger ⁸ flasz ungefierlich 24 punt. roe garn umbtrint 40 ū. 15 gebloemde stoilkussen. ein stuck groens stoillachens h. 6 elen ind ein vierdeil. noch ein stuck desselven h. 7 elen. n. e. st. d. h. 13 elen und get mehe. ein gesneden bedtstat mit 2 dennen benken mit eime bedde u. s. w. (*Folgen noch zwei Betten.*) vur dem middelste bedde in einer dennen kisten befunden 9 linen hantdoicher ader ringe. ein vierkantige eschen gefalde taifel up schraigen.

---

1) braun. 2) Wohl = schechter, Schetter. Vgl. oben S. 116.
3) Presse zum Plätten der Mützen? persestên = Pressstein, das heutige Bügeleisen.
4) Gefäss. 5) Behälter mit Gewürzbüchsen. 6) Pantoffeln.
7) Kruke, Krug. 8) Kleine Garben, stramina.

Up dem roiden kemergin befunden.
(Bl. 10ᵃ) I. 3 coelscher doicher.
I. in eime cleiderschaff befunden wie hernae geschreven voulgt. (*Folgen 15* fuik *verschiedener Sorte und 2* wambusch. *Weiter:*) I. ein frauwenpeltz. ein gesneden wagenschotz spanbet¹ mit sinen umbghainden dennen benken *u. s. w.* noch ein gesneden wagenschotz spanbette *u. s. w.* noch 2 pluimkussen² mit linen ziechen. ein slaiflachen. ein stuck altz stuppelvoders. ein weive³. 3 blae kogeler. 2 iseren roiden.

Up seligen Thonis slaifkamer.
I. ein wagenschotz kistgin dairinnen ein schringin befunden mit allerleie frauwenbetzelen, vurstickels⁴, hullen und mutzen. I. noch ein groisse wagenschotz kist dairinnen befunden. I. 2 stuckelgin rosettendoichs⁵ haldende zusamen 3 elen ind ein (Bl. 11ᵃ) half vierdeil. (*Folgen noch 10 Stücke Tuch verschiedener Sorte,* linen-, stulpen-, webs-, werken-, vurtwelen- *u. s. w.* doichs, *zusammen 312 Ellen.*) 5 alder slaiflachen. 3 blae koegeler clein und grois. ein swartz aelsteinen paternoster mit 48 kornen mit eime silveren desemskneufgin. ein silveren Bernardus rink. ein silveren naelgin an ein reiremen. 2 overgulden ortgin zu eime wepgin und ander allerleie pluserie niet werdich zu schriven. ein gesneden spanbedde mit 3 umbghainden dennen benken *u. s. w.* 3 iseren roiden. ein stelen armborst mit einer winden. ein zenen wikesselgin. ein dennen rolle bedtstetgin mit eime bedtgin van 13 striffen mit eime pole 2 slaiflachen und einre frankforder schertzgin. ein alde tieke. ein iseren brantricht. ein neder iser brantrichte. (Bl. 11ᵇ) I. ein clein dennen kistgin dairinnen befunden. 3 manshemder, ein kinderkiddelgin, ein braebensche frauwenkiddelgin, 2 frauwenhembder und ein linen mansschortze. I. senct Annen und unser liever frauwen bilder vam houltz gemacht. (*Zeugen wie oben.*)

Hernae up donrestach 21. dach julii zu 8 uren vurmiddage (*Formel wie oben*) samen gegangen up dem sale zu dem Heumart wart des huisz zomme ossen vurschreven und aldae in einer nosboumen beslagen kist befunden wie nageschreven voulgt.

---

1) Ein Bett, das auf untergespannten Bändern ruht, Tragbett.
2) Federkissen.
3) Haspel. Noch heute dialektisch Weife.
4) Alles, was vorgesteckt wird.
5) Mit Rosetten verziertes Tuch.

I. ein muntafaliersche manstappert[1] mit eime vuiren[2] voder. (*Folgen noch* 4 manstappert.) eine mans swartze ruwebeuke[3]. noch eine swartze mansheuk vur offen. 3 schutzekogelle die ein blae die ander roit und die dritte sangwinen. 2 swartze ruwekogelle. 2 swartze manszeppen.

I. in einer dennen kist beslossen mit eime slosse dairinnen befunden. I. 10 slaiflachen. 5 gebilde taifelringe. 4 groner gebilder anrichtztwelen. 5 graeuer gebilder fasiletger. (Bl. 12ª) 6 gebilder graeuer vierkantige taifeltwelen. eine gebilde trisoirstwele mit frensen. noch ein gebildt anrischtwielgin. 2 lange smal zwilstwielgin[4]. 4 linen hantringe. ein clein stuck blae schurtzeldoichs umbtrint 2½ ele. ein stuck gebleichs fleessen doichs haldende 20 elen. ein stuck gebleichs stulpendoichs h. 20 elen. 3 stuckelgin stulpendoichs gebleicht h. zusamen 13 elen.

I. noch in einer dennen kiste mit eime slosse befunden wie nachvoulgt. 4 linen gestrifde cleine twelen. (*Folgen 9 unbedeutende Nummern*, slaiflachen, coller *u. s. w.*) I. umbtrint 1½ ele montafelierschs doichs. 5 vierdeil duirisch grae doichs[5].

I. in einer dennen kisten die as man sachte zugehoire Johan Berthols befunden wie nachvoulgt. (*Folgen 8 Nummern* stickels, fuik *und* heukelgin.) I. ein dannette palsrock runtumb mit fluwelen weltgin umblacht mit 3 graer siden remen und mit 6 silveren naelden. ein gefruntzelde[6] manshembt.

I. in 2 linen secken befunden. (*Folgen 3 Nummern* kussen *und* 6 *Nrn.* wambusch.) I. ein dannette sammelotte mansseelgin. 3 par swartzer manshoesen. ein par davendel[7] manshoesen[8]. 2 par alder brucksche[9] hoesen. 2 par alder aschverver hoesen. (*Folgen 14 Nrn.* wambusch, borstlap, halsdoich, coller, mauwen, fuik.). I. ein alt worstein manslifrock mit eime alden voder. ein alt arnesche manslifrock mit eime cleispit voder. ein rosette rock mit swartzen croppen gefodert. 2 wullen frauwenheuken. 3 arnesche frauwenheuken. ein dannette kinderkursz mit swartzen kruppen gefodert. 83½ elen ungebleich bloemen twelen doichs. 2 gebilder hantwelen. ein faelparsz mit einer wullen frauwenfael. in eime korve befunden 23

---

1) Herrenmantel von Montpellier?   2) Feuerfarbig?
3) Trauermantel.   4) Zwillichtüchelchen.
5) Graues Tuch von Düren.   6) Mit Fransen besetzt.
7) Etwa von Deventer?
8) Diese Nr. nachträglich beigeschrieben.   9) Von Brügge.

windelkinderdoichere und 2 fasiletgin gebloemt. ein rollbedstat mit eime bedde *u. s. w.* ein gesnitzelde bedtstatt *u. s. w.* ungefierlich 10 punt groffs und cleins linen garns. 2 groisser iseren brantrichter mit zin overzint mit einer clucht[1] (Bl. 13ᵇ) und 2 kufferen luchter am schorenstein. ein zenen hantvasz mit sime gesnitzelde werke. ein trisoir mit 2 schaffen. ein umbslainde taifel binnen groen sprinkeldich[2]. ein gemailde taifelgin mit den 12 apostelen. ein groisse spegel. 3 benke. 3 sluiskorve[3], ein groisz und ein clein. ein gemailde taifelschottel. ein iseren luchter overzint. 3 lederen stoilkussen.

Up der magetcamer tghain dem sael over befunden.

I. ein bedde van 13 striffen mit eime alden blae schertzgen mit sime dennen bedstat. (*Zeugen wie oben.*)

Uf den selven vurschreven dach zu 2 uren namiddage of umb den trint (*Formel wie oben*) samen gegangen up der vierbedtzkamer des huisz zomme ossen vurschreven ind aldae befunden we nachvoulgt. (*Folgen 4 Betten.*) I. in eime schaffe befunden. ein swartze einletzige lifrock mit siner mauwen. ein alt dannette rock. ein swartze pantrock. 2 swartze zeppen und eine alde ruwekogelgin. ein gemailt doich dairup unser liever frauwen botschaft ind senct Cristofferus gemailt stunden.

Up einer camer mit sime neder schorenstein beneven der flaeskamer befunden wie hernaegeschreven voulgt.

I. in einer dennen kisten mit eime slosz befunden. (*Folgen 20 unbedeutende Nrn.*, slaiflachen, hulle, vurstickels, halsdoicher *u. s. w.*, *u. a.* baetkappedoichere umbtrint 4, 5 baetdoichere, ein siden swartze lin umb dat lif. *Weiter* Bl. 14ᵇ:) I. 5 pelskurssen. ein gefogelde kinderkursz mit eime grae stoppelvoder. 2 frankforder schartzen ein grois ind die ander clein. ein schraigenstoil mit einer leenen. ein wisse frauwensielgin[4] mit eime eichorngin aldem vodergin[5]. 7 lederen kussen. ein alde tiek. ein alde frauwenheuke as man sachte zu pande stunde. ein schraigenstoil. ein dennen bank. in einer dennen kisten befunden umbtrint 3 elen hercheners[6] swartz doichs.

---

1) Zange. 2) Gesprenkelt, fleckig?
3) Schlusskorb, Korb mit einer Vorrichtung zum Verschliessen.
4) Netzchen?
5) Futter von Eichhörnchenpelz?
6) Etwa Tuch von Herchen an der Sieg?

Up der slaifkameren befunden.

I. in einem korve befunden 32 roemer. noch in eime korfgin 27 langer roemergin. noch in eime korfgin 18 becher roemergin. in eime linen sacke 2 wasser kufferen becken. ungefierlich 20 punt flaisz ungehechelt. 2 kuffere kessel as man sachte zu pande stunde. ein roit schottel. ein par rideleerssen [1]. ein gesnitzelde kinderwege. 3 wisser kruichen und ein roit kruich. ein weive. ungefierlich 60 winpotte. ein taifelrink. ein erden duppen. 8 raitzkannen. ein mande [2] und 3 koerfe. (Bl. 15ᵃ) ein pertzhulter [3]. ein dennen kist mit pluserie niet werdich zu schriven. ein alde dennen bank. noch ein clein dennen bank. noch in eime korfgin 8 roemer. ein iseren hoet.

Up der dribetzkameren befunden.

(*Folgen drei Betten mit Zubehör.*) in einer dennen kisten 36 punt flaesz ungefierlich.

Up der heuleuven befunden.

I. ein bedtstat (*mit Zubehör*). ein kinderwege. ein gefalde dennen taifel die man up schraigen laget. ein clein stoelgin. ein clein rollebedtstat. 5 rummelen mit etlichen hultzeren van cleinem werde. umbtrint 8 winbenk die man vur imme huise setzt. ein iseren beroster korf in einem oven. 3 alde sedel.

Up der knechtzkameren befunden.

(Bl. 15ᵇ) I. ein bedtgin van 15 (striffen) [4] mit eime schertzgin und mit sime bedtstat. I. ein groisse schive [5].

Up Pantzer Johans kameren befunden.

(*Folgen zwei Betten mit Zubehör.*) I. 9 groener lengdekussen. ein half dosin groener stoilkussen. noch ein kussen. 2 groisser pluimkussen mit roidem zindel [6] umblacht. 2 pluimkussen mit swartzen zwilchziechen overzoegen. 2 pluimkussen mit swartzen dammasken ziechen mit gulden naeden. 2 par pluimkussen mit worstein overzoegen ind mit gulden naeden.

I. in einer langer dennen kisten befunden. (*Folgen in 6 Nrn.* 11 frankforder schartzen.) 2 groisser groener schartzen bankwerks. 3 groener gardingin ein mit ringen ind die ander mit stroppen. 16 kussen blader an eime stucke mit roesen gestickt. ein stuck groen stoillachens bankwerks haldende 6 elen. (*Folgen noch 6*

---

1) Reitstiefel. 2) Korb ohne Henkel, engl. maund.
3) Pferdehalfter. 4) Das Wort ist durch Versehen ausgefallen.
5) Scheibe. 6) Eine Art Taffet.

Stücke, zusammen 42½ Ellen.) ein stuck blae stoillachens h. 19½ ele. (*Folgen noch 3 Stücke, zusammen 9½ Ellen.*) noch ein alde blae schartze. ein stuck frankforder werks stoillachens mit hirtzen [1] haldende 9 elen. noch ein desselven haldende ouch 9 elen. ein dannette fuik mit eime voder die mau sachte zu pande stunde. (*Noch 2 Stücke blae alt stoillachens, zus. 28 Ellen.*) ein vierdeilsflesch mit oeren. ein zwaeqwartflesch. ein zenen schottelgin und ein kessel die selve as man sachte zu pande stunden. ein alt kesselgin mit salsfesgin degelgin [2] und ein alt dupgin [3] ouch as man sachte zu pande stunden. ein dannette einletzige fuikelgin ouch zu pande stainde as man sachte. ein swartze rock mit eime wissen wullen voder. ein heuftschedel mit sime zuigel und gebisse. ein overlensch linen kidelgin, 2 twelen mit einer kusziechen die man sachte ouch zu pande staint.

I. noch in secken und budelen allerleye golt und silveren gelt befunden dit hernaegeschreven. I. an penningen und halleren 7 gulden current. an Andriesse goultgulden, Wilhelmus schilde und goultgulden 100 zosamen. noch 131 gouldgulden in goulde. 76 hornscher gulden mit den hoerner. 16 Ropertus und Martinus gulden. 5 bersche gulden van 10 albus. 11 knapkoichen. (Bl. 16ᵇ) 13 halver Philips schilde. 8 ducaten. ein rosennobel. 13 gantzer und ein halve kroene. ein lewe ind ein dirden deil van einem lewen. ein virdendeil eins rosennobels. 2 Renoldus gulden und 3 Egmonts gulden. 2 Utrische Badensche gulden. ein zweidedeil eins lewen. 9 Utrische gulden. 9 herzog Philips gulden. 7 sneberger jeder van eime goultgulden. noch 3 jeder van eime halven goultgulden. an schreckenberger 4 goultgulden. 2 sliefer. ein clein swartze webgin mit silveren rinkelgin und orde. ein clein silveren ketgin. ein silveren rink an ein gurdel. ein siden lingin mit silveren ortgin. ein korallen paternoster van 60 korngin. ein silveren schail mit eime voes wicht 19 loit. noch 3 schaelen umb die bort overguldt wigende zusamen 30 loit min ein halve qwint. (*Zeugen wie oben.*)

Hernae etc. saterstach 22. dach julii ist erschenen (*Formel wie oben*) samen gegangen under der trappen des huisz zomme ossen vurschreven ind aldae gefunden wie nachvolgt.

I. ein spisekorf hangende. ein schraigenstoil mit einer leenen.

---

1) Das heisst wohl: mit einem Muster von Hirschen oder Böcken.
2) Tiegelchen. 3) Töpfchen.

(Bl. 17ᵃ) ein waege mit 4 steinen. ein grois schaff dairinnen haugende ein lederen flesche. 5 groisse braitpannen. 12 hultzen melen grois und clein. ein langen kessel. ein roister ind 3 appelroister. 2 groisser luchter. 4 groisser zinnen beslagen schottelen wigende zusamen 62 ᴂ. noch ein grois schaff mit 2 schaffen. noch ein grois schaff dairinnen befunden wie nachvoulgt. 12 ligende kumpger¹. 2½ dosin dobilitgin². 2 dosin moeschottelen³ geslagen. 12 beslagen gespalden schottelen. 3 dosin gegossen groisser engelsche telner. 3 telnerhuisgin⁴. 4 dosin geslagen telner. 8 engelsche zenen luchter. 2 salsfesgin. ein suifpotgin⁵. ein nonersgin. 2 salsfesgin wigende zusamen 176½ ᴂ. ein moesbredt. ein frauwenstoil mit einer leenen.

In der kuchen befunden wie hernae voulgt geschreven.

I. 20 zenen beslagen schottelen grois ind clein wigende zusamen 121 ℔. 4 groisser beslagen schottelen und 2 cleiner beslagen schottelen w. z. 66 ℔. ein schinkenschottel ind ein zoppenschottel gegossen. (Bl. 17ᵇ) 3 botterteller gegossen. 4 kumpger und 11 speckschottelen, wicht dit gegossen werk zusammen 62 ℔. 6 dosin telner. 11 slechter ligender kumpger. 12 setztmilchschottelen⁶. 21 dobelitgin. 27 moesschottelen w. z. 126 ᴂ. 11 hangende kumpger. 2 speckschottelen. 10 eierschottelgin w. z. 19 ᴂ. 4 salsfesgin. 19 bierpotte. 2 bierqwartkannen. ein kinder suchpotgin ind ein weikesselgin w. z. 66 ᴂ. 5 altfrensche lange kannen w. z. 20½ ᴂ. 18 zenen luchter grois und clein w. z. 31 ᴂ. ein vierdeilsflesch. 2 driqwartflesch. 2 zwaeqwartfleschen. ein driechtelsflesch. 13 qwartfleschen. 3 dripintflesch. 4 echtelsflesch. ein pintflesch. ein pintpotgin. ein halfpintflesch, wicht dit zusamen 170 ᴂ. 25 kufferen duppen grois ind clein. 3 kufferen hangende hantfesgin. (Bl. 18ᵃ) 2 wassergecken⁷. ein kufferen degelgin ind 7 kufferen becken grois und clein, wicht dit zusamen 249 ᴂ. ein hangende messige hantfas. 4 messige vurpentger⁸. 2 messige wasservas. ein kruitsteingin⁹ mit sime stoesgin. 7 messige luchter clein und grois, w. d. z. 34 ᴂ. 2 schepbecken mit iseren stil-

---

1) Kümpchen, Töpfchen.   2) Tablettchen?
3) Gemüseschüsseln.   4) Wohl Tellerhäuschen, Tellergestell.
5) Gleich suchpotgin, Saugflasche?
6) Schüsseln für dicke Milch.
7) Wasserpumpe? Geck noch heute die Schiffspumpe in Holland.
8) Feuerpfännchen.   9) Kleiner Mörser.

len. 4 schepbecken mit iseren hengen. ein stempelkessel ¹. 10 degelen clein und grois mit iseren stempelen. 6 kufferen deckel grois ind clein ind 2 gegossen kufferen degel w. z. 8½ ɑ. 3 schinkenkesselen clein und grois. 3 laeszkessel². ein koelkessel. 2 kufferen emmer. 7 kufferen pisbaeren. 5 kesselen mit 3 stempelen. 18 kesselen clein und grois. ein kufferen vurpentgin. ein seie³. 3 laeszkessel. ein casteienpanne⁴. 10 pannen. 3 braetpannen clein und grois. ein groisse bleche flesch ind 3 cleiner blechen fleschen. ein iseren wende umbghainde braitspisz. 3 iseren braitspisz. (Bl. 18ᵇ) 3 hulsser braetspisz. 5 roister grois und clein. 2 cluchtin. 2 brantrichter. ein iseren dnibelen haech⁵. ein blaesbalch. ein frauwenstoil. 5 hultzer groisser schottel. ein iseren stulp⁶. ein wasserstange. ein kochbank mit 2 schaffen. ein iseren bottergosz⁷. ein dischgin mit vier stempeln ind ein alt dennen kistgin. (*Zeugen wie oben.*)

Up den selven vurschreven dach zu 2 uren namiddage (*Formel wie oben*) samen gegangen in der cameren dair selige Thonis huisfrauwe gestorven ist im huise zom ossen vurschreven ind aldae befunden wie nachvoulgt.

I. 2 schenkkannen. 2 anrichtzkannen w. z. 23 ɑ. ein tritzsoir mit sime overhange mit 2 scheffgin dairinnen befunden. ein silveren scheide mit eime metze und prele boven oversilvert und mit eime roiden zanderen hecht. 2½ ele hullendoichs. 4 stickels. ein swartze fluwelen webgin mit sime silveren rinken und orden. 5 frauwenmutzger. ein ele siden sammitte. ein kusziechen. (Bl. 19ᵃ) ein kinder borstrockelgin. ein swartze alt dammaske koller mit fluwele umbsatzt. ein arnesche schurtzeldoich. ein gesnitzelde kuist mit eime gesnitzelde umbghainden bank mit sime bedde van 24 striffen und mit sime pole mit 2 kogeler. ein gemailde roide taifelschottel. ein alde iseren stulp. ein blae duirginkogeler⁸. ein upslainde tiek mit eime slosz. ein schraigenstoil. ein clein frankforder schertzgin bankwerks. I. in einer beslossen kisten be-

---

1) Wohl Stampfkessel. 2) Schmelzkessel.
3) Gefäss zum Durchseihen. 4) Kastanienpfanne.
5) Haken.
6) Das Wort Stülpe (gewöhnlich Butterstülpe) noch heute in der Kölner Gegend gebräuchlich.
7) Butter-Sauciere.
8) Wohl „kogeler" für Thüren. Wiederholt begegnen „vinsterkogeler", vgl. oben Bl. 6ᵃ.

funden. ein kinder swartze kursz, boven dammaske, mit grae stoppelvoder gefodert. 2 koegeler. 3 vinsterkogeler. ein swartze beinen list. ein wisse latislist. 2 hautwelen. 3 vierkantige bildertwele. ein stuck frauwen hullendoichs. 12 fasiletger. 24 kinderdoichere.

Vur in dem hinderste gehuis.

I. ein trisoir mit eime schaff. ein vogelskorf. ein blaesbalch. ein kaechbank. in einer kisten mit eime cluister[1] befunden 46 gebunt unzelkertzen[2].

Boven up dem sael zu der straissen wart.

(Bl. 19^b) I. 2 iseren brantrichter. 2 frauwenstoil. ein schraigenstoil. ein clein frauwensessel. ein clein spanbedgin mit 2 bedtger van 13 strifen mit sinre roiden schartze und mit sime pole. ein kinderbedtstat mit sime flockenbedtgin und poele. 3 spanbedde uisser ein anderen geslagen mit ireu overgemailden overhenge. 2 schirm vur ein vuir. ein clein gemailde taifelgin. ein ronde schiffgin. 2 rollebedtgin uisser ein anderen geslagen.

Dairbeneven up einer cameren.

I. 12 roider ruckskussen und 5 roider kussen. ein schottelkorf. 3 hultzen luchter. ein sluiskorf. ein clein bedtgin. anderhalf cluide wollen. 3 schraigen.

Dit hernae geschreven as man sachte zu pande stunde.

I. 4 kessel clein und grois. ein schinkenkessel. ein dripintpot. 3 degel. ein messige hantfasz. 2 botterteller. ein schinkenschottel. ein zenen schottel. 2 salsvasser. (Bl. 20^a) ein groisse beslagen schottel. 5 beslaigen schottel clein und grois. ein dosin vierkantige teller. 3 echtelspotte. ein pintpotgin. ein dosin moesschottelen. ein half dosin dobeltger. 3 dosin geslagen telner w. z. 87 ꭒ. ein kruitstein mit sime stoesser wicht 13 ꭒ etc.

I. 8 kufferen duppen grois ind clein. 2 messige luchter und 2 vurpentgin. ein messige hantfesgin w. z. 56 ꭒ.

I. dit hernaegeschreven ouch as man sachte zu pande stunde.

I. ein clein zenen zoppenschottelgin. 9 hangende kumpger. 2 salsvasser. ein zwaeqwartflesch. ein driechtelsflesch. ein qwartflesch. ein dripintflesch. 2 echtelsflesch. ein kanne van 3 pinten. 2 bierkannen. 4 zenen luchter ind ein dubbel luchter. 2 schottelgin. ein kindersuchpotgin w. z. 66 ꭒ.

---

1) Vorhängeschloss.
2) Unschlittskerzen.

Up dem steinwech befunden.

I. ein groisse sark. ein grois dennen duir. ein schottelkorf[1] mit 4 hultzen luchter. ein groisse budde[2]. (Bl. 20ᵇ) 2 stangen. ein lange dennen taifel mit vill allerleie alde thonnen ind houltzer niet wert anzuzeichen. (*Zeugen wie oben.*)

Hernae up donrestach 14 dach des maindtz augusti (*Formel wie oben*) samen gegangen up den eigelstein in ein huis gnant zor naesen den vurschreven Thonis ind Giertgin eluden zugehoerende und zomme iersten in die kuche ind aldae befunden wie nachvoulgt.

I. 6 zenen cleiner schottelen. 2 iseren kessel ein grois ind ein clein. ein kufferen schepbecken. 2 zenen salsvasser. 5 hulsser luchter. ein scharve metze. 6 hultzen leffele. 2 isoren brantrichtin. ein cluicht. ein groisse kuffer kessel. ein kufferen vurpanne. 2 kufferen clein kesselgin. ein kufferen degel. ein clein kufferen degel. ein kochbank mit 2 schaffin. ein kinderwege. ein frauwenstoele. noch ein frauwenstoel. ein scharve bret. 3 hultzen schottelen. (Bl. 21ᵃ) 3 hultzen melen. ein zenen qwartflesch. ein schenckanne. 2 kinderpotgin. ein echtelskentgin[3].

In der kesespinden im selven huise.

I. 2 cleiner kesselgin.

Up der kameren hinder dem herde.

I. ein bedtstat mit sime bedde van 18 striffen ind pole mit einer frankforder schartzen mit 2 slaiflaiken.

Boven up der leuven.

I. ein dennen bedtstat mit eime alden bedtgin mit sime pole ind alder frankforder schartzen mit eime slaiflaichen. 2 alde sedelen und ein zoum.

Imme pertzstalle.

I. 3 perde mit namen ein wisschimmel, ein grisgin ind ein blesgin.

Im koestalle.

I. 2 bunter kohe.

In der schuiren.

I. ein wagen mit leideren.

In der frauwenslaifkamer.

I. eine cleine bedtstat mit eime bedde van 15 striffen und pole mit 2 slaiflaiken und einer schartzen. ein dennen kist dair-

---

1) Schüsselbrett. 2) Bütte.
3) Achtelskännchen.

innen befunden. I. 3 zwilschtwelen up eine vierkantige taifel. (Bl. 21ᵇ) 3 linen gestriffder twelen. 3 hantdoichere. 3 alde doicheren. 5 graeuer buchdoicheren ¹.
Vur imme hove.
I. ein zobroche rinkarre. (*Zeugen wie oben.*)
Hernae... up donrestach 23. dach augusti (*Formel wie oben*) samen gegangen in dat huis zomme ossen ind aldae an brieven wie nachgeschreven voulgt vurbracht und befunden.
I. ein instrument dairinnen This Haese und Metzgin elude wiederroifen alsulchen testament under in beiden gemacht, vermoegende under anderen, wer sich van iren kinderen buissen iren wissen und willen verhilicht und bestat, der sal asdan van iren guederen unterft sin, anghainde etc. der datum heldt 1513. up den 16. dach julii ind durch Johan van Ratingen underschreven.
I. einen brief mit 3 segelen, dairinnen Ulrich Zelle van Hanauw und Cathringin sine elige huisfrauwe sich haint laissen weldigen und richten an 50½ morgen artlandtz und ein pint ² ind dannoch an 3 morgen artlandtz und 5 vierdeil artlandtz, anghainde alsus: Wir Wilhelm Swartz zorzit schoultis, Johan van Linne ind Joenen van Welsauwe gesworen des hoifs und gerichtz zu Rile etc. ind endet: gegeven imme jaire uns heren 1493 up den 27. dach des maindtz junii.
(Bl. 22ᵃ) I. einen brief mit 2 siegelen, dairinnen Johan van Aiche und Cathringin sine elige huisfrauwe bekennen, van Thonis Berthol.....³ zu Coelne untfangen zu haven 53 goultgulden, alsus anghainde: Wir Heinrich Truitman und Daim Polheim beide scheffenen zu Bonne u. s. w. uf sondach nae dem hilligen nuwen jairs daghe ... 1513.
(*Folgt Bl. 22ᵃ—26ᵃ Aufzählung von 39 weiteren Documenten vermögensrechtlicher Natur. Darunter 28 Kaufbriefe, lautend, wo nicht ausdrücklich anders bemerkt, auf Thonis Bertholf, fast regelmässig auch auf seine Frau. Die Nummern habe ich beigefügt.*)
1) Johan Suire van Boemberg ind Bielgin elude *verkaufen* alsulchen erfschaft und artlandt si in Doermagener herlicheit und gericht dinkplichtich ligende haint, 1518 up maindach nae dem hilligen nuwe jairs daghe (*Januar 4*). 2) Johan Ailbertz und Johan Houltbudtgin burger zu Nuis, *Vormünder ihrer Kinder*, *verkaufen* van

---

1) Leibtücher? 2) Der sechzehnte Teil eines Morgens.
3) Einige Wörter ausradirt.

macht eins beheltnisse si mit Johan van Meinertzhaigen gedain, *die* halfscheit des huisz Bedenkaff mit halfscheit der zubehoerungin, 1517 up den 14. dach februarii. 3) *Die Eheleute* Johan Bruwer und Nese *verkaufen* alle alsulche erve, erfschaft, erfreuthe und guedt in Zonsser herlicheit gelegen, *ausgestellt von den Zonser Gerichtsschöffen* Johan Vosz, Johan Ywis, Johan Kelners, Jacob Schroder, Helmich Vasbender, Driesz Teschen, Siger Huisgin, 1518 Apolonie virginis (*Febr. 9*). 4) Johan van Zoensz, burger binnen der stat Collen, zorzit woinhaftich in der smeirstraissen [1] *und seine Frau Niesgin verkaufen* alsulchen erfschaft als si binnen Dormagener herlicheit dinkplichtich ligende hatten, up maindach nae senct Servacius daghe 1517 (*Mai 18*). 5) Clais Kelner as nagenger zorzit zu Lins ind Anna *seine Frau verkaufen* 5 goultgulden churfurster weruuge bi Rine erflicher jairrenthen, 1519 am donnerstage nach unser liever frauven dach purificationis (*Febr. 3*). 6) Bernhart Cleintgin und Bele *seine Frau verkaufen* ein hoifstat mit einem wingart hart dairan binnen Bonne in der burch ain ein der vurschreven elude gehuise up der kranengassen orde und up die ander side die berchsgasse gelegen, hinder zughainde ind sich streckende up den putzt, daevan man jairs zu gelden pleit Coinrait Meckenhem 8 mark up ein aveloese, und dannoch alle jairs erflich in des hilligen cruitz broderschaft zu Dietkirchen 9 albus, ind in die kirche zu senct Remeie 9 albus, und dannoch 12 albus heren Heinrich Langenberg vicarius senct Mertius zu senct Andree binnen Collen, *ausgestellt von* Gauwin vamme Huisz vaigt zu Bonne und Daem van Poilheim beide scheffenen daeselfs und wir scheffenen aldae gemeinligen, 1513 up senct Andries avent (*November 29*). 7) Johan Noldis und Ungen *seine Frau verkaufen* 11 mark jairlicher erfrenthen, *ausgestellt von den oben in Nr. 3 genannten Zonser Gerichtsschöffen mit Ausnahme des* Johan Ywis, 1517 up senct Mertins dach des hilligen buschofs (*November 11*). 8) Jacob Bartscherer ind Guitgin *seine Frau verkaufen* einen gulden 24 raderalbus dairvur erflich, *ausgestellt von den 7 in Nr. 3 genannten Zonser Gerichtsschöffen*, 1518 up senct Peters dach ad cathedra (*Febr. 22*). 9) Godert zorzit tholknecht zu Zoens und Griet *s. Fr. verk.* 2 gulden erfrenten 4 mark vur den gulden, *ausgestellt von den Zonser Schöffen* Johan van Huls, Johan Vosz, Johan Ywis ind Driesz zor Teschen, 1517 up senct Peters dach ad cathedram. 10) Johan van

---

[1] Schmierstrasse, die heutige Komödienstrasse.

Wichen burger zu Collen und Cathringin s. Fr. verk. 2 gulden erfrenthen 4 mark vur den gulden, *Aussteller und Datum wie in Nr. 9.* 11) *Dieselben (jedoch lautet hier der Name* Wichem) *verk. an* Godert Steinbach ind Stingin s. Fr. ire halfscheit ind vort alle gerechticheit des huisz gnant Slebusch gelegen up der goultgassen orde zu Rine wart niest senct Cunibertz in Coelne, 1511 up den 2. dach junii. 12) Kuntgin Kluitgener *(an anderer Stelle* Coeutzgin) ind Giertgin s. Fr. verk. ihr erve und artlandt *in der Herrlichkeit von Dormagen*, 1519 up maindach in der vasten nae dem sondach Oculi *(März 28)*. 13) Johan Tewis zu Dormaghen und Trine s. Fr. verk. *2 Gulden Jahresrente zu 24 Raderalbus den Gulden, ausgest. von* Dederich Smelsgin, Johan Ronkel, Godert Mauwertz, Johan Haech scheffenen des gerichtz zu Dormagen und vort wir andere gemeine scheffenen dairselfs, 1519 up saterstach nach senct Agneten daghe (*Januar 22*). 14) Johan van Lenepe woinhaftich zu Dormagen und Giertgin Roprechtz van Nuis eluden *verk.* 3 gulden erflichs geltz, 1519 up senct Peters dach ad cathedram (*Febr. 22*). 15) Luckart van Haeren priorsche ind vort dat gemeine convent zu senct Giertruidt in Coelne prietger ordens *verk.* 7 morgen landtz, 3 vierdeil gardelantz buissen Collen in 3 stucken gelegen up ein aveloese, 1514 up den anderen dach des maindtz octobris (*Oct. 2*). 16) Johan Oeme van Bornheim gnant Mergen Jhengin, Nisz sin elige son *verk.* 2½ morgen landts am Sechtommer[1] wege gelegen, 1519 den 5. dach des maindtz mertz. 17) Broder Dionisius van Reimbach gardiaen, broder Johan van Ratingen lesemeister und vort dat gemeine convent zu den minrebroderen *zu Bonn verk. in einem* papieren koufbrief alsulchen erfschaft, as broder Johan Zuidendorp anerstorven so wie dat binnen Bonne gelegen ist, uf den 5. dach julii 1512. 18) Nolle Johan Balchems son und Lisgin s. Fr. verk. *10 Mark zu 6 Rader-Weisspfennigen, ausgest. von den Zonser Schöffen* Johan Schomecher, Johan Meise, Johan Ywens und Johan Keller, 1516 up senct Johans avent mitzsomer (*Juni 23*). 19) Ailbert van Ens und Ailheit s. Fr. verk. *einen Gulden Erbrente, ausgest. von* Joist Angelmecher und Andries van Conresheim scheffenen des werntlichen gerichtz zu senct Severin binnen Coelne, 1517 up fridach den 3. dach aprilis. 20) Letzis van Hackenbroich und Hilgin elude verk. *11 Mark Erbrente, ausgest. von den in Nr. 3 genannten Zonser Schöffen mit Ausnahme des Siger Huisgin*, 1517

---

1) Sechtem bei Bonn.

in die Bartholomei (*Aug. 24*). 21) Hennes Hambloch und Bela *s. Fr. verk.* 6 malder weis jairlicher renten, *ausgest.* von Johan van Hulse *und den in Nr.* 3 *genannten Zonser Schöffen mit Ausnahme von Siger Huisgin,* 1516 in die Remigii episcopi (*Oct. 1*). 22) Broder Heinrich van Geleen doctor in der hilliger schriften prior und vort dat gemeine convent unser liever frauwen broderen (*Carmeliter*) *zu Köln verk.* ire vierdeil landts tuschen der Baichportzen und senct Panthaleoinsportzen in dem kamp langs die hecke an eine und der heren lande van senct Thonis an der ander siden, 1518 up senct Mertins avent (*November 10*). 23) Johan Kickeman und Druide *s. Fr. verk.* 5 mark coelsch paimentz, up donrestach...[1] sent Gereoins dach 1517. 24) Hennes van Vischenich, vort Gierhart van Vischenich und Giertgin sine elige huisfrauwe und Borchart van Gleuwel ind Giertgin elude *verk.* halfscheit zweier halfscheit eigendombs eins huiz und erfs gelegen in der Walengassen, 1518 up maindach 16. dach in augusto. 25) Ailf Quaide van Urtenbach elige son van wilne Ailf Qwait vaigt zu Medman und Elisabeth Buschfelt eluden geschaffen *verk.* etliche artlandt gelegen in Riler herlicheit. 26) Peter zomme Gire und Cecilia *s. Fr. verk.* dat Riffersche wert mit sime zobehoire, 1517 uf den 12. dach meies. 27) Driesz zu der Teschen und Cathrina *s. Fr. verk.* 8 mark erfrenthen, *ausgest.* von *6 der früher genannten Zonser Schöffen,* 1516 up senct Lucien dach (*December 13*). 28) Johan Voisz burger binnen Zoens ind Grete *s. Fr. verh.* 5½ overlensche Rinschen gulden, up gudestach nae dem hilligen sondage vocem iocunditatis 1519 (*Juni 1*). *Weiter enthält das Verzeichniss* 8 werschaftbriefe: 29) *lautend auf* 7 bescheiden goultgulden die man jairs gilt us 8 wonungen mit den hoefsteden dae achten gelegen under eime dach in der waelengassen[2] gelegen. 30) *auf* 2 gulden erflichs die man jairs gilt van und us 2 vierdendeilen des huisz und hoifstat gnant Rosendael. 31) *auf* eigendomb van 8 marken van 2 huiseren under einem dach bi Herbertz huis zu der stede wart gelegen. 32) *auf* 5 gulden erflichs geltz die man jairs gilt van cinem huis dat vurziden was gnant Emmerich aver nu gnant guet[3] gesellen huis. 33) *auf* eigendomb zweier huisere under eime dach gelegen up dem Iserenmart gnant Reide. 34) dairinnen Ailf Quaide und

---

1) Kleine Lücke, eine Ecke verbrannt. Zu ergänzen ist natürlich vur oder na, und demgemäss die Urkunde 8. oder 15. October zu setzen.

2) Hds. Waelengalen.   3) Oder gaet.

Cristina elude bekennen verkouft zu haven iren hoff zor Naesen bi der Eigelsteinsportzen und dannoch ein stuck artlandtz haldende 1½ vierdeil, 1517. 35) dairinnen Ailbert van Ense ind Ailheit sine elige huisfrauwe bekennen verkouft zu haven ire lifzuicht vort ire eigendom eins dirdendeils etc., 1517 des 7. dach februarii. 36) dairinnen Werner Kelner und Figin sine elige huisfrauwe verkouft haven 20 mark Coelsch paimentz erflichs zins, 1517[1] up den 27. dach maii. *Ferner* 37) einen erfkoufbrief dairinnen Bertram van Etzbach ind Margriet sine elige huisfrauwe verkouft haint Roprecht van Blitterswich doctor in beiden reichten alsulchen erve artlant und guet, as si binnen dem gericht und hierlicheit zu Rile ligende haint, 1493 up den 13. dach junii. 38) einen medezedel dairinnen abt ind vort dat gemeine convent des gotzhuisz zu senct Panthaleoin usgedain haint ire 3 huisere in senct Peters kirspel gelegen binnen Coelne upme Kriechmart gnant Koninxdorp. 39) einen brief sprechende 5 gulden jairs[2] up ein huis gnant Slebusch up der Kotzgassen orde, anghainde: wir Diederich van Schiderich, her Lyffartz son, und Heinrich Questenberg, scheffenen des gerichtz zu Niderich up senct Johans strais in Collen gelegen, doin kunt etc. und endet also: geben im jaire uns heren duisent vunfhundert und siebenzen[3] uff den 28. dach des maindtz maii.)

Item an schoult die wilche die obgemelte vurmundere verhoffen den meirren deil gut schoult zu sin in den buechen und hantschriften befunden wie nachgeschreven voulgt. (*Folgen Bl. 26ᵃ—27ᵇ 99 Schuldposten von ganz geringfügigen Beträgen bis zu 1000 bescheiden gulden, zusammen 3188 Gulden, 24 bergische Gulden, 207 Goldgulden, 1978 bescheiden gulden, 150½ oberländische Gulden, 47 Mark weniger ein Albus, 126 Albus und 3 Ort.*)

Und haven die vurschreven vurmundere und verwante frunde gesacht, dat sie alle und jeckliche gereide varende guedere gelt ind schoult die si wisten vurbracht ind anschriven laissen hedden, ind of sie namails einich guedere gelt odir geltzwert voirder vernemen und ankomen wurden den vurschreven unmundigen kinderen zustendich, dat si datselft allet vurbrengen ind in der selver unmundiger kindere behoif anzeichenen, beschriven laissen, keren

---

1) Von späterer Hand in 1513 geändert: sevenzien fein durchstrichen und druytzien beigeschrieben.
2) Hds. vairs.
3) Siebentzen von späterer Hand in einer Lücke nachgetragen.

ind wenden weulden, alles gestruwelich ind aine argelist. dairvan ind van allen und jecklichen vurschreven sachen und punten die vurgenante vurmundere und verwante frunde offentlich protestiert und van mir notario undengeschreven gesonnen und begert haint in zu machen und zu geven (Bl. 28ᵃ) [dese]¹ mehe offenbaire instrumenten in der bester formen unverwan[delt]des sinnes. diese dinge sint geschiet binnen Coelne in den jaeren uns heren, indictien, dage, mainde, uren, paisdombs, enden ind steden und in biwesen der gezuige vurschreven darzo geroifen ind sunderlingen gebeden.

Ind² want ich Herman Heister von Ditzenroide clerik colsch bischdombs van paislicher und keiserlicher auctoriteten und gewalt offenbair notarius und des hogerichts schriver zo Coelne over und an allen und jecklichen sachen ind punten as die successive wie obgeroirt geschiet gegenwordich geweist, die also geschien gesien und gehoirt, so hain ich diesen gegenwordigen offenbaren inventarium in registers wis umb siner vill und groisheit willen in diese 28 pergamentzblater mit diesem blade ingerechent, durch eins anderre hand, dwiele ich mit andern gescheften zo doin hadde, truwelichen geschreven, herover in diese offenbair forme gemacht, underschreven, offenbairt, ouch mit mime gewoinligen zeichen namen und zonamen gezeichent in gezuichnisse der wairheit aller und jecklicher vurschreven sachen geroifen und gebeden.

Das Manuscript des vorstehenden Aufsatzes konnte vor der Drucklegung nicht vollständig fertig gestellt werden, da derselbe an Stelle eines anderen Aufsatzes zum Abdruck gelangt, dessen Verfasser durch Erkrankung an der rechtzeitigen Ablieferung verhindert wurde. Daher einige Nachträge an dieser Stelle. Zunächst spreche ich meinen verbindlichen Dank aus Hrn. Pfarrverwalter Berg für die wiederholte freundliche Ueberlassung der Handschrift, sowie den Herren Dr. Koppmann (Hamburg), Dr. Korth (Köln),

---

1) Ein Wort fehlt, eine Ecke verbrannt.
2) Dieser letzte Abschnitt von anderer Hand, von welcher auch am unteren Rande zahlreicher Blätter des Inventars der Name Hermannus Heyster geschrieben ist. Links von diesem Abschnitt ein Ast mit ornamentirten Blättern und den Buchstaben H. H. V. (?) D (Hermau Heister van Ditzenroide).

Dr. Lamprecht (Bonn) und Dr. Walther für zahlreiche werthvolle Beiträge zur Worterklärung. Manche der letzteren gingen mir erst nach Eingabe des Manuscriptes zu.

Zu S. 115. knapkoech. Knappkuchen heisst noch heute in Köln ein dünner harter Kuchen. Wie die Bezeichnung auf eine Münze übergegangen und welche Münze darunter zu verstehen ist, war nicht zu ermitteln.

116. finierdes voder. Vgl. Kiliani Dufflaei Etymologicum (3. Aufl. 1599): fyneren, igne excoquere, purgare, praeparare, defaecare.

118. panzerdegen. Spitzer langer Degen, welcher den Panzer durchbohrt.

119. wasserheuftgin. Wasserhäubchen, Badekappe? Oder = westerhuifgin (S. 122), Taufhäubchen?

120. Das später noch wiederholt begegnende Wort fasuin ist jedenfalls das französ. façon. — kottroff, auch kutrolf, kutterof etc. enghalsiges Gefäss.

122. faseletger. Vgl. auch ital. fazzoletto Schnupftuch. — kinderkursz. Pelzrock (korseñe, korse) oder Rock überhaupt für ein Kind.

123. latis. Vgl. französ. lattis, engl. lattice, Gitterwerk.

124. simsche gurdel. Gürtel von sämischem (weichem) Leder.

125. rouwaens doich. Von Rowanen = Rouen, oder rowansk = dunkelroth, dunkelbraun?

127. palsrock, auch paltrock, pantrock = langer Rock.

132. kuist, unser Kutsche, aber nicht als Kutschwagen, sondern als Kutschbett.

Regelmässig den Worterklärungen Belege beizufügen schien mir zwecklos, ich hätte sonst in dutzendweiser Wiederholung auf Grimm's Wörterbuch und das Mittelniederdeutsche Wörterbuch verweisen müssen.

Miscellen.

1. Burg Reitersdorf.

Beim Bau der Villa des Herrn Geheimrath Bredt zu Honnef wurden nach einer Mittheilung des Herrn Prof. Dr. Schaaffhausen in den Jahrbüchern des Vereins von Alterthumsfreunden (Heft L. LI, S. 289 f. und LIII. LIV, S. 314) die Fundamente eines grossen viereckigen, auf den Ecken mit runden Thürmen versehenen Gebäudes blossgelegt. Im Schutte fanden sich einige Bruchstücke römischer Ziegel und andere sehr verschiedenen Zeiten angehörige Ueberbleibsel, welche vermuthen lassen, dass hier eine viele Jahrhunderte lang bewohnte Burg gestanden hat, deren Ursprung vielleicht in die römische Zeit zurückreicht. Dass die Burg früh zerstört wurde, ist schon daraus zu schliessen, dass sichere historische Nachrichten über sie nicht bekannt sind, und auch keine örtlichen Ueberlieferungen sich erhalten haben. Nur der noch erkennbare Burggraben und der Flurname „Alte Burg", bei Trips „Vetus burgium". zeigen die Stelle an, wo das Castell gestanden hat. Die in neuerer Zeit aufgetauchte Benennung „Walinger Burg" beruht wohl auf einem Missverständniss, indem der sog. Walinger Weg zu Honnef, der allerdings auf die Burg mündet, nicht nach dieser, sondern nach dem am andern Ende des Weges einst gelegenen Walinger Hof genannt ist. An die „Alte Burg" stösst ein Terrain von ungefähr 12 Morgen Wiesen- und Ackerland, die sog. Peschwiese und das Peschfeld, welches zu dem Dotalgut einer von Heinrich von Löwenberg und seiner Gemahlin Agnes im J. 1341 zu Honnef gestifteten Kapelle, Domus Dei, gehörte, nach der Zerstörung dieser Kapelle (1689) der Pfarrstelle incorporirt und im J. 1871 von Herrn Göring erworben wurde. Das Original der Stiftungsurkunde von Domus Dei befand sich um die Mitte des 17. Jahrhunderts in den Händen des damaligen Löwenburger Rentmeisters Michael von Heister und hat sich bis jetzt nicht wiedergefunden. Das Pfarrarchiv zu Honnef aber besitzt mehrere etwas fehlerhafte Abschriften der Urkunde, in welchen die oben erwähnten Dotalgüter in folgender Weise näher bezeichnet werden: „Bona nostra sita apud Wetersdorp vulgaritur nuncupata in dem Pesch." Nehmen wir bei Wetersdorp einen Schreibfehler an und setzen Retersdorp, so ist unsere „Alte Burg" keine andere als das in den Urkunden mehrfach begegnende Retersdorf (Reteresdorf, Reitersdorf, Rittersdorf). Als „Raterestorp" kommt diese Burg zuerst vor in der von Herrn Dr. Cardauns in Heft XXVI. XXVII, S. 334 ff. der Annalen mitgetheilten Urkunde des Kölner Erzbischofs Hermann vom J. 922. Sie erscheint hier als in der Nähe von Honnef gelegen, nach dem Registrum Prumiense des Cäsarius von Prüm lag sie am Drachenfels. Ueber die Schicksale der Burg vom J. 1241 bis 1317, wo sie bereits zerstört ist, aber noch an ihre Wiederherstellung gedacht wird, gibt Lacomblets Urkundenbuch Aufschluss.

Der Name Reitersdorf deutet übrigens an, dass hier nicht bloss von einem Castell die Rede sein kann, sondern dass in der Nähe der „Alten Burg" auch ein Dorf gelegen haben muss. Davon ist nun freilich gar keine Erinnerung mehr übrig, wohl aber besagt eine Mittheilung des Pfarrers Trips aus dem J. 1692, dass neben dem Pesch am Rheinufer eine Kapelle des h. Godebard gestanden habe, die seit 200 Jahren zerstört sei, und deren Trümmer zu seiner Zeit noch vorhanden waren. Es war dies wohl die Schlosskapelle von Reitersdorf, die aber zur Bequemlichkeit der Dorfbewohner nicht innerhalb der Burgmauern, sondern mitten im Dorfe erbaut war.

Den Namen, der, wie gesagt, ursprünglich „Rateresdorf" lautete und auch im Hessischen vorkommt, leitet W. Arnold in seinem Werke über die Ansiedelungen und Wanderungen deutscher Stämme von dem Personennamen Rather ab.

Honnef. K. Unkel.

2. Berichtigungen und Ergänzungen zu den bisher erschienenen Heften der „Annalen".

Von Richard Pick.

I.

I, S. 36, Z. 13 u. 20: Gauenicht (Pfarrei im Lib. valoris bei Binterim und Mooren, Die alte und neue Erzdiözese Köln I, S. 172) ist nicht Gevenich bei Körrenzig, wo vormals nur eine Kapelle bestand, sondern das jetzt verschwundene Dorf Geuenich bei Inden. Die dortige Pfarrkirche (tit. s. Remigii) war bis zu ihrer Suppression im Jahre 1804 Mutterkirche von Inden, Altdorf und Pattern (alle drei jetzt selbständige Pfarreien). Daher kann auch mit der Pfarrei *Aelstrop* im Lib. valoris (S. 174) nicht „Alsdorf" (richtig: Altdorf) „bei Aldenhoven" gemeint sein; es ist vielmehr Alsdorf im Landkreise Aachen.

II, S. 183, Z. 8 v. u.: Die Meisterin des adligen Prämonstratenser-Nonnenklosters Marienrode bei Coblenz, Mechtildis von Lebenstain (1392), gehörte dem Geschlechte von Liebenstein (nicht „Löwenstein oder Lahnstein") an. Liebenstein, Burg über Bornhofen bei Camp a. Rhein. Einige Nachrichten über Burg und Geschlecht s. in der Zeitschrift des Lahnsteiner Alterthumsvereins „Rhenus" I, S. 47 und 65.

III, S. 108, Z. 5: „Cottendorf", das durch Schenkung des Herzogs Heinrich III. von Limburg (angeblich 1191) an das Prämonstratenser-Nonnenkloster Wenau kam, ist das heutige Conzendorf, östlich von Dhorn, im Kreise

Düren (s. Zeitschrift des Aachener Geschichtsvereins IV, S. 251, Beiträge z. Gesch. von Eschweiler und Umgegend I, S. 220 und Bonn, Die Geschichte des Klosters Wenau S. 161 ff.).

VI, S. 216, Z. 19: „Hallegasse" ist offenbar = Hellegasse. Eine Hellegasse (Hellestrasse) gibt's auch in Vallendar; sie ist höchst wahrscheinlich das Stück einer Römerstrasse. Ein Hellweg (1048 Hileweg) bildete die Grenze zwischen dem Wildenburger Gebiet und der Pfarrei Kirchen (Kröll, Die Pfarrei Gebhardshain S. 53); auch die von Duisburg zu den Quellen der Lippe führende Römerstrasse wurde Hellweg genannt (Jahrbücher des Vereins v. Alterthumsfr. im Rheinlande V. VI, S. 242). Ebenso hiess ferner bis in die neueste Zeit der sog. Jungfernpfad (1646 Helpath) von Oedekoven bis Brenich im Kreise Bonn (das. LVII, S. 203). Eine „gasse zu der hellen" (später „hiemelsgässel") in Speier s. bei Zeuss, Die freie Reichsstadt Speier S. 24. Zur Erklärung des Wortes vgl. Ritz, Urk. u. Abhandl. zur Gesch. des Niederrheins Bd. I, Abth. 1, S. 18, Schiller und Lübben, Mittelniederdeutsches Wörterbuch II, S. 236 und Buck, Oberdeutsches Flurnamenbuch S. 106. Die Deutung als „Weg der Hel" (Jahrb. d. Vereins v. Alterthumsfr. im Rheinl. XIII, S. 9) ist sicherlich verfehlt.

VI, S. 232, Z. 17: Tempelherren hat es in Rheinberg nicht gegeben. Die Sage über sie beruht auf einer Verwechselung mit den Deutschordensrittern, welche 1317 dort eine Niederlassung gründeten. Ebenso wenig hat Rheinberg jemals auf der rechten Rheinseite gelegen, wie der namentlich durch die Forschungen J. Schneiders festgestellte Lauf der linksrheinischen römischen Uferstrasse erweist (vgl. Annalen des hist. Vereins f. d. Niederrhein XXXIX, S. 41 ff. und 130).

VII, S. 244, Z. 13 u. 16: „Par Korns" = 1 Malter Roggen und 1 Malter Hafer. Der Ausdruck findet sich seit dem 15. Jahrhundert besonders häufig im Jülichschen. „Grifen", eine Münze, wahrscheinlich nach einem darauf abgebildeten Greif so benannt. Griffo, monetae species, 10 florenis et 10 solidis aestimata, in Magno Recordo Leodiensi (Du Cange).

VII, S. 253: Das über die kurbrandenburgische Besitzergreifung im Herzogthum Jülich (April und Mai 1609) von dem Kölner Notar Johann Thuman von Wiedenbrück (nicht Gerhard Beckmann oder Brinkmann) aufgenommene Protokoll ist in extenso in der Zeitschrift des Aachener Geschichtsvereins III, S. 243—265 mitgetheilt.

XIII. XIV, S. 280: Ueber die Frage, ob Unkel vor Zeiten auf dem *linken* Rheinufer lag, vgl. Picks Monatsschrift f. d. Gesch. Westdeutschlands IV, S. 182 ff. und 379 f.

XV, S. 60. Z. 1: Aittreppe 1290 (Lacomblet, Urkb. II, Nr. 901) ist ohne Zweifel Altdorf im Kreise Jülich. Aeltere Namensformen: Altarp, Altorp, Altorff, Altrap, Altrappen (Beiträge zur Gesch. von Eschweiler und Umgegend II, S. 80). Der rheinische Gymnasialdirektor Joh. Leurenius aus Randerath nennt das Dorf 1646 „alta ripa vulgo Autrup", P. Pallandius 1582 „pagus vetus vulgo Ziletdorpff" (Brambach, Corpus inscr. rhen. no. 621 u. 623). Sehr wahrscheinlich haben die bei Pattern aufgefundenen matronae

Alaterviae (s. Jahrb. des Vereins v. Alterthumsfr. im Rheinlande XIX, S. 94 ff.) von Altdorf ihren Namen entlehnt.

XV, S. 75, Note 1: Die Inschrift auf dem bei Küdinghoven an der Landstrasse nach Oberkassel stehenden Kreuz lautet:

EMVNT · GOTTFRI-
ED · FREYHERR · VON ·
BOCHOLTZ · V · OREY · HE
RR · ZV GRANVILLE · TEV
TSCHEN · ORDENSRITER ·
COMMENTHVR · ZV · MAS
TRICHT · LAND · COMMEN
THVR · DER BALLEY · ALDEN
BIESEN · FREYHER ZV GEMER
T · GRAVTRODE · VND S PET
ERS · FOVREN DEN · APRILYS.

Gemert, Gruitrode und Petersfuren waren Kommenden in der Ballei Altenbiesen. Ueber die frühere Herrschaft Gruitrode (seit 1417 Kommende) s. Lacomblet, Archiv IV, S. 398. Edmund Gottfried Freiherr von Bocholtz starb als Landkomthur von Altenbiesen am 26. Oktober 1690. Sein quadrirtes (über der Inschrift abgebildetes) Wappen zeigt im 1. und 4. Felde drei abgerissene Leopardenköpfe und im 2. und 3. Felde (wegen der Deutschordensritter-Würde) ein Ankerkreuz.

XV, S. 197, Z. 11 v. u.: In der Jahreszahl MCCCXXXIII ist durch ein Versehen des Herausgebers der Chronik ein L ausgeblieben; sie lautet richtig 1383 (vgl. Annalen XXIII, S. 57, Z. 22). Ueber die Zerstörung des Schlosses zur Dick vgl. Laurent, Aachener Stadtrechnungen S. 53 ff. Eine Urkunde, 1383 ausgestellt „in dem velde vur der Dicke", bei Lacomblet, Urkb. III, Nr. 874.

XVI, S. 197, Z. 15: „liplis" = leiblich. Ueber den leiblichen Eid s. Annalen XXXIX, S. 127, Note 1.

XVII, S. 258, Z. 5 v. u.: Die auf dem halben Domhof in Eschweiler zu Gunsten der dortigen Pfarrkirche lastende Jahrrente betrug 1686 nicht 3 Rthlr. 4 Heller, sondern 3 Mark 4 Schilling. Das Verzeichniss der Einkünfte dieser Kirche aus dem genannten Jahre ist jetzt abgedruckt in den Beiträgen zur Gesch. von Eschweiler und Umgegend I, S. 481 ff.

XX, S. 421: Die Urkunde des Erzbischofs Sifrit von Westerburg vom 11. Juni 1295 ist nach einer mangelhaften Abschrift abgedruckt. Das Original mit dem Siegel des Erzbischofs beruht im Staatsarchiv zu Düsseldorf. Abgesehen von den Verschiedenheiten in der Schreibweise mancher Wörter ergibt eine Vergleichung folgende Textesabweichungen: Z. 6 viris st. vivis, Z. 8 de Berke st. Berke, Z. 9 civitatibus et opidis nostris st. civitatibus notris (!) et oppidis, Z. 13 ac aliis precipuis festivitatibus st. et aliis solemnitatibus, Z. 18 apponendum st. appendendum. Ueber die Camperhof-Kapelle zu Köln vgl. Ennen in der Köln. Zeitung 1876, Nr. 199, Bl. II.

XXI. XXII, S. 164, Z. 3 ff.: Ueber die Herkunft der Ortsnamen Vallendar und Mallendar vgl. Q. Esser in dem „Kreisblatt f. d. Kreis Malmedy" 1882, Nr. 87. Die drei (oder richtig vier) Bäche bestehen noch heute bei Vallendar; sie heissen Merbach (1204 Merenbach), Aubach, Ferbach (959 Verrebach) und Wambach. Die drei letztgenannten vereinigen sich beim Kloster Schönstadt und fliessen zusammen unter dem Namen „Löhrbach" zu Vallendar in den Rhein.

XXI. XXII, S. 229, Z. 7 u. 12: Dunnespeck ist sicherlich verlesen für Duwespeck. So kommt der Name auch später in der Gegend von Moers vor. Güter, genannt Duvenspyc, trug Graf Friedrich von Moers von der Kölnischen Kirche zu Lehen (Lacomblet, Archiv IV, S. 397). Heute lautet der Name allgemein am Rhein Daubenspeck.

XXI. XXII, S. 231, Z. 10: Henricus de wolfule ist verdruckt für Henricus de wolfcule. Ueber dieses Rittergeschlecht vgl. Die Heimath 1876, Nr. 4, S. 15.

XXI. XXII, S. 289: In den Abdruck der fünf Gladbacher Urkunden (in meinem Besitze) haben sich einige Fehler eingeschlichen. *Nr. 1*, Z. 14 l. Ihre st. Ire, Z. 21 Brußel st. Brussel, Z. 23 gulden st. golden. Adresse: „Dem Ehrwurdigen Herrn Anthonio Abtt dess Gottshauss zu Glabach vnserm Insondern lieben Herrn vnnd freundt." Daselbst steht von gleichzeitiger Hand: „Ist mit nichten die verwilligunck getroffen, wie auser dem bescheidt, wilcher ao. 88 Gubernatori Kerpensi zugestalt, Ihn verfolgh zuersehen. Scriptum (?) Greuenbroch 9. Julij ao. 92." — *Nr. 2.* Z. 4 venerandis st. veneraudis, Z. 14 eiusdem st. ejusdem, Z. 17 pietatis st. pictatis, Z. 31 dilectis st. dilcatis. Z. 35 Laurentij st. Laurentii. Zu Ende steht: Pro copia collationata Jacobus Vilinck Notarius publicus manu propria subscripsit. Executum 28. Maij Ao. 97 hora tertia vel circiter a meridie. Ad executionem requisitus Reverendus d. Decanus ad Gradus Mariae Virginis Coloniensis Commissarius apostolicus vigore huius . . . . . ., vt obedientem et reuerentem sedis apostolicae filium decet, se paratissimum esse procedere iuxta contenta eadem die et hora quibus supra. Vilinck vt supra subscripsit. Auf der Rückseite: Praesentatum Gladbach 28. May Ao. 97. — *Nr. 3*, Z. 4 baider st. beider, freundtlicher st. freudtlicher, Z. 14 Christlichen st. christlichen, Z. 20 Hungerischen st. Hungarischen. Auf der Adresse: „Dem Ersamen vnserm lieben Andechtigen N. Abbte des Gotthaus Gladpach", und von anderer, doch gleichzeitiger Hand: „Caesarea Maiestas de capite S. Laurentii sub dato 15. Octob. 1593. Presentatum Gladbach 28. Maij Ao. 97." — *Nr. 4*, Z. 36 utrumque st. utcumque. — *Nr. 5*, S. 294, Z. 18 antedicti st. aute dicti, Z. 27 nostra st. nosra, Z. 32 antedictum st. autedictum, S. 295, Z. 4 v. u. Juxta st. Iuxta, S. 296. Z. 16 ita st. lta, Z. 34 Nomine Domini st. Nomine, Z. 38 tributum st. tibutum, S. 297, Z. 12 plura st. pluru, Z. 24 praeesse st. pracesse.

XXVI. XXVII, S. 421, Z. 9 v. u.: Die Jahreszahl an der Pfarrkirche zu Borth lautet m. cccc. lii (nicht m. ccc. lii).

XXVIII. XXIX, S. 109: Die Priesterbruderschaft in der St. Cassiuskirche zu Bonn wurde von dem Stiftsdechanten Johannes (wahrscheinlich Johannes de Bunna, lebte um 1326) zu Ehren des Evangelisten Johannes gegründet. Am 15. Januar 1338 stellten ihr zwölf Bischöfe in Avignon einen Indulgenzbrief aus. Ihn bestätigte am 18. April 1389 der Kölner Erzbischof Friedrich III. von Saarwerden und fügte auch seinerseits einen Ablass bei. Die Bruderschaft erstreckte sich über die Stadt Bonn und ihre Umgegend; auch nichtgeistlichen Personen stand der Eintritt frei. Ihr Zweck war, wie man aus einer 1381 zu Bonn ausgestellten Urkunde des Kardinals Pileus ersieht, den ärmern Vikarien und Altaristen Begräbniss und Exequien in einer dem priesterlichen Stande geziemenden Weise zu verschaffen. (Nach Urkunden in meinem Besitze.)

XXXII, S. 102: Das Datum der hier mitgetheilten Urkunde ist 20. August 1438 (nicht 1437).

XXXIV, S. 182: Die hier entstellt wiedergegebene Inschrift über die h. Stiege auf dem Kreuzberg ist bereits korrekt abgedruckt Annalen XXV, S. 265. Ein fast verschollener Aufsatz über den Kreuzberg von B. Hundeshagen in Rousseaus Agrippina, Zeitschrift für Poesie, Literatur, Kritik und Kunst, Jahrg. 1824, Nr. 74. Auch darin wird nach einem ältern Bericht erzählt, dass das *weisse* Ross, welches den Erzbischof Ferdinand trug, unbeweglich auf dem Platze stillstand, wo das jetzige Kirchengebäude sich erhebt.

XXXVI, S. 8, Note 1: Binterim und Mooren I, S. 34 findet sich nichts auf Binsheim (nicht Bensheim) Bezügliches. Meines Wissens wird es in diesem Werke überhaupt nicht erwähnt. Vgl. über den Ort Picks Monatsschrift VII, S. 516 ff.

XXXIX, S. 31, Note 1: Die Bezeichnung „Weitmoele" (ob auch der Waldname Weyethesselt?) hängt unzweifelhaft mit Waid zusammen, der in früherer Zeit viel am Niederrhein, besonders im Jülichschen gebaut wurde (vgl. Annalen des hist. Vereins f. d. Niederrhein V, S. 118, Note 65; Lacomblet, Archiv I, S. 117; Scotti, Sammlung der Gesetze und Verordnungen in den ehemal. Herzogthümern Jülich, Cleve und Berg I, S. 32, Nr. 31).

XXXIX, S. 40, Note 1: Ueber „Botdrager" vgl. noch Binterim und Mooren, Die alte und neue Erzdiözese Köln I, S. XX, Note und Lacomblet, Archiv I, S. 180 und 206.

XXXIX, S. 71, Note 2: „Pois" (Pos, Pohs) = vor- oder nachmittägige Tageshälfte, also ½ Tag. Im Plattd. ist der Ausdruck noch mehrfach gebräuchlich (vgl. Grashof, Wie das Jülicher Land zum Evangelium kam S. 40; Die Heimath 1876, Nr. 12, S. 46).

XXXIX, S. 173: Der Gebrauch des Ausdrucks „an Fuhren" ist nicht auf ländliche Grundstücke beschränkt; er kommt auch bei städtischen vor, wie sich aus einer Abhandlung B. F. J. v. Gerolts (Brewer, Vaterländische Chronik der Königl. Preuss. Rhein-Provinzen II, S. 260) ergibt, worin es heisst: „Class Hamman, Fahrmann, ein Haus, an Fuhren Juffer Gail, und die Endgass (Protokolle des hohen Gerichts zu Bonn aus dem 16. Jahrh.). Hammans Haus lag also einerseits neben Juffer Gails Haus, andererseits auf der Ecke der Endgasse."

XXXIX, S. 174, Z. 12: Der Ausdruck „Bitz" kommt wohl von pecia (pecia s. portio bei der Hufenvertheilung = Bauplatz von bestimmtem Flächenmass, Gengler, Deutsche Stadtrechts-Alterthümer S. 872, pecia terrae, ein Stück Land, Annalen XXXIX, S. 76, Note 2, una petia terre arabilis, Lacomblet, Urkb. III, Nr. 583) her; des Pastors Bitz (1304) Annalen XX, S. 384. Eine andere Herleitung bei Buck, Oberdeutsches Flurnamenbuch S. 29; vgl. dazu ebendas. S. 206. Vgl. auch Arnold, Ansiedelungen und Wanderungen deutscher Stämme S. 256. Bemerkt sei, dass nach einer ungedruckten Urkunde von 1565 in der Gegend von Zülpich ein Busch „die Bitz" hiess. Eine Flur dieses Namens gibt es zu Honnef; desgl. zu Witterschlick („in der Bitz") im Kreise Bonn und zu Miel („in der Bitzen") im Kreise Rheinbach; eine Flur „Bitzene" und „Bitze" 1246 und 1258 bei Coblenz (Mittelrhein. Urkundenbuch III, Nr. 876 und 1432). Familiennamen sind Bitzer und Hofenbitzer; Dorf- und Hofnamen Bitze und Bitzen.

XXXIX, S. 177: Eine Besitzung der Kommende Jungbiesen zu Köln war der Frenzenhof zu Lechenich. Die Inschrift über der Thür desselben s. Annalen XXI. XXII, S. 154. Nachträglich bemerke ich, dass die Angaben „Blatzheim Commenda (Jungen Biesen)" und „Coloniae Filialis Commendae (Jungen Biesen) in Blatzheim", aus welchen J. B. D. Jost die frühere Existenz einer Deutschordenskommende in Blatzheim erweisen will, nicht einmal in der von Dumont veröffentlichten Handschrift: Descriptio omnium archidioecesis Coloniensis ecclesiarum etc. (circa annum MDCCC) selbst stehen, sondern nur „Zusätze des Herausgebers des Verzeichnisses" (S. 33, Note) sind.

XXXIX, S. 178, Note 1: Der Komthur zu Jungbiesen, Wilhelm von Metternich, lebte um 1600. Er war ein Sohn des Albrecht von Metternich, Herrn zu Müllenark und Ramelshoven, und der Anna von Burscheid. Von seinen beiden Brüdern setzte Johann Dietrich den Stamm fort, während Bernhard Jesuit wurde. Der Komthur Wilhelm von Metternich besass den vor dem Dorfe Cuchenheim im Kreise Rheinbach gelegenen Rathsheimer Hof.

Anfrage.

In einem grössern Archivstück des Stadtarchivs zu Wernigerode findet sich auf einem unscheinbaren Blättchen ein nicht unmerkwürdiges Verzeichniss der Einkünfte des dortigen Rectors oder Schulmeisters, geschrieben ums Jahr 1490 von dem Senior des dortigen Collegiatstifts S. Silvestri, mit welchem die Schule verbunden war. Unter den Einnahmen dieses rector parvulorum finden sich mehrere, deren Sinn und Bedeutung sich kaum errathen lässt, da sie durch Worte ausgedrückt sind, die der Unterzeichnete in keinem mittelalterlichen Glossar aufzufinden vermochte und über welche auch zu Rathe gezogene Fachmänner bisher nicht in der Lage waren, eine Erklärung zu geben. Es heisst darin u. A.:

Item *expulsionales* tribus vicibus dantur in anno, primo Thome apostoli, secundo feria quarta ante festum pasce, tertio quarta feria ante communes; et quivis dabit I denarium, dives quam pauper.

Item *minuales* (mit minuere = zur Ader lassen zusammenhängend?) quater in anno: sancti Philippi, Bartholomei, Martini et Blasii, divites II denarios, pauperes I denarium.

Item *nucliales* circa festum Margarete, divites II denarios sive XXX saxag. nucleos, pauperes I denarium etc.

Item *lignalia fenestralia* similiter sex denarios sive quatuor secundum sub et supra.

Item tribus vicibus dantur *fer*. (ist hier *fer*cula oder *fer*ina zu ergänzen: in einem vorhergehenden Posten ist von crustule die Rede, welche der Schulmeister den Domherren in bestimmter Zahl am Gregorientage zu geben hatte) dominis, ascensionis, penthecostes et corporis Christi.

Aus der Zusammenstellung etwa vorhandener anderweitiger Einnahmeverzeichnisse mittelalterlicher Rectoren dürfte sich eine Erklärung dieser materiell jedenfalls sehr unbedeutenden Einnahmeposten gewinnen lassen. Für eine gütige Auskunft über den einen oder den andern würde sich der Unterzeichnete zum angelegentlichsten Danke verpflichtet fühlen.

Wernigerode. Archivrat Dr. Jacobs.

Bericht

über die Generalversammlung des historischen Vereins für den Niederrhein zu Düren am 16. Juli 1883.

Die erste Generalversammlung des Jahres 1883 fand am 16. Juli in Düren statt. Mit anerkennenswerther Bereitwilligkeit hatten die Stadtverordneten zu diesem Zwecke ihren grossen Sitzungssaal im Rathhause zur Verfügung gestellt.

Nachdem der Vorsitzende, Professor Dr. Hüffer, um 11 Uhr die Versammlung eröffnet hatte, hiess im Namen der Stadt Herr Bürgermeister Werners die Anwesenden herzlich willkommen. Den Worten des Dankes, welche hierauf von Seiten des Vorsitzenden für die freundliche Aufnahme folgten, reihte derselbe eine Schilderung über die Bedeutung Dürens in Vergangenheit und Gegenwart an. „Es ist ein erhebendes Gefühl", sagte er, „dass wir uns im Rathhause dieser alten, historisch so merkwürdigen Stadt versammeln dürfen, einer Stadt, die ihre Existenz bald nach Jahrtausenden zählen wird, die schon die Aufmerksamkeit des grössten altrömischen Geschichtschreibers auf sich gezogen hat, welche die römischen Kaiser des Alterthums, die römisch-deutschen Kaiser des Mittelalters und den deutschen Kaiser der Neuzeit in ihren Mauern oder doch in ihrer Nähe gesehen hat. Auch schwere Zeiten musste die Stadt in diesem langen Zeitraum erleben: Kriege, Belagerungen, Einäscherungen, aber darin zeigt sich die unverwüstliche Kraft ihres Bürgerthums, dass sie alle diese Proben siegreich bestanden, aus all diesen Bedrängnissen kräftig sich erhoben hat. Wie man die Kunst, Fäden zu einem Gewebe zu vereinigen, hier vorzüglich versteht, wie man das harte Eisen in die Formen zwingt, die es dem Menschen dienstbar machen, so hat die Stadt sich auch selbst ihren Schicksalsfaden gewoben und in hartem Kampf gegen feindliche Mächte sich behauptet. Ich habe zum erstenmal die

Freude, die Strassen Dürens zu betreten; schon gleich beim ersten Schritt erhält man das Gefühl, dass man in ein schön aufblühendes Gemeinwesen eintritt. Auch den Verein verknüpfen bereits angenehme Erinnerungen mit dieser Stadt. Am 24. Mai 1871 fand hier die erste Generalversammlung des Jahres statt. Sie war durch den überaus freundlichen Empfang von Seiten der Stadt, durch die Zahl der Anwesenden, durch die Bedeutung der gehaltenen Vorträge, namentlich den Vortrag von Dornbusch über die Töpferarbeiten in Siegburg und Raeren besonders ausgezeichnet." Hierauf wandte sich der Vorsitzende zu den Ereignissen des letzten Vereinsjahrs und gab zunächst der Trauer darüber Ausdruck, dass der Verein gerade in jüngster Zeit mehrere und zwar ausgezeichnete, schmerzlich vermisste Mitglieder durch den Tod verloren habe. Ihre Zahl betrage seit Juni 1881 nicht weniger als 14, darunter der durch seine wissenschaftlichen Bestrebungen hervorragende Graf Mirbach, der um den Aachener Dom eifrig bemühte Stiftsherr Leopold Graf von Spee und der um die rheinische Geschichte und durch seine hingebende Theilnahme für unsern Verein hochverdiente Oberst von Schaumburg. Auf Ersuchen des Vorsitzenden ehrte die Versammlung durch Aufstehen das Andenken der Abgeschiedenen. Sodann kam die vom Vorstand des Vereins an den Geheimen Legationsrath Herrn Dr. Alfred von Reumont zu Aachen aus Anlass seines Jubiläums gerichtete Adresse zur Verlesung. Herr von Reumont feierte am 3. Mai 1883 sein fünfzigjähriges Doctorjubiläum. Wie leicht zu denken war, fehlte es an dem Ehrentag eines solchen Mannes nicht an zahlreichen Beweisen der Theilnahme und Verehrung aus dem In- und Auslande. Auch der Vorstand des historischen Vereins glaubte seinem langjährigen Mitgliede gegenüber nicht zurückbleiben zu sollen und in der sichern Ueberzeugung, dass seine Anschauungen und Wünsche die Billigung und Zustimmung der Generalversammlung finden würden, sprach er dem Jubilar in nachstehender, ihm von dem Vereinspräsidenten überreichten Adresse seine Gesinnungen aus:

Hochverehrter Herr Geheimrath!

Der Tag, welcher heute ein halbes Jahrhundert zum Abschluss bringt, bezeichnet für Ew. Hochwohlgeboren nicht allein die Dauer einer akademischen Würde, sondern auch einer unermüdlichen, mit dem reichsten Erfolg gekrönten wissenschaftlichen Thätigkeit. Die Obliegenheiten eines hohen Amtes, die Anforderungen einer bevorzugten gesellschaftlichen Stellung, die persönliche Theilnahme an den Schicksalen geistlicher und weltlicher Herrscher waren Ihnen nicht ein Hinderniss, sondern Förderung und Anregung einer langen Reihe literarischer Werke, in denen das besonnene Urtheil des Staatsmannes, das feine Verständniss des Kunstfreundes, die stete Beharrlichkeit des Forschers und der eindringende Scharfsinn des Gelehrten zu einem ebenso seltenen als glücklichen Bunde sich vereinigten. Die Geschichte der Stadt Rom, die Geschichte des grössten Mediceers, die Geschichte des mediceischen Toscana und die kaum übersehbare Fülle verwandter Arbeiten werden von Jubiläum zu Jubiläum den Namen des Mannes tragen, welchen Deutschland und Italien schon lange als den wirksamsten Vermittler ihres geistigen Lebens verehren. Während so umfassender Bestrebungen haben Sie aber stets als treuer Sohn des Rheines Ihrer Vaterstadt, Ihrer Heimat eine anhängliche Erinnerung bewahrt. Unserer rheinischen Geschichte und Sage waren die frühesten Versuche Ihrer Jugend gewidmet, und erst vor wenigen Jahren hat sich auf Ihre Anregung in dem alten kaiserlichen Aachen ein Sammelpunkt rheinischer Geschichtsforschung gebildet, an welchem unter Ihrer Leitung weitgehende Hoffnungen sich bereits verwirklichten. Der verschwisterte historische Verein für den Niederrhein kann sich nicht versagen, Ihnen zu dem Ehrentage des fünfzigjährigen Doctorjubiläums die wärmsten, dankbarsten Glückwünsche auszusprechen. Er hofft, dass dieser Tag nicht allein einen Abschluss, sondern zugleich den Anfang einer noch langen Reihe schöner, für Sie und Andere segensvoller Jahre bezeichnen werde. Auch für sich selbst wagt er dabei einem Wunsche Ausdruck zu geben: er möchte ein Mitglied, das schon so lange Zeit eine Zierde des Vereins gewesen ist, auch als Ehrenmitglied begrüssen dürfen. Indem wir für diesen Wunsch, hochverehrter Herr Geheimrath, Ihre Genehmigung erbitten, verharren wir in treuer Verehrung

Ew. Hochwohlgeboren ergebenster
Vorstand des historischen Vereins für den Niederrhein.

Mit grösster Bereitwilligkeit trat die Versammlung einstimmig dem Antrag des Vorstands bei und ernannte den Jubilar in Anerkennung seiner glänzenden Verdienste im Gebiete der deutschen und italienischen Geschichtschreibung zum Ehrenmitglied des Vereins. In einem an den Vereinspräsidenten gerichteten Schreiben hatte Herr von Reumont bereits am 9. Mai für die ihm zugedachte

Ehre seinen Dank ausgesprochen in folgenden den Jubilar wie den Verein gleich ehrenden Worten:

Hochgeehrter Herr Professor!

Den tiefgefühlten Dank, den ich Ihnen für die freundliche Begrüssung an meinem Jubeltage und für die Ernennung zum Ehrenmitgliede des historischen Vereins für den Niederrhein mündlich ausgesprochen habe, komme ich Ihnen wie den verehrlichen Mitgliedern des Vorstandes schriftlich zu erneuern. Lebensumstände und späterer Bildungsgang haben mich in geschichtlichen Studien meist auf fremde Bahnen geführt, aber die Bedeutung der mittelalterlichen Geschichte des Rheinlands ist eine solche, dass sie fortwährend in diejenige des Auslands, namentlich in die des mit Deutschland in Kampf wie in Frieden eng verknüpften Italien eingreift. So habe ich auch während meines Verweilens auf der Südseite der Alpen stets von den Arbeiten des historischen Vereins Kenntniss genommen, der sich um gedachte Geschichte so verdient gemacht hat, und dem ich seit seinen frühesten Jahren angehöre. Um so mehr danke ich demselben für die mir jetzt zu Theil gewordene Auszeichnung, deren Werth durch die Art und Weise erhöht wird, womit sie mir verliehen worden ist. Nur wünschte ich, dass mein Alter und die damit verbundenen Umstände mir mehr Hoffnung, als jetzt leider der Fall ist, liessen, mich durch die That für solche Auszeichnung dankbar bezeigen zu können. Genehmigen Sie, hochgeehrter Herr Professor, bei diesem Anlasse die erneute Versicherung meiner seit lange Ihnen gewidmeten aufrichtigen Hochachtung.

Aachen, den 9. Mai 1883.

Alfr. Reumont.

Wie Herr von Reumont, wurde der langjährige hochverdiente Schatzmeister des Vereins, Herr Rentner H. Lempertz senior einstimmig zum Ehrenmitglied ernannt. In Würdigung seiner rastlosen Thätigkeit um den Verein erhoben sich die Anwesenden von ihren Sitzen, entbanden ihn auf seinen wiederholt geäusserten Wunsch vom Schatzmeisteramt und ernannten an seiner Stelle Herrn Buchhändler Boisserée-Helmken (Köln), der die Wahl annahm, zum Rendanten des Vereins. Zu Rechnungsrevisoren wurden die Herren Domkapitular Dr. Dumont und Landtagsabgeordneter Scheben (Köln) bestellt. Nachdem der Vorsitzende noch auf das demnächstige Erscheinen des von Herrn Dr. Bone (Düsseldorf) übernommenen Registers zu den bisherigen Heften der Annalen hingewiesen und der im Auftrage des Vereins von Herrn Stadtbibliothekar Dr. Keysser (Köln) in Bearbeitung genommenen „Rheinischen Bibliographie" gedacht hatte, begannen die Vorträge.

Zunächst schilderte Herr Domvikar Dr. Bellesheim (Köln) die beiden berühmten Kölner Weihbischöfe Adrian und Peter von Walenburg, die unter dem Kurfürsten Maximilian Heinrich von Bayern im 17. Jahrhundert blühten. Als Kontroversisten ersten Ranges, welche den Kardinälen Bellarmin und Duperron, sowie dem in Löwen wirkenden Engländer Thomas Stapleton würdig zur Seite stehen, geniessen sie noch heute in der Theologie verdientes Ansehen. Herr Bellesheim theilte aus dem Archiv der Kongregation der Propaganda zu Rom eine Anzahl Urkunden mit, welche sich auf die Thätigkeit der beiden Brüder Walenburg als Seelsorger während der Jahre 1642 bis 1646 beziehen, darunter zwei Berichte des Kölner Nuntius Fabio Chigi (des spätern Papstes Alexander VII.) über sie und mehrere Briefe von ihnen selbst, in welchen sie den Kardinälen über ihre Bemühungen zur Hebung der katholischen Religion in den Pfarreien des Herzogthums Berg (Solingen, Radevormwald, Immekeppel, Gruiten) und in der Mark, sowie über ihre theologischen Disputationen mit den Predigern in Düsseldorf Mittheilungen machen.

Hierauf verbreitete sich Herr Subregens Dr. Pingsmann (Köln) in längerm Vortrag über die Anwesenheit des h. Bernhard am Rhein, insbesondere in der Erzdiöcese Köln. Am 9. Januar 1147 traf bekanntlich dieser gewaltige Mann, das Orakel seiner Zeit, in Köln ein, verweilte dort mehrere Tage und begab sich dann über Brauweiler, Jülich und Aachen durch Belgien in seine Zelle nach Clairvaux zurück, von welcher aus er auf die Geschicke seines Jahrhunderts einen so mächtigen Einfluss übte. Bernhard kam von Speier, wo er am Johannistage (27. Dezember) 1146 durch eine ergreifende Rede König Konrad, den lange Widerstrebenden, bewogen hatte, das Kreuz zu nehmen. Vorher war er bereits von Mainz, wo er dem die Juden verfolgenden Mönche Radulf Schranken gesetzt, nach Constanz gezogen und, von dort über Zürich, Basel und Strassburg zurückkehrend, unter unermesslichem Zulauf und Beifall für die Sache des Kreuzzugs thätig gewesen. Sein Aufenthalt im Kölnischen Lande und sein Durchzug durch dasselbe bilden den Schluss jenes grossartigen Triumphzugs, zu welchem sich seine Reise durch Deutschland gestaltet hatte. Ueber diese Reise sind wir aufs Genaueste unterrichtet durch Bernhards zuverlässigen Biographen, den Mönch Gaufried von Clairvaux (notarius s. Bernardi) und durch das Tagebuch, welches die Begleiter des Heiligen, die Mönche Gerhard, Eberhard und Gaufried, sowie die Aebte Theoderich I. von Camp und Eberwin von Steinfeld führten und „ihren Herren und Freunden, den Geistlichen der Kirche von Köln" widmeten. In der Zueignung sagen sie, „die edle Kirche von Köln soll, wie es sich gebührt, ein ewiges Erinnerungszeichen an jene grossen Thaten besitzen, deren Zeuge zu sein sie gewürdigt worden". Diesen beiden Quellen, namentlich dem Tagebuch hat Redner seine Mittheilungen entnommen.

Am 4. Januar hatte der h. Bernhard Speier verlassen, am Dreikönigentag war er in Kreuznach (Crucenach); Tags darauf übernachtete er in dem Dorfe Bickenbach. Daselbst heilte er einen Gichtbrüchigen, der sich in einem Wagen von Boppard (Bobardus magnus vicus, qui supra Rhenum situs est) dorthin hatte bringen lassen. Dann kommt er nach Coblenz, „famosissimus vicus"; in St. Florin liest er die h. Messe, ein Kanonikus des St. Castorstifts folgt ihm direkt aus dem Chor, noch mit dem Chorrock bekleidet, nach, ohne weitern Abschied von seinen Freunden zu nehmen. Donnerstag den 9. ist Bernhard in Remagen (Rigemach), überall werden ihm die Kranken entgegengebracht, die er mit dem Kreuzzeichen segnet und heilt. So das Tagebuch.

War schon die ganze Reise Bernhards von Speier nach Köln mit dem Stempel des Ausserordentlichen bezeichnet, so scheint doch die Begeisterung, mit welcher Köln den Heiligen empfing, und die Wirksamkeit, welche Bernhard hier entfaltete, ganz einzig in ihrer Art gewesen zu sein. „Magna est civitas, magna illic Dei famulo virtus affuit, magna illum coluit devotio populorum", sagt sein Biograph Gaufried. Am Donnerstag Abend kam Bernhard in Köln an, still, im Geheimen, um dem festlichen Empfang zu entgehen. Auch hatte sich nur wenig Volk eingefunden, allein kaum verbreitete sich die Nachricht von seiner Ankunft, als die Kölner schaarenweise zu seiner Wohnung strömten. So dicht gedrängt und so ungestüm war die Menge, dass der Heilige mitunter das Haus nicht verlassen konnte. So stand er am Fenster; auf einer Leiter brachte man die Kranken hinauf, die er dann segnete; die Thür wagte keiner zu öffnen, so gross war der Andrang und Tumult des Volkes. „Ich selbst", erzählt der Mönch Gerhard, „stand draussen und konnte nirgendwo hereinkommen; von der neunten Stunde bis zur Vesper musste ich auf der Strasse bleiben." Am Freitag Morgen las Bernhard im Dom die h. Messe „am Altar der Mutter Gottes, der nach Osten liegt"; dann bestieg er die Kanzel, um zum Volke zu reden; ein Blinder erhielt durch seinen Segen, während er zur Kanzel ging, das Gesicht wieder. Bernhard sprach nicht deutsch, sondern romanisch oder lateinisch, doch seine Rede riss alle hin; seine Gestalt schon war eine Predigt und das Volk, sagt Gaufried, war durch die Kraft seines Wortes mehr gerührt, als durch die Auslegung des gelehrten Dolmetschers, der seine Worte erklärte. Am Sonntag celebrirte Bernhard im Dom am Altar des h. Petrus, der an der westlichen Seite liegt (in occidentali parte situm) und den Vorrang hat. (Auch zu Mainz steht noch heute im westlichen Chor ein Altar.) Eine so unermessliche Menge war zur Predigt herbeigeströmt, wie man nie zuvor in der Kirche gesehen. Ja die Volksschaaren vermochten gar nicht Platz darin zu finden; Bernhard musste auf öffentlicher Strasse predigen. Jeden seiner Schritte und Tritte, so erzählt das Tagebuch, bezeichneten ausserordentliche wundervolle Heilungen. Am Montag war ein solcher Andrang auf der Strasse, dass Bernhard kaum in sein Gasthaus zurückgebracht werden konnte. „Ich weiss nicht", heisst es im Tagebuch, „ob das nicht das grösste Wunder war, dass er überhaupt noch mit dem Leben davonkam." Bernhard hatte nämlich etwas aussergewöhnlich Feines in seiner Constitution, man möchte ihn einen Hauch nennen, sagt ein Zeitgenosse; auch Kaiser Konrad hatte einst gefürchtet, er könnte im Dom von Speier erdrückt werden und trug ihn vorsorglich auf seinem Arme durch das Gedränge. Ging Bernhard aus, so brachte man die Kranken an den Weg, wo er vorbeikommen musste; segnend und heilend schritt er an ihnen vorüber. Das Volk rief: „Christ genade uns, Kyrie eleison, alle Heiligen helfen uns." Allmählich wurde der Zudrang des Volkes so unerträglich (intolerabilis), dass Niemand mehr in das Haus hineingehen, noch dasselbe verlassen konnte. Da beschloss man, ihn in die Wohnung des Erzbischofs (Arnold I. von Randerode) zu führen, damit es ihm ermöglicht würde, seine Abreise anzutreten. Bevor jedoch Bernhard Köln verliess, schloss er sich mit dem Clerus der Stadt ein — an diesem Tage ging er auch nicht zum Volke hinaus — und richtete an diesen ernste, überaus ernste Worte der Mahnung und des Tadels, die allerdings leider nur zu sehr gerechtfertigt waren.

Ueberhaupt war sein ganzes Auftreten ein mächtiger Appell an die höchsten und edelsten Bestrebungen in der Menschenbrust; wie überall auf seinem Zuge, hat er auch in Köln nach dem schwungvollen Ausdruck eines Biographen „sein Netz in die Wogen der Welt geworfen und einen reichen Fang vornehmer und hochgebildeter Personen gethan". Allein aus der Umgegend von Köln verliessen an sechzig die Welt, die Frauen nicht mitgerechnet, und folgten dem h. Bernhard in die Einsamkeit nach Clairvaux. Voll Begeisterung schildern sie ihr Glück in einem Brief, den sie später an die Geistlichen von Köln richteten: „Die Netze sind zerrissen und wir sind befreit worden. Wir wünschen, vielgeliebte Brüder, dass ihr mit uns dieses Loblied singt und dass das Wort Gottes, das an mehrern Geistlichen von Köln nicht unfruchtbar geblieben, es auch an euch nicht sei."

Von Köln begab sich Bernhard nach Brauweiler (Brunvillare, quod nigrum villare interpretatur). Unzähliges Volk begleitete ihn, das Feld glich einer Stadt. In der Kirche des h. Nikolaus feiert er die Messe und heilt die Kranken, die man ihm bringt. Noch jetzt besitzt die Pfarrkirche zu Brauweiler das Messgewand, dessen sich der h. Bernhard bediente.

Am 15. Januar kommt er nach Jülich (Juliacum, quod a Julio Caesare aedificatum et nomine insignitum est). Dieselben Scenen wiederholen sich, das Volk ruft sein „Christ genade uns". Eine Enkelin des Grafen von Jülich erhält das Augenlicht wieder, ebenso ein Vogt jenes Orts, der 20 Jahre lang blind gewesen.

Von Jülich begab sich Bernhard nach Aachen. Ueber Aachen macht Eberhard in seinem Tagebuch eine seltsame Bemerkung: „Aachen ist ein sehr berühmter und sehr angenehmer Ort (celeberrimus et amoenissimus locus), jedoch angenehmer für die Sinne als für das Seelenheil (accomodatior corporum voluptati quam animarum saluti), das Wohlleben der Thoren gereicht ihnen zum Untergang und wehe dem Hause, wo keine Zucht herrscht. Ich sage dies nicht aus Hass, sondern möchte nur einer dies lesen, der dies bessert, und gebe Gott, dass doch einige sich aus ihnen bekehren und leben." Welche Gründe den Mönch Eberhard so gegen Aachen verstimmt haben, ist mir unbekannt. Aber auch dort wurde Bernhard mit nicht geringerm Enthusiasmus empfangen als in Köln. Gaufried erzählt: „Als der Mann Gottes im Münster zu Aachen (in illa famosissima toto Romanorum orbe capella) die Messe feierte, wurde ein Blinder und ein Lahmer geheilt, die Krücken hing man sofort zum Andenken auf." „Ich selbst stand bei dem hochwürdigen Vater", sagt Eberhard, „allein der Andrang der Menge wurde so stark, dass wir genöthigt waren, uns zurückzuziehen." Und Gerhard berichtet: „Nie auf der ganzen Reise ist Bernhard so gedrückt und gedrängt worden, wie in jener Kapelle, denn der Ort war sehr enge und die Schaaren des Volkes drängten einander, wie im Meere die eine Woge die andere fortwälzt." Ein Kanonikus des Aachener Münsterstifts verliess in diesen Tagen sein Kanonikat und die Welt und schloss sich dem h. Bernhard an.

Von Aachen wandte sich Bernhard nach Mastricht, besuchte Lüttich, Valenciennes, Cambrai, Vaucelles, Reims, Chalons sur Marne und kehrte endlich am 4. Februar in seine süsse Einsamkeit nach Clairvaux zurück.

Die ganze Reise des h. Bernhard von Constanz den Rhein hinunter nach Köln und Clairvaux trägt, wie man sieht, den Charakter des Ausserordentlichen an sich. Das Zeugniss der eigenen Gefährten ist indessen von zu grossem Gewicht und meines Wissens auch nicht von einem Forscher hinsichtlich seiner Aufrichtigkeit beanstandet worden. „Dass viele auffallende Erscheinungen stattgefunden, in welchen Bernhards Zeitgenossen Wunder erblickten", bemerkt Luden, bekanntlich nicht Katholik, in seiner deutschen Geschichte, „ist durchaus nicht in Zweifel zu ziehen. An Betrug von seiner Seite ist so wenig zu denken, als an Betrug von Seiten derer, welche die Wunder berichten." Nachdem er dann die Thatsache angeführt, dass der Heilige einem taubstumm Gehorenen die Sprache wiedergegeben, schliesst er mit der Bemerkung: „Wenn der stumme Sohn des Crösus, als er seinen Vater in Lebensgefahr erblickte, in der Angst seines Herzens das Band, das seine Zunge bisher gefesselt hatte, zerreissen und ausrufen konnte: Mensch, tödte den Crösus nicht!, ist es dann ganz unmöglich, dass der Glaube dem Menschen ebenso viel Kraft geben könne, als die Angst?" Gewiss nicht, und manche Erscheinung wird sich so erklären lassen; ob jedoch Alles, ist eine andere Frage, deren Erörterung nicht in den Rahmen dieses Vortrags fällt.

Der Mönch Gaufried ruft der Stadt Köln die Worte zu: „Memor sit in aeternum huius diei civitas Coloniensis, quae suscipere meruit hominem sanctum, quem tantopere optavit." Und in der That hat Köln, die Erzdiöcese Köln allen Grund, diesen Tag in dankbarer Erinnerung zu bewahren. Freilich der Kreuzzug, zu welchem Bernhard die Völker Europas aufgerufen, hat einen überaus unglücklichen Ausgang genommen; allein der Hauch höhern Lebens, welcher, wie überall, so auch in unserm Lande von dieser ausserordentlichen Persönlichkeit ausging, ist mit seinem Weggang nicht geschwunden. Wie schon erinnert, schlossen sich sofort sechzig Personen aus Köln und Umgebung dem Streben des h. Bernhard in Clairvaux an; ist es zu gewagt, wenn wir das Aufblühen des um die Religion, die Wissenschaft, die Kultur und das sociale Gedeihen unserer Diöcese so sehr verdienten Cistercienser-Ordens mit der Anwesenheit Bernhards in ursächliche Verbindung bringen? Man denke an die Cistercienser-Abteien Heisterbach (Altenberg bebestand schon), Marienstadt, Burtscheid, an die übrigen 4 Männer- und 24 Frauenklöster dieses Ordens im Gebiete der Kölner Erzdiöcese. Wie ein wunderbar strahlendes Gestirn ist der h. Bernhard durch unser Land gezogen; nur kurze Zeit leuchtete es uns, allein sein Strahl hat dem Boden Keime entlockt, die sich für eine Reihe von Generationen zu herrlichen Pflanzungen auf dem Gebiete höhern Geisteslebens entfalteten.

Sodann sprach Herr Progymnasial-Rector Dr. Pohl (Linz) über das von Eulalius Freymund Veronensis verfasste Gedicht: Coloniae tumultuantis poetica descriptio, als dessen Verfasser er den Pfarrer F. X. Trips zu Honnef nachwies.

In „Zwei Achener historische Gedichte des 15. und 16. Jahrhunderts, herausgegeben von Prof. Loersch und Dr. Al. Reifferscheid", auch abgedruckt in F. Haagens Geschichte Achens II, S. 559 ff. (1874), wird S. 94 f. (bei Haagen S. 652 f.) in Kürze der Inhalt einer dem Rittmeister von Groote auf Hermülheim gehörigen Papierhandschrift des 16. Jahrh. angegeben, darunter fol. 67b bis fol. 91b der Handschrift auch Folgendes:

f. 67b „Coloniae Tumultuantis | et | in sua ipsius Viscera sae|uientis Poetica et Elegiaca | Descriptio | Authore Eulalio Freymund | Veronensi Anno 1683 | Contemptor banni, tribuum seductor in omni | qui causa judex, testis et actor erat —

f. 91b Finis sed quando sit foeda rebellio finem | sortitura Deus tempus et acta dabunt. | Cecini" || Im Ganzen 668 Distichen.

Dazu bemerkt der Herausgeber: „„Coloniae — 1683' von späterer Hand hinzugefügt. Ueber den Dichter, der offenbar aus Bonn (Bonna Verona) stammt, kann ich leider keine Auskunft geben."

Mit Bezug hierauf erschien in Picks Monatsschrift I, S. 203 (1875) eine Anfrage, ob Jemand über den Dichter Eulalius Freymund Veronensis nähere Auskunft ertheilen könne, und als Antwort auf diese Frage sprach E. de Claer in derselben Monatsschrift (III, S. 346 ff.) die Vermuthung aus, der pseudonyme Dichter Eulalius Freymund Veronensis möge wohl der (1687—1738) Kanonich beim Cassiusstift zu Bonn Johann Heinrich Joseph Hoven gewesen

sein. Diese Vermuthung de Claers ist irrig. Unser Pseudonymus ist, wie schon Ennen (Monatsschrift IV, S. 90 f.) richtig bemerkt hat, niemand anders, als der auch sonst als Dichter wohlbekannte Franciscus Xaverius Trips (vgl. Hartzheim, Bibl. Colon. 1747; Annalen III, S. 137 f. und XXIX, S. 331 f.; v. Stramberg, Rhein. Antiquar. III, 7, S. 726 und 763), geboren am 30. März 1630 zu Köln, Pastor zu Xanten, seit 1670 Pastor zu Honnef, wo er 1696 starb, nachdem er inzwischen von 1682 bis 1688 als Hofkaplan und Bibliothekar des Kurfürsten Max Heinrich zu Bonn gelebt hatte. Der Beweis für die Richtigkeit dieser Behauptung ergibt sich aus der Thatsache, dass das in der von Grooteschen Handschrift enthaltene Gedicht Coloniae Tumultuantis &c. identisch ist mit dem ersten Theile der aus drei Theilen bestehenden QVInqVennaLIs seDItIo atqVe re|beLLIs | VbIorVM | statVs &c. | absqVe oMnI passIone proVt Verè eXtItIt poe|tICe DeLIneatVs. | VrbI VbIae agrIppInae & orbI VnIVerso aD CaV|teLaM repraesentatVs. | aVthore | Fran. XaVerIo TrIps | saCeLLano aVLICo CoLonIensI | bIbLIothe|CarIo atqVe pastore septI-Montano In | Honneff . . . . Lipsiae, | apud PETRUM MARTEAU Anno 1704. 8⁰. Die Identität der Handschrift mit dem ersten Theile der gedruckten Quinquennalis seditio ist mir klar geworden durch einen Vortrag, den Kaplan K. Unkel über die Geschichte von Honnef in der Generalversammlung unseres Vereins am 30. Oktober 1832 zu Andernach hielt. Herr Unkel nämlich, der übrigens von der Existenz der von Grooteschen Handschrift nichts wusste, theilte bei jener Gelegenheit mit, dass die beiden ersten Theile der Quinquennalis seditio enthalten seien in einer im Besitze des Domkapitulars Dr. Heuser zu Köln befindlichen Papierhandschrift mit der Ueberschrift: Coloniae Tumultuantis | et in sua ipsius viscera saevientis Poetica | et Elegiaca descriptio. AUthore EUlalio Freimundt | Veronensi vate Laureato. |
ad Lectorem.

1685.   Fata cano, si scire cupi S lector amice dabit
        qui sequitur versu   quae fata canantur,

Die Zahlbuchstaben in den Worten AUthore bis Laureato (von fremder Hand?), mit rother Tinte nachgezogen, ergeben die Jahreszahl 1683, also die Zahl der von Grooteschen Handschrift, nicht die auf dem Heuserschen Manuscript beigeschriebene. Dies erklärt sich wohl daher, dass Trips eben im Jahre 1683 den ersten Theil des Gedichts geschrieben hat.

Da ich damals gerade mit einer Arbeit beschäftigt war, in welcher der für Bonn häufig vorkommende Name Verona eine wichtige Rolle spielt, so fiel mir der Name Veronensis natürlich sofort auf. Hiermit ist also sachlich die Identität der Namen Eulalius Freimund und Fr. Xav. Trips festgestellt.

Es erübrigt noch zu erörtern, was wohl den Dichter zur Pseudonymität überhaupt und zur Wahl des Namens Eulalius Freimund insbesondere bewogen haben mag. Ein flüchtiger Vergleich des Drucks der Quinquennalis seditio mit der Heuserschen Handschrift hat mich erkennen lassen, dass ersterer mannigfache Veränderungen im Ausdruck und erhebliche Zusätze (im Ganzen etwa 472 Disticha) erfahren hat. Nach Hinzufügung des dritten Theils wählte Trips den passendern Titel des Drucks mit dem Chronogramm 1686, dem Jahre der Hinrichtung Gülichs (vgl. Ennen, Frankreich und der Niederrhein oder Gesch. von Stadt und Kurstaat Köln I, S. 459). Er hatte anfänglich ohne Zweifel, wie sich aus der Vorrede erschliessen lässt, mit Rücksicht auf die wegen seiner Freimüthigkeit — auf die ja auch das „Freimund" hindeutet — zu befürchtenden Anfeindungen den falschen Namen gewählt, letztern aber nach der gewiss manche Milderungen enthaltenden Ueberarbeitung des Ganzen aufgegeben. Zur Beibehaltung desselben fiel nach seinem Tode vollends jeder Grund fort. Das „Veronensis" weist offenbar auf den Aufenthalt des Dichters zur Zeit der Abfassung seines Werkes hin, Eulalius, von dem griechischen εὖ λαλεῖν gebildet, heisst wörtlich „Wohlredner".

Die Heusersche Handschrift hat in ihrem ersten Theile 14 Disticha mehr als die von Grootesche. Erstere enthält im Ganzen 1796 Disticha. Die Anfangs- und Schlussverse des von Grooteschen Manuscripts finden sich ebenso wenig, wie die des Heuserschen, in dem Druckwerke. Eine genaue Vergleichung beider Handschriften mit dem Drucke dürfte eine empfehlenswerthe Arbeit sein.

Als letzten Redner begrüsste die Versammlung Herrn Kaplan Hertkens (Viersen), der in fesselnden Worten einem der besten Söhne der Stadt Düren einen Nachruf widmete. „Vor acht Wochen wurde hier die irdische Hülle des Geh. Sanitätsraths, Kreisphysikus Dr. Gustav Adolph Königsfeld zur letzten Ruhestätte geleitet." Der Redner schilderte den Lebenslauf des Entschlafenen, welchem auch von seinem Freunde Alfred von Reumont in der Allgemeinen Zeitung ein Nekrolog gewidmet wurde, und kam dann zu dessen dichterischen Werken. „Im Jahre 1847 erschienen von Königsfeld lateinische Gesänge aus dem Mittelalter, deutsch unter Beibehalt der Versmasse mit lateinischem Urtexte nebst brieflichen Bemerkungen von A. W. von Schlegel, der sich sehr für dieses Werk interessirte. Die Wiedergabe der lateinischen Hymnen und Gesänge war ursprünglich dem erhabensten Vorbilde in der Bewältigung derselben, Sr. Majestät dem Könige Friedrich Wilhelm IV. gewidmet. In einem überaus huldreichen Kabinetsschreiben war die Aufforderung an Königsfeld ergangen, die Sammlung einer grössern Oeffentlichkeit zu übergeben. Das Werk bietet eine Auswahl des Vorzüglichsten und belehrt uns 1. über den Ursprung und Charakter der lateinischen Hymnologie, 2. über die Versarten, gibt 3. historisch-kritische Bemerkungen über Hymnensammlungen, 4. die Quellen, aus denen die zu Grunde gelegten Texte geschöpft sind und 5. biographische und literar-historische Skizzen der vorzüglichsten lateinischen Hymnologen vom 4.—14. Jahrhundert. Vernehmen wir, welchen Werken der Dahingeschiedene sein Augenmerk zuwendet. 4. Jahrhundert: Hilarius, Ambrosius, Augustinus, 5. Jahrhundert: Prudentius, Sedulius, 6. Jahrhundert: Fortunatus, 7. Jahrhundert: Gregorius, 8. Jahrhundert: Beda d. Aelt., Paul Winfried, 9. Jahrhundert: Notker, Odo von Clugny, 10. Jahrhundert: Robert, König von Frankreich, Fulbert von Chartres, 11. Jahrhundert: Petrus Damiani, Hermann von Vehringen, 12. Jahrhundert: Bernhard von Clairvaux, Adam von St. Viktor, 13. Jahrhundert: Thomas von Aquin, Bonaventura, Thomas von Celano, Alanus, Innocenz III., 14. Jahrhundert: Jakoponus." Der Redner charakterisirte sodann in schönen Worten die lateinischen Gesänge der abendländischen Kirche. In so vielen der kühne poetische Schwung, in allen der von keinem Zweifel beängstigte Glaube und die kindliche Frömmigkeit, ihre im Gegensatz zur neuern Poesie durchaus objektive Haltung, das alles vereinigt sich in wunderbar ergreifendem Einklange mit der lateinischen Sprache, die in würdiger Erhabenheit selbst schon unter ihren Schwestern wie eine geweihte Priesterin dasteht. Die so bedeutenden Vorzüge der lateinischen Hymnen und Sequenzen haben auch von jeher die verdiente Würdigung gefunden. Die katholische Kirche, die sie geboren, hat ihnen natürlich immer die sorgsame Aufmerksamkeit der Mutter geweiht, aber nicht minder haben sie die Protestanten hochzuhalten gewusst. Unsere deutsche geistliche Poesie lehnt sich noch vielfach an die lateinische an; das erkannten Spangenberg, Lossius, in neuerer Zeit Herder, Wieland; und Gervinus steht nicht an, in seiner Geschichte der deutschen Literatur die ältern Hymnen poetisch und musikalisch über unsere deutschen zu setzen, nicht allgemein, aber die besten dort über die besten hier. Neben solcher Bewunderung hat auch die gelehrte Bearbeitung der lateinischen Kirchengesänge bei Katholiken und Protestanten besonders in unsern Tagen bedeutende Fortschritte gemacht. Der Redner citirt noch eine Anzahl Dichtungen Königsfelds auf diesem Gebiete in lateinischem Urtext und deutscher Uebersetzung und schliesst mit den Worten: So mögen denn die Gesänge aus frommen Jahrhunderten des Mittelalters hinausziehen und zum Entgelt für freundliche Aufnahme dem christlichen Pilger, dessen Geistesauge gern nach oben gerichtet ist, Erhebung, Freude und Trost gewähren in den Stunden der Ruhe und der innern Sammlung. Wir erfüllen so den Wunsch des dahingeschiedenen edlen Mannes an die deutschen Leser:

> Wie ich sie in Mussestunden
> In Folianten aufgefunden,
> Wie von Lust und Muth gedrungen,
> Ich sie deutsch dann nachgesungen,
> So bring' ich mit reinen Händen
> Diese fremden Dichterspenden.
> Töne einer fernen Zeit.
> Nicht des Glaubens strenge Sätze,
> Nur der Dichtkunst freie Schätze,
> Voller Schönheit, Gluth und Leben,
> Wollte deutsch ich wiedergeben.
> Und so nehmt denn ein Vermächtniss
> Edler Geister zum Gedächtniss,
> Deutsche! diese Lieder heut.

Während der Verhandlungen lief von Herrn Vikar Schmitz (Raeren) die auf die Töpferei bezügliche telegraphische Mittheilung ein: „Pottofen eben angezündet"; sie bezeichnet die Wiederbelebung der Töpferkunst in einem Orte der Rheinlande, dessen Leistungen aus vergangenen Jahrhunderten heute zu den seltensten Prachtstücken der ersten Kunstkabinette Europas gehören. Hieran anschliessend gab Herr Bürgermeister Werners über die Dürener Ofenfabrikation des 16. Jahrhunderts einige interessante Mittheilungen. Zum Schluss berichtete der Vorsitzende über eine Reihe von Anfragen, welche von auswärtigen Gelehrten bei dem Vorstande eingegangen seien (Aufenthalt des Prinzen Eugen zu Köln, Nachweis der Porträts verschiedener Kölner Kurfürsten etc.) und empfahl die von dem frühern Vereinssekretär Herrn R. Pick begonnene Sammlung von Roersagen bei den im Gebiete dieses Flusses wohnenden Mitgliedern des Vereins zur Unterstützung durch Beiträge. Als Ort der nächsten (Herbst-)Generalversammlung wurde Godesberg bestimmt. Hiermit waren die Verhandlungen zu Ende und die Versammelten begaben sich nun in die St. Annakirche, um die hier von dem Oberpfarrer Herrn Dechant Vassen bereitwilligst ausgestellten Kunstschätze dieser Kirche zu besichtigen. Herr Bürgermeister Werners machte den kundigen Führer und erklärte in verständnissvoller Weise das vor mehrern Jahren auf einem Speicher entdeckte und durch seine Bemühungen an den frühern Ort, die Marienkapelle in der St. Annakirche, zurückgebrachte Muttergottesbild. Dieses Bild hat einen orientalischen Typus und stimmt, wenn man von der nachträglich beigefügten Krone auf dem Haupt der Madonna absieht, mit dem Muttergottesbild in dem berühmten polnischen Wallfahrtsort Czenstochau genau überein. Die Vermuthung liegt nahe, dass der im 16. Jahrhundert lebende Dürener Pfarrer Hildebrand von Wevorden, welcher Reisen nach Italien machte und mannigfache Beziehungen zu hohen Personen hatte, das Bild aus Rom mitgebracht habe.

Ein Festmahl in den Gesellschaftsräumen der Harmonie, das die Theilnehmer bis zum Abgang der Abendzüge froh vereinigte, beschloss den Tag.

Bericht
über die Generalversammlung des historischen Vereins
für den Niederrhein zu Godesberg am 22. Oktober 1883.

Die zweite Generalversammlung des Jahres 1883 wurde am 22. Oktober zu Godesberg abgehalten. Der Grund, warum gerade dieser Ort schon wiederum in dem kurzen Zeitraum von fünf Jahren für die Zusammenkunft gewählt worden, war die doppelte Erinnerung an die auf den 15. Oktober 1210 fallende Gründung und die 373 Jahre später, am 17. Dezember 1583, erfolgte Zerstörung der Burg Godesberg. Dieser bedeutsame Moment und das sonnige Herbstwetter hatten von Nah und Fern die Mitglieder des Vereins, vielleicht zahlreicher als je, nach dem anmuthig gelegenen Badeort zusammengeführt, der bis hinauf zu dem Thurm der Burgruine zu Ehren des Tages in seinem festlichsten Schmucke prangte. Punkt 11 Uhr eröffnete der Vorsitzende, Professor Hüffer, im grossen Saale des Hôtel Blinzler, die Versammlung und gab dann dem Herrn Bürgermeister von Groote (Godesberg) das Wort, der im Namen der Bürgerschaft die Anwesenden willkommen hiess und, an die 1878 hier abgehaltene Generalversammlung anknüpfend, den Wunsch aussprach, die heutige möchte ebenso fruchtbringend für die Ortsgeschichte werden, wie die damalige es gewesen sei. Der Vorsitzende dankte Namens des Vereins für die freundliche Begrüssung und drückte seine Freude aus, dass der Verein am Fusse des altberühmten Godesbergs sich versammeln könne; dann gab er in grossen Zügen eine Uebersicht der Geschichte von Godesberg. Er verweilte insbesondere bei den Ereignissen des Truchsessischen Krieges, die den festen Bau des Mittelalters zur Ruine machten. „Als ein Ersatz", schloss er, „für das harte Geschick, das die Burg vor 300 Jahren erdulden musste, kann es auch gelten, dass sie nach öfterm Wechsel des Eigenthümers nunmehr in den Besitz der erhabensten Frau unseres Vaterlandes, der Kaiserin Augusta, gelangte und so vor weiterm Verfall sichern Schutz erhielt."

Indem der Vorsitzende sich zu den Vereinsangelegenheiten wandte, gab er dem Bedauern Ausdruck, dass von den Theilnehmern an der Godesberger Generalversammlung vom 17. Oktober 1878 so viele nicht mehr unter den Lebenden seien. Unserm hochverdienten Alters- und Ehrenpräsidenten Pfarrer Dr. Mooren, bemerkte er weiter, konnten wir noch im September d. J. unsere Glückwünsche zum 60jährigen Priesterjubiläum darbringen; aber, abgesehen von ihm, bin ich von sämmtlichen Mitgliedern des früheren Vorstands allein noch im Amte. Eine so rasche Folge von Veränderungen möchte ich keiner andern Gesellschaft wünschen. Selbst die Existenz unseres Vereins konnte einige Zeit bedroht erscheinen, aber wir dürfen uns wohl insofern dem Godesberg vergleichen, als neben den Ruinen neues Leben sich entwickelt hat, und meine verehrten Collegen im Vorstande so wie die zahlreich hier versammelten Mitglieder und Freunde des Vereins beweisen deutlich genug, dass ein neues, frisches Element unter uns sich bethätigt. In der am 16. Juli zu Düren abgehaltenen Generalversammlung wurde ein ausführlicher Bericht über die Verhältnisse des Vereins erstattet. Diesem ist jetzt nicht viel, aber meist nur Erfreuliches hinzuzufügen, zunächst, dass die Versammlung in Düren die unmittelbare Wirkung hatte, uns 28 neue Mitglieder zuzuführen. Ich wäre froh, wenn ich eine ähnliche Hoffnung auch für die heutige Versammlung hegen dürfte. Freilich haben wir auch den Verlust mehrerer Mitglieder zu beklagen, insbesondere des um die rheinische Geschichte so viel verdienten Geh. Medicinalraths Dr. Wegeler in Coblenz. Bis in die letzte Lebenszeit sahen wir ihn in unermüdlicher Thätigkeit, und ebenso lange hat er auch unserm Verein sein freundliches Interesse zugewendet. Ich bitte Sie, das Andenken der Verstorbenen durch Erhebung von den Sitzen zu ehren. (Geschieht.)

Der Vorstand hat zu der heutigen Versammlung durch ein Cirkular, nicht durch ein Vereinsheft eingeladen. Gerne hätten wir statt dessen die erste Hälfte des Registers geschickt, von welchem der erste Bogen bereits gedruckt ist und von dem ich einen Probeauszug zur Ansicht vorlege. Indessen wäre die Theilung mit zu vielen Unzukömmlichkeiten verbunden gewesen, und es traten gerade bei der Durchsicht der ersten Druckbogen manche Schwierigkeiten hervor, die eine sorgfältige Erwägung verdienten. Wir hoffen die Zustimmung der Vereinsmitglieder zu finden, wenn wir die Ausgabe bis zu dem Zeitpunkt verschieben, in welchem das gesammte Register erscheinen kann. Das wird, wie wir hoffen, im nächsten Jahre geschehen können. Es ist indessen auch schon die Herstellung eines andern Heftes in Aussicht genommen, so dass in keinem Falle eine Unterbrechung der Annalen eintreten wird.

In weiterm Felde liegt allerdings noch die Ausführung eines andern Planes, nämlich der „Rheinischen Bibliographie". Es handelt sich vor allem darum, die nöthigen Geldmittel im Betrage von etwa 3000 Mark zu beschaffen, was nicht so leicht ist, als man erwarten möchte, wenn man den verhältnissmässig geringen Betrag der Summe mit der Grösse des dadurch zu erreichenden Erfolges vergleicht. Der Vorstand wird die Angelegenheit nicht aus dem Auge verlieren. Daneben geben die Uneigennützigkeit und rastlose Thätigkeit des städtischen Bibliothekars Dr. Keysser in Köln uns die beste Bürgschaft, dass sicher nichts unterlassen wird, dieses wichtige Werk so gut als möglich zu fördern.

Herr Dr. Keysser hat, wie Ihnen bekannt ist, auch die Güte gehabt, die Ordnung und Katalogisirung unserer recht werthvollen, gerade in den letzten Jahren durch zahlreiche Sendungen vermehrten Vereinsbibliothek zu übernehmen. Trotz der sich häufenden Berufsgeschäfte, die eben jetzt durch die beabsichtigte Vereinigung der Jesuitenbibliothek mit der städtischen ihm aufliegen, schreibt er mir eben, dass die Katalogisirung der Vereinszeitschriften und Bücher bereits erfolgt ist. Sie stehen in dem schönen städtischen Lesezimmer in Köln jedem zur Benutzung frei.

Unser Verein hat den doppelten Zweck, historisches Material herbei zu schaffen und den historischen Sinn zu wecken. Dass dies letztere Bestreben nicht fruchtlos bleibt, beweist die zunehmende Zahl der Vereinsmitglieder, beweisen zahlreiche Zusendungen, Mittheilungen, Anfragen, die uns von verschiedenen Seiten, auch aus fremden Ländern, sogar aus Amerika zugehen. Von dem Nutzen unserer Vereinsversammlungen lassen Sie mich nur ein kleines, ganz nahe liegendes Beispiel anführen. In der letzten Dürener Versammlung, sowie in dem 39. Heft der Annalen wurde erwähnt, dass der westfälische Alterthumsverein die Bildnisse der Fürstbischöfe von Paderborn in photographischen Abbildungen zu veröffentlichen beabsichtige, aber die Porträts der Erzbischöfe Hermann von Hessen, Hermann von Wied und Salentin von Isenburg, die zugleich Fürstbischöfe von Paderborn waren, noch vermisse. Die beiden letztern finden sich im Schlosse zu Neuwied und wurden durch die Güte des Fürsten von Wied zur Verfügung gestellt, nur

Hermann von Hessen fehlte noch. Wenige Tage nach der Dürener Versammlung hatte der städtische Schullehrer Herr Körfgen in Bonn die Güte, mir mitzutheilen, dass in dem ehemaligen Minoritenkloster, dem jetzigen Lehrerseminar in Brühl, ein sehr schönes Porträt des Kurfürsten Hermann sich befindet, welches also die letzte Lücke ausfüllt.

Zum Schluss möchte ich noch einer freundlichen Zuschrift des städtischen Archivars Herrn Dr. Höhlbaum in Köln erwähnen, der an den Bestrebungen unseres Vereins immer lebhaften Antheil bewiesen hat. Herr Höhlbaum nahm bei Gelegenheit des das Stadtarchiv in Aachen so schwer bedrohenden Brandes im Juli d. J. Veranlassung, darauf hinzuweisen, dass unser Verein in Verbindung mit andern für die Sicherstellung der städtischen und kleinern Archive sich bemühe, dass er ferner im Anschluss an die Ziele der Gesellschaft für rheinische Geschichte die Sammlung und Herausgabe der geschichtlichen Dokumente kleinerer politischer Verbände und eingesessener Geschlechter vermittle. In einem Briefe vom 16. Oktober kommt er auf diesen Vorschlag zurück. „Der eigentliche Zweck eines provinziellen Geschichtsvereins", schreibt er, „besteht darin, der allgemeinen Geschichte die Kenntniss des Provinziellen und Lokalen, der kleinern Beziehungen und Bildungen zu übermitteln. Das geschieht nach der Lage des geschichtlichen Niederschlags in unserer Provinz, wo die Chroniken und Annalen eine sehr untergeordnete Rolle spielen, am besten durch Bezeichnung der Archivalien. Die Kirchen-, kleinere Gemeinde- und Privatarchive müssen nach einheitlichem Plane aufgenommen, ihre Inventare müssen gesondert oder noch besser durch die „Annalen" allgemein zugänglich gemacht werden. Ein unabsehbarer Stoff lässt sich so zu Tage fördern und keineswegs steht dies Verfahren geschichtlichen Abhandlungen im Wege. Ein Beispiel, dem man sich ja nicht unbedingt anzuschliessen hat, das aber nicht ganz übersehen werden kann, ist in den Inventaren gegeben, welche in den „Mittheilungen aus dem Stadtarchiv von Köln", Heft 1—4 veröffentlicht sind. Noch aus einem andern Grunde weise ich auf diese Zeitschrift hin. Ich sehe, dass u. a. eben der erste Theil eines gross angelegten Werkes der Kölnischen Diöcese erscheint. Aber ich sehe nicht, dass man die reichen Materialien des Kölnischen Stadtarchivs bisher zu Rathe gezogen hat. Da halte ich es für meine Pflicht, zu wiederholen, was ich früher schon öffentlich ausgesprochen habe: Das Archiv ist jedem zugänglich, es bietet, soweit die Arbeiten der Neuordnung vorgeschritten sind, seine Dienste jedem an, der ernste Zwecke verfolgt. Was ich an Inventaren bis jetzt geschaffen, steht zu Jedermanns Einsicht offen, den ersten Anhalt und Wegweiser stellen die Inventare in der genannten Zeitschrift in ausreichender Weise dar. Ich wäre Ihnen sehr dankbar, wenn Sie die Güte hätten, auch dieses zu verbreiten. Das Eine wie das Andere liegt im Interesse gesteigerter wissenschaftlicher Beschäftigung mit der Vergangenheit dieser geschichtlich reichen Provinz."

Hierauf erstattete der Schatzmeister Herr Helmken den Rechenschaftsbericht über die geschäftliche Lage des Vereins am Ende des Jahres 1882. Danach betrug das Vereinsvermögen am 1. Januar 1883, Dank der umsichtigen Wirksamkeit des inzwischen aus dem Vorstande ausgeschiedenen Rendanten Herrn Lempertz sen., 5439 M. 20 Pf., wovon 4576 M. 50 Pf. in Werthpapieren bei der Reichsbank hinterlegt sind, und der Rest als Reservefond dient. Die Bilanz des Jahres 1882 ergab einen Ueberschuss von 291 M. 26 Pf. Der Verein zählt gegenwärtig ausser 18 Vorstands- und Ehrenmitgliedern 648 ordentliche Mitglieder; er steht mit 55 Geschichtsvereinen in Schriftenaustausch. Auf eine bessere Ausstattung der Annalen, die namentlich in typographischer Hinsicht seither manches zu wünschen übrig liess, soll in Zukunft Bedacht genommen werden.

Die eigentliche Festrede des Tages hielt das Ehrenmitglied des Vereins, Herr Appellationsgerichtsrath a. D. von Hagens (Köln), der gelegentlich eines mehrmonatlichen Kuraufenthalts in Godesberg während des letzten Sommers die Anlagen und baulichen Verhältnisse der dortigen Burg genauer untersucht und studirt hatte.

Nachdem Heft XXXIV und XXXVI der Annalen ausführliche Mittheilungen über die Geschichte von Godesberg und seine Zerstörung am 17. Dezember 1583 geliefert, dürfte es von Interesse sein, ein Bild des Zustands und der Einrichtung der Burg vor der Zerstörung zu versuchen und zwar um so mehr, als die Farben zu diesem Bild so spärlich vorhanden sind. Von Abbildungen ist wenig erhalten; die älteste, wennschon minutiöse, dürfte sich in Köln auf einem Gemälde von etwa 1470 im Museum, jetzt no. 197, befinden, wo der Hintergrund eine Landschaft mit kurkölnischen Burgen zeigt, 3 im Siebengebirge auf Drachenfels, Wolkenburg und Löwenburg, und daneben die Burg Godesberg, wohl erkennbar, aber mit einem phantastischen Aufsatz über dem Thurm. Bekannter ist der Stich von Merian in Zeillers Topographie und ein ähnlicher im Besitz des Bürgermeisters von Groote in Godesberg; für die Zerstörung existirt der Stich von Hogenberg und wieder ein ähnlicher in Händen des Pfarrers Minartz in Godesberg; aber alle diese Darstellungen sind zu klein und ungenau für zuverlässige Forschung. Von Beschreibungen ist am meisten durch Dick und Hundeshagen geliefert, jener hat doch einen Plan gezeichnet und dieser eine ausführliche Beschreibung der Burg versucht, obgleich schwer verständlich. Es haben daher Lokalstudien, die Ortslage und der Burgenbau überhaupt Aushülfe leisten müssen.

Was den letztern betrifft, so zeigen gerade die Burgen am Rhein verschiedene Bausysteme. Die meisten Burgen lagen da, wo das Rheinthal mit einem Seitenthal eine Bergecke bildet; die dort erbauten Burgen hatten dann schützenden Abhang nach dem Rhein hin, aber landeinwärts eine schwache Seite durch den fortlaufenden oder gar ansteigenden Berg; deshalb kamen dorthin die meisten Vertheidigungswerke, Brücke, Thor, Schildmauer und der Hauptthurm, der immer ein Kernwerk für sich war nicht bloss zur Umschau, sondern auch als letzte Zuflucht bei der Vertheidigung; von da ging's durch Höfe zu den Gebäuden für Herren und Frauen. Wo dagegen, wie in Godesberg, ein Bergkegel existirte, durch Abhang nach allen Seiten geschützt und nur durch einen schmalen Schneckenhausweg erreichbar, wurde anders gebaut; es entstand ein Centralbau, wovon die Pfalz bei Caub ein kleines, wohlerhaltenes Beispiel zeigt. Der Hauptthurm kam auf die Bergspitze, mitten und frei; um ihn herum legte sich von selbst der Burghof und um diesen die übrigen Gebäude mit dem Thor, das Plateau bedeckend und einschliessend. Draussen konnte durch Umgebung des Berges mit einer Mauer und einem zweiten Thor eine Vorburg geschaffen werden, enthaltend Nebengebäude, Stall, Garten, Weinberg etc. Nach einem solchen einheitlichen Plan ist seit 1210 die Burg Godesberg gebaut worden.

Man erkennt noch heute die Mauer der Vorburg, deren Thor nach Westen da stand, wo jetzt neben dem Weg der Rest eines Wachthauses sich findet. Weiter nach Norden gehend kommt man durch das noch vorhandene Hauptthor in den Burghof und vor den Thurm. Rechts vom Eingang lagen verschiedene Gebäude, die bezeichnet werden als Wachtstube, Brauhaus, Marschallsbau, Küche mit Brunnen und Servatiuskapelle: alle diese nach Westen gelegenen Gebäude waren nach den Ruinen und Abbildungen zweistöckig, von geringer Tiefe und mit wenig kleinen Fenstern nach Aussen versehen; sie gingen südlich bis an die heutige grosse Lücke, welche bei der Zerstörung durch die Sprengung des kurfürstlichen Schlosses oder Kammerhaus entstanden ist.

Links vom Hauptthor lag nördlich ein langes, einstöckiges Gebäude, der Rittersaal; die westlichen und östlichen Giebelwände stehen noch, die Langseiten waren mit Zinnen gekrönt und dahinter ein Gang. Die Ruinen, worin heute die Restauration, lassen noch die Dimensionen ersehen, nämlich eine Länge von fast 30 m und eine Tiefe von stark 10 m; für die Höhe ist der erhaltene Bewurf an der östlichen Giebelwand massgebend, wo man sieht, dass der Saal in der Höhe von etwa 9 m ein spitzbogiges Gewölbe und darüber ein Satteldach hatte; bei Anfang der Wölbung lag ein Balkenlager, wahrscheinlich bloss zur Verstärkung und ohne Boden darauf, so dass man durch die offenen, vielleicht verzierten Balken das Gewölbe erblickte. Hinter dem Rittersaal lag auf der nordöstlichen Ecke der Burg ein Schenksaal, früher auch einstöckig, dann, wie die verschiedene Bauart der Ruinen zeigt, mit einer

Etage überbaut, die neben einer Schatzkammer die Sylvesterkapelle enthielt, die Privatkapelle des Kurfürsten und Erzbischofs; die östliche Rundung oben im Gemäuer deutet darauf hin.

Hiermit wieder bei der durch die Sprengung gemachten Lücke an der Südostseite angelangt, muss man beklagen, dass der kurfürstliche Kammerbau fast ganz verschwunden und eigentlich nur ein halber Treppenthurm übrig ist, der auf der nördlichen Ecke bis an den Rittersaal eingebaut war. Die Ausdehnung der Lücke lässt eine Schätzung dahin zu, dass der Kammerbau wohl 24 m lang und 12 m tief gewesen sein wird; für die Höhe und Etageneinrichtung ist der Treppenthurm ins Auge zu fassen. Da von diesem die nördliche Hälfte noch aufrecht steht, so sind die Höhe des Thurms, die Dicke der Mauern, die lichte Weite im Innern und die Spuren von einer sicherlich steinernen Wendeltreppe in dreimaligem Umlauf noch zu ersehen. Die lichte Weite beträgt etwa $2^1/_2$ m und war also, wenn man für den Mittelständer $1/_4$ m abrechnet, auf beiden Seiten desselben Platz für 2 Personen nebeneinander. Der erste Treppenumlauf begann, wie natürlich, in der Flur des Erdgeschosses zum Kammerbau und muss diese Flur nicht viel über dem Niveau des Burghofs gelegen haben. Wo die Treppe nach dem ersten Umlauf wieder den Kammerbau erreichte, zeigt der Rest einer Thüreinfassung noch jetzt, dass hier die Treppe in die Flur der ersten Etage mündete; mithin ist die Höhe des Erdgeschosses markirt und der Anfang einer ersten Etage. Diese muss hoch angelegt gewesen sein, denn die beiden folgenden Umläufe gehen ohne Unterbrechung hinauf und sind wegen der Dunkelheit jeder durch ein Fenster nach dem Burghof erleuchtet gewesen. Erst nach Vollendung des dritten Umlaufs mündete die Treppe wieder nach dem Kammerbau, jedoch, weil die oberste Höhe des Treppenthurms erreicht war, schon auf den Speicher und unter das Dach des Kammerbaus.

Für die Richtigkeit dieser Anschauungen spricht noch der vorerwähnte Aufbau der Sylvesterkapelle über dem Schenksaal. Abgesehen von der Bauart lässt auch ein Blick aus dem Rittersaal ersehen, dass die neue Giebelmauer dieser Kapelle hinter der östlichen Giebelwand des Rittersaals aufgesetzt und an den Treppenthurm des Kammerbaus angelehnt worden, sogar das oberste Fenster des Thurms wieder verbaute. War hiernach die Sylvesterkapelle jünger als der Kammerbau, so wird sie aus Gründen der Harmonie und Zweckmässigkeit in gleicher Höhe, Flucht und Etageneinrichtung wie der Kammerbau selbst durchgeführt gewesen sein. Dann gestatten aber die Reste der Kapelle wieder einen Rückschluss auf die beschriebene Beschaffenheit des Kammerbaus, und wird alles dieses weiter bestätigt durch das kasernenartige Aussehen, welches das Schloss auf den Stichen von Merian und beim Bürgermeister von Groote an sich trägt.

Anlangend die Ausstattung, so wird der Kammerbau nach Massgabe der Bauzeit aus einfachen, starken Mauern bestanden und mögen die innern Räume wenigstens zur Zeit der Zerstörung Holztäfelungen und darüber Gobelins aufgewiesen haben. In diese Räume wird dasjenige hineingebracht gewesen sein, was in den sonstigen Gebäuden noch fehlte, also vielleicht im Erdgeschoss Gemächer für Hofbediente und Gäste und in der ersten Etage die fürstlichen Privatgemächer, nämlich im Anschluss an die Sylvesterkapelle Schlaf-, Arbeits-, Speise-, Empfangszimmer etc. Frauengemächer waren in dem Schlosse eines Kurfürsten und Erzbischofs von Köln nicht vonnöthen.

Es erübrigt noch eine Betrachtung des Hauptthurms, der frei auf dem Burghof steht, ohne Verbindung mit andern Gebäuden, um einen Angriff von diesen aus entweder durch Waffen oder durch Feuer zu verhindern, und unmittelbar auf dem Felsen, um einer Unterminirung zu begegnen. Der kreisrunde Thurm ist durch eine Aussengallerie in 2 Abtheilungen geschieden; die untere enthält in den dicken Mauern nur Schlitze mit Schiesslöchern, erst in der obern sind in den sich verdünnenden Mauern kleine Fenster angebracht. Die heutige Eingangsthür ist modern; die alte war die Oeffnung darüber, weil in solchen Thürmen die Thür absichtlich hoch und durch leicht zu beseitigende Holztreppen zu erreichen war, um einen Angriff zu erschweren, gegen den man sich auch noch von der Gallerie mit Pfeilen, Steinen und heissem Pech wehren konnte. Eine zweite Thür war selbstverständlich auf der Gallerie und zeigt sich auch noch eine vermauerte Thür nördlich nach dem Rittersaal hin, angeblich um von da im Nothfall einen Weg durch Brücke oder Leiter nach dem Zinnengang über dem Rittersaal zu finden. Im Innern wird das Geschoss unterhalb der Thür, wie gewöhnlich, das Burgverliess enthalten haben und die zahlreichen Geschosse darüber Magazine für Proviant und Munition sowie Räume für den Aufenthalt der Wachtmannschaft und äussersten Falls der sämmtlichen Bewohner; zu dem Ende war der Thurm beizbar; der Kamin liegt in der südlichen Mauer und die Heizvorrichtungen zeigen sich noch in mehrern Geschossen. Oben hatte der Thurm eine Steinbekrönung und darüber wahrscheinlich noch irgend eine Bedachung. Der Aufsatz auf dem alten Gemälde im Kölner Museum ist wohl nicht historisch; richtiger scheint die Bedachung auf dem Stich bei Pfarrer Minartz zu sein; hier zeigt sich oben eine flache Rundung, also ein niedriges Steingewölbe und darüber eine wahrscheinlich vergoldete Spitze, die sich glänzend in die Lüfte erhob als höchster Punkt der alten und prachtvollen Burg, bevor sie vor 300 Jahren mit einem Schlage Ruine werden und bleiben sollte.

Der Vortrag des Herrn von Hagens wurde durch einen von ihm entworfenen Plan und Grundriss der ehemaligen Burg und Feste Godesberg, die in der Versammlung cirkulirten, besonders anschaulich und lehrreich. An diese Rede knüpfte der Vorsitzende einige Bemerkungen über das Datum der Gründung der Burg, das seines Wissens nur aus einer Mittheilung Vogels über den „Grundstein" derselben bekannt sei. Vogel erzählt nämlich in seiner „Bönnischen Chorographie" (Hofkalender von 1767, S. 133), nachdem die Mine einen grossen Theil des Schlosses zertrümmert und in die Luft gesprengt, habe man auf den Mauern eine Platte von schwarzem Marmor, den „Grundstein" der Burg mit der Angabe des Gründungstags gefunden; Herzog Ferdinand von Bayern habe zur Erinnerung an seine Eroberung den Stein mit einer zweiten Inschrift versehen lassen und mit nach München genommen, wo er im Antiquarium aufbewahrt werde. Bereits vor Jahren forschte der verstorbene Professor Floss nach dem Verbleib dieses Steines in München; seine Bemühungen waren indess vergebens, so dass er auf der vorigen Generalversammlung hier in Godesberg die Vermuthung aussprach, es handle sich bei dem Stein nur um die Täuschung eines leichtgläubigen Antiquars. Und doch beruht die Vogelsche Erzählung auf Wahrheit. Zur grossen Ueberraschung und nicht geringeren Freude der Anwesenden zog der Vorsitzende plötzlich den vielbesprochenen Denkstein aus einer Papierhülle hervor und lieferte so den augenscheinlichen Beweis seiner Existenz. Die schwarze Marmortafel trägt, wie Vogel richtig angibt, auf beiden Seiten eine Inschrift, die eine in den Schriftzügen des 13., die andere in denen des 16. Jahrhunderts. Eine nähere Beschreibung des Steines und die Mittheilung, wie er in seine Heimat zurückgelangte, die er hoffentlich nicht wieder verlassen wird, soll in einem der nächsten Hefte der Annalen durch den Vorsitzenden erfolgen.

Weiterhin sprach Herr Pfarrer Minartz (Godesberg) über die Schicksale der Burg nach Beendigung des Truchsessischen Krieges, insbesondere über die St. Michaelskapelle auf dem Godesberg.

Diese Kapelle, in einem Einschnitt des Godesbergs gelegen, verdankt, wie ihr Stil sofort andeutet, ihre Entstehung dem Ende des 17. Jahrhunderts. Der Kurfürst und Erzbischof Joseph Clemens, dessen beide Namens-Patrone bis jetzt das Tabernakel schmücken, scheint dieselbe eigens für den Verdienst-Orden vom h. Erzengel Michael eingerichtet zu haben, welchen er 1693 auf dem Godesberg stiftete. Zu dem Ende war in der Kapelle für den Kurfürsten als Grossmeister eine eigene Loge angebracht, der Kapelle gegenüber lag das Kapitelhaus, dessen Fundamente zum Theile noch erhalten sind. Zweimal im Jahre wurden grosse Ordensfeste abgehalten, am Feste der Erscheinung des h. Erzengels Michael am 8. Mai und am Schutzfeste den 29. September. Dabei soll es, wie alte Leute sich erzählten, recht splendid hergegangen sein; zugleich war damit ein Jahrmarkt verbunden.

Neben der Kapelle an der Nordseite steht die sogenannte Eremitage, nämlich ein Anbau, worin der Kurfürst für die Obhut der Kapelle sowie für die Bedienung der fungirenden Priester zwei Eremiten setzte und sie mit den Parzellen dotirte, welche in dem Einschnitt rechts und links bis zur Kapelle belegen waren. In dem ungestörten Besitz dieser Dotation sind die Eremiten verblieben, selbst als der Kurfürst Max Franz 1793 sich vor den heranrückenden Franzosen zurückzog, sie blieb von der Säkularisation verschont und gelangte zufolge der Kabinets-Ordre vom 23. Mai 1818, die verheimlichten Kirchengüter betreffend, in den Besitz der katholischen Kirchenfabrik. Alte Leute haben dem Vortragenden über den Bruder Daniel, welchen sie gesehen und gekannt haben, viel erzählt, er soll vor 1805 gestorben sein.

Im J. 1804 erhielt Godesberg ein eigenes Pfarrsystem mit der Pfarrkirche zu Marienforst. Als aber bereits 1805 diese ehemalige Klosterkirche nebst sämmtlichen Utensilien unter den Hammer kam, wurde die Michaelskapelle auf dem Godesberg zur Pfarrkirche erhoben. Bei dem Verkauf der Kirchen-Utensilien wollte sich für die Orgel kein Ansteigerer finden, man bot sie also dem damaligen Pfarrer von Rüngsdorf umsonst an, dieser lehnte aber das Geschenk aus dem Grunde ab, weil er keinen Organisten habe. Daraufhin wurde die Orgel um den Preis von 1 Kronenthaler für die prachtvolle Pfarrkirche zu Sinzig erworben, wo sie bis zur Stunde ihre guten Dienste leistet, indess sich die guten Rüngsdorfer vor ungefähr 27 Jahren ein neues Orgelwerk für schweres Geld beschaffen mussten.

In das neue Pfarrsystem Godesberg mit der Michaelskapelle als Pfarrkirche war auch die Gemeinde Muffendorf mit einbegriffen. Die Muffendorfer aber, welche ihr altes Pfarrsystem verloren hatten, wollten sich in die neue Ordnung nicht fügen, sie sollen sogar ihre Kinder selbst getauft und ihre Todten in den Gärten begraben haben. Nachdem sie nun den Bischof Marcus Antonius Berdolet in Aachen mit Klagen und Anträgen bestürmt hatten, in welchen die Weite des Weges von Godesberg bis Muffendorf stets als Hauptgrund figurirte, entschloss sich der genannte hohe Herr zu einer persönlichen Visitation. Mit kurzen Kniehosen, in Frack und Kravatte, einen Dreimaster auf dem Kopfe und ein leichtes, biegsames Spazierstöcklein in der Hand bestieg er mit noch einem andern Herrn den Godesberg. In der Kirche stand er in dem beschriebenen Anzuge vor dem Hochaltar neben meinem Gewährsmann Heinrich Raaf von hier, und, mit seinem Stöcklein leicht eine der Altarsäulen berührend, fragte er ihn: „Ist das Marmor?" Mittlerweile hatten sich Deputirte von Muffendorf eingefunden, unter ihnen ein gewisser Urban Jülich, der Vater des jetzigen gleichnamigen Kirchenpräsidenten in Muffendorf. Sie sollten den Bischof nach Muffendorf begleiten. Der Weg von Godesberg bis Muffendorf ist leicht in 15 Minuten zurückzulegen. Die Muffendorfer Deputirten aber führten den Bischof kreuz und quer 2 Stunden lang durch den Kottenforst. Schon auf dem Wege bedauerte der Bischof die armen Muffendorfer, hielt ihre Anträge für ein eigenes Pfarrsystem vollständig begründet und, schweisstriefend in der Kirche zu Muffendorf angekommen, verkündigte er der freudig harrenden Gemeinde, dass er seinerseits Alles aufbieten werde, um ihnen zu ihrem alten Pfarrsystem zurückzuverhelfen.

Seit dem 5. Oktober 1862 ist der Pfarr-Gottesdienst aus der schwer zugänglichen und für die vermehrte Bevölkerung ganz ungenügenden, kleinen Kapelle in die neue geräumige Pfarrkirche am Fusse des Godesbergs verlegt. Seit der Zeit aber nagt der Zahn der Zeit an dem alten Monument, die Mauern sind gespalten, die Bedachung kaum mehr haltbar. Und wenn nicht bald Hülfe kommt, dürfte die Zeit nicht sehr fern liegen, dass der schöne Godesberg eine seiner romantischen Zierden entbehrt.

Im Hinblick auf die bisher misslungenen Versuche, Gelder für die nothwendige Restauration der historisch so interessanten Kapelle flüssig zu machen, stellte Herr Bürgermeister Mooren (Eupen) den Antrag, dass der historische Verein, bezw. der Vereinsvorstand als solcher sich petitionsweise um Erlangung von Geldmitteln zu diesem Zwecke an den Provinziallandtag wenden möge, welcher Antrag mit einer von Herrn Oberbürgermeister a. D. Kaufmann veranlassten Modifikation zur Annahme gelangte.

Darauf gab Herr Dr. Hoeniger (Köln) mit Rücksicht auf den jüngst erschienenen ersten Band der von Herrn Domkapitular Dr. Dumont herausgegebenen Geschichte der Erzdiöcese Köln einige Wünsche kund, die bei Abfassung der weitern Bände zu berücksichtigen sein dürften, namentlich wies er auf den Zusammenhang der altgermanischen Gauverfassung mit den alten Pfarrsystemen hin.

Sodann verbreitete sich Herr Pfarrer Maassen (Hemmerich) über mehrere neuerdings aufgedeckte römische Alterthümer am Vorgebirge, über einen Tuffsarg aus Immendorf, einen kleinen Kanal und eine Röhrenleitung zu Privatbauten bei Merten, über die Auffindung des Römerkanals aus der Eifel auf dem Kirchhof zu Waldorf und über einen Tuffsarg an der Bonner Strasse bei Bornheim. Durch alle diese Funde erhalte seine in den Annalen (Heft XXXVII, S. 105) ausgesprochene Ansicht, dass die Römer in allen ältern Ortschaften am Vorgebirge gewohnt hätten, eine neue Bestätigung. Redner hat auch dem Römerkanal nach der Altenburg bei Köln nachgeforscht. Zwischen der Brühler und Bonner Chaussee fanden sich der Altenburg gegenüber römische Gussmauerreste, welche wahrscheinlich als Brückenpfeiler zur Ueberleitung des Kanals in die Niederungen an dem zunächst gelegenen Fort gedient haben. Weitere Spuren bei Höningen, welche von Augenzeugen als Reste des Kanals bezeichnet werden, harren demnächstiger Untersuchung. Fernere Anhaltspunkte in der angegebenen Richtung (Altenburg — Höningen) geben die Ortsnamen Kalscheuren und Fischenich. Analogien für Kalscheuren bieten die Orte Call und Callmuth in der Eifel, welche als Durchgänge des grossen Römerkanals bekannt sind. Bei Fischenich (von piscina) wäre der Anschluss der Altenburger Leitung an den Eifelkanal zu suchen. Schliesslich gedachte Herr Maassen noch einer am Heerweg bei Uellekofen gefundenen römischen Begräbnissstätte. Sie lag an der Kiesgrube, welche in der Anmerkung des Heftes XXXVII, S. 57 der Annalen als Durchgangsstelle des Kanals bezeichnet ist.

Durch Kiesgraben ist sie jetzt zu einer Sandgrube vertieft. Die ca. $^1/_2$ Morgen grosse Fläche war fast vollständig mit Gräbern bedeckt, welche durch noch vorhandene Aschenkrüge, Urnen und Glasgefässe den römischen Ursprung bekundeten. Die Stätte ist mit der Heft XXXVII, S. 28 ff. beschriebenen römischen Niederlassung zwischen dem Römerhof und der Trier-Wesselinger Staatsstrasse in Verbindung zu bringen. Der an der Kiesgrube unmittelbar vorüberführende Heerweg, die alte Bonn-Aachener Handelsstrasse, jetzt noch vielfach Aachener Strasse genannt, wird durch die vorgedachte Begräbnissstätte als Römerstrasse bestätigt.

Von grossem Interesse waren die Mittheilungen, welche Herr Kaplan Unkel (Honnef) über den Ursprung und die Etymologie des Ortsnamens Honnef der Versammlung machte.

Ein Dr. med. Riecke, der sich mit historisch-linguistischen Forschungen anscheinend viel beschäftigt hat, veröffentlichte in den siebenziger Jahren eine kleine Schrift unter dem Titel: „Die Bedeutungen der alten Ortsnamen am Rheinufer zwischen Cöln und Mainz". Riecke geht nun bei der Erklärung der Namen auffallender Weise durchweg von der heutigen Form derselben aus. So sagt er bei dem Orte Honnef wörtlich: „Honnef von (kelt.) on, hon Stein; es liegt nämlich in der Nähe von Felsen oder Gestein; ef (e — f bezeichnete ein Erbgut, was es früher war; also: ein Erbgut am Felsen."

Simrock in dem „Malerischen und Romantischen Rheinland" (Aufl. 4, S. 332) erklärt Honnef als Hunnhof, Hunnonis curia. Sehr bestechend, denn ein Analogon für eine solche Zusammenziehung: Honnef aus Hunn(Honn)hof bietet allerdings der Name einer unserer Honschaften: Sellef aus Selhof. Was aber namentlich für die Annahme Simrocks zu sprechen schien, war eine Notiz in dem handschriftlichen Nachlass des Pfarrers Trips aus Honnef vom J. 1692. Sie lautet: Fuit autem unica domus e regione domus pastoralis, quae dicta fuit Honneff ... hinc tota communitas nomen suum traxit; also ursprünglich sei der Name Honnef nur Einem Hause, welches der Pastorat gegenüber lag, eigen gewesen, von diesem Hause sei er später auf den ganzen Ort übergegangen. Trips bezeichnet das Haus noch genauer durch die Angabe, dasselbe habe früher dem erzbischöflichen Schultheiss Johann Heinrich Cremer gehört und sei bei der Verwüstung des Orts durch die Franzosen im J. 1689 verbrannt, aber wieder aufgebaut worden. Nun liegt noch gegenwärtig der Stelle, wo früher die Pastorat stand und jetzt die Schulgärten sich befinden, schräg gegenüber ein Haus, welches die Inschrift hat: Freigräflich Sänischer Hof A⁰ Dñi 1699. Was lag näher, als hierin das von Trips gemeinte Haus, die Hunnonis curia Simrocks zu vermuthen? War nämlich dieses Haus Eigenthum der Grafen von Sayn, welchen die Herrschaft Löwenberg gehörte, so war nichts natürlicher, als dass der Ritter von der Löwenburg, welcher als Hunn oder Honn dem Zentgericht vorstand, dieses Gericht in dem Saynschen Hof abhielt, da nach einer Verordnung Kaisers Friedrich II. die adligen Herren das Gericht nicht auf ihren Burgen, sondern in den Ortschaften halten mussten.

Von dem Hongericht, welches daselbst gehalten wurde, wäre dann das Haus Honnhof genannt worden und so der Ortsname entstanden. Gegen diese Deutung lässt sich aber mit Recht geltend machen, dass das Haus, welches dem uralten Orte Honnef den Namen gegeben haben soll, dem Pfarrer Trips am Ende des 17. Jahrh. wohl nicht mehr bekannt sein konnte, namentlich aber, dass bei Erklärung der Ortsnamen von der ältesten urkundlichen Schreibweise auszugehen ist.

Honnef wird zuerst in einer von Cardauns in den Annalen (XXVI. XXVII, S. 334 ff.) mitgetheilten Urkunde des Kölner Erzbischofs Hermann vom J. 922 genannt. Hier lautet der Name Hunapha. Das fränkische affa (apha), gothisch ahva ist das lateinische aqua, Wasser, die mit apha zusammengesetzten Namen gehören, um dies gleich hier einzuschalten, zu den ältesten. Das Verständniss und der Gebrauch des affa erlosch schon im 10. oder 11. Jahrh. Die Bedeutung der ersten Silbe des Namens Hunapha kann nach einer freundlichen Mittheilung des Herrn Prof. Wilmans nicht wohl zweifelhaft sein. Wilhelm Arnold denkt zwar dabei an hun, der Riese, Hüne. Prof. Wilmans dagegen führt hun auf den Stamm han zurück; ursprünglich kan, dazu das griech. καναζω, das lat. canere, althochd. hano, unser Hahn. Hun-apha heisst also klingendes Wasser, rauschender Bach, wie Klinge im Schwäbischen noch jetzt torrens, Giessbach bedeutet, es begegnet wiederholt in süddeutschen Ortsnamen. Varianten zu Hun-apha finden sich noch mehrfach. Es gibt ein Hun-aha, jetzt Haune, Nebenfluss der Fulda (aha = aqua). Auch der Name Hun-bach kommt vor; ferner Han-apha, das heutige Hennef an der Sieg. Ich bin in der Gegend von Hennef nicht genau bekannt, es wurde mir aber mitgetheilt, dass der Bach, an welchem Hennef liegt, noch heute „die Hanf" heisst. In Hanapha ist der Stamm han noch rein erhalten, Hennef also gleichbedeutend mit Honnef. Auf ältern Karten findet sich für Hennef auch Honnef.

Ist die Deutung von Hun-affa = rauschender Bach richtig, so fragt es sich, wo ist unsere Hunapha, an welcher die ersten Ansiedler sich niederliessen und von welcher Honnef den Namen erhielt?

Den weitgestreckten Ort durchzieht ein halbes Dutzend Bäche, jetzt zum Theil unterirdisch laufend, und möchte es wohl schwer sein, unter diesen die Hunapha herauszufinden, wenn nicht eine zufällige Bemerkung im Kirchen-Archiv zu Honnef auf die Spur führte. Wo nämlich Trips in dem ausführlichen Bericht über die Zerstörung vom J. 1689 die verwüsteten Theile des Orts aufzählt, nennt er neben den Honschaften Rhöndorf, Romersdorf und Beuel auch „Honnef sive Mülheim". Hieraus geht hervor, dass der Name Honnef nicht bloss der Gesammtheit der damaligen sechs Honschaften, sondern noch speziell der Honschaft Mülheim zukam, welche, um die Pfarrkirche gelagert, die mittlere Partie des Städtchens bildet. Von dort also ist der Name im Laufe der Zeit auf die andern Dorfschaften übergegangen; dort muss mithin auch die erste Ansiedlung und der Bach Hunapha zu suchen sein. Und allerdings fliesst daselbst in nächster Nähe der Kirche, wenn auch seit einigen Jahren unter der Erde, ein Bach, der ein starkes Gefälle hat und, wie ältere Leute sich noch erinnern, in Regenzeiten mächtig anzuschwellen pflegte. An diesem Bache lag einst ein Herrenhof, Allodium, dessen in einer Urkunde vom

J. 1102 bei Lacomblet (Urkdbuch I, no. 260) Erwähnung geschieht. Der Erzbischof Hermann III. († 1099) hatte dieses Allodium von Wern, dem Sohn des Grafen Hauld gekauft und seinem Ministerialen Albero geschenkt, von welchem es die Abtei Siegburg nebst dem damit verbundenen halben Patronat an der Pfarrkirche um 133 Mark erwarb. Die Uebergabe geschah zu Bonn in Gegenwart des Erzbischofs Friedrich I. von Köln und wurde im J. 1101 in der Kirche zu Siegburg am Altar des h. Michael erneuert. Die Besitzung verblieb seitdem unter dem Namen Siegburger Hof der Abtei bis zu deren Aufhebung. Ein frühromanischer Bogen, welcher ehedem die Einfassung eines Thores am Siegburger Hof bildete, ist jetzt am Klösterchen der Armen Dienstmägde Christi angebracht. Es ist dies wohl der letzte Rest des alten Allodiums. — Da nun die Gründung der Pfarrkirchen meistens von den Herrenhöfen ausging, welche dann auch das Patronatrecht besassen, so scheint die Annahme nicht unberechtigt, dass die Pfarrkirche zu Honnef von dem erwähnten Allodium aus zunächst als Schlosskapelle auf der andern Seite der Hunapha gegründet wurde. Das Allodium war ja auch im Besitz des Patronatrechts, allerdings nur des halben; wo war die andere Hälfte geblieben? Im J. 1349 erwarb Erzbischof Walram von Köln Güter zu Honnef, mit welchen das halbe Patronat der Pfarrkirche verbunden war und welche zwar bis dahin Besitzthum der Grafen von Cleve gewesen waren, aber in der Urkunde bei Lacomblet (a. a. O. III, no. 465) als Kölnisches Lehen bezeichnet werden. Ist die letztere Angabe richtig (Lacomblet scheint nämlich in Note 3 zu dieser Urkunde die Zuverlässigkeit derselben zu bezweifeln), so drängt sich die Vermuthung auf, dass diese Güter einst mit dem Allod des Grafen Hauld durch Erzbischof Hermann an die Kölnische Kirche gekommen waren. Das Allod bildete mit jenen Gütern anfänglich Ein grosses Besitzthum, welches das Patronatrecht ganz besass, später aber, etwa durch die Schenkung an den Ministerialen Albero oder durch den Verkauf an die Abtei Siegburg getheilt wurde, was dann auch eine Theilung des Patronatrechts zur Folge hatte. Der Begründer dieses Besitzthums dürfte dann als das Haupt der ersten Ansiedler gelten. Wie weit vor das 10. Jahrh. die Ansiedlung zurückreicht, wird schwer zu sagen sein; dass sie im 6. Jahrh. schon geschehen war, wird durch Funde aus dieser Zeit nahegelegt.

Ich weiss nicht, ob meine Hypothesen Anklang finden werden; immerhin glaubte ich, dieselben Ihrer Beurtheilung unterbreiten zu dürfen; vielleicht dass sie den Weg zeigen, um zu sichern Resultaten zu gelangen. Als gewiss darf bis jetzt festgehalten werden, dass der Name Honnef von Hunapha, rauschender Bach abzuleiten ist, dass der Bach in der Nähe der Pfarrkirche floss und an ihm die erste Ansiedlung in sehr früher Zeit geschah.

Es möge nun gestattet sein, noch einmal kurz auf die Behauptung von Trips zurückzukommen, dass der Ort nach Einem Hause genannt sei, welches zu seiner Zeit noch der Pastorei gegenüber stand und Honnef (d. h. Honnhof) hiess. Man wird diese Aussage erklärlich finden, wenn man die Notiz beachtet, dass das Haus dem erzbischöflichen Schultheiss gehört habe. Die Schultheissen wurden nämlich, als in späterer Zeit der Titel eines Hunn oder Honn immer mehr auf die untern Beamten überging, auch Honnen genannt, und ist es darum leicht denkbar, dass das fragliche Haus als Wohnung oder doch Eigenthum des erzbischöflichen Schultheissen allerdings im Volke Honnhof oder Honnef genannt wurde, ohne dass jedoch diese Bezeichnung zu dem Namen des Orts irgendwie in Beziehung stand. Honneff a plebejis maxime transrhenanis tempore sterilitatis Huff dici solitum.

Den letzten Vortrag hielt Herr Schlosskaplan Mertens (Arff) über den berühmten Feldherrn Alexander Farnese von Parma, der 1586 die Burg Hackenbroich bei Worringen erstürmte und die Besatzung des Truchsess von dort verjagte. Etwa 20 Minuten südlich von dieser Burg befindet sich das zum Schloss Arff gehörige sog. Rottfeld, ein ziemlich hochgelegenes, ringsum von Wald umschlossenes Areal von 23 Morgen. Hier wurde im Mittelalter ein Nonnenkloster (Filiale von Mariagarten in Köln) errichtet, das im Truchsessischen Kriege unterging. Die Nonnen siedelten nach Hackenbroich über. Dieses Kloster war auf römischen Substruktionen erbaut. Man stiess nämlich bei Nachgrabungen auf dem Rottfeld vor etwa 25 Jahren in ziemlicher Tiefe auf eine Mauer, von welcher gleich lange Quermauern ausliefen. Den Boden bildete ein Estrich; ein paar Fuss darunter befand sich ein zweiter Estricht. Die Mauern hatten einen starken Bewurf, und waren noch Reste von Bemalung darauf zu erkennen. Sicherlich haben wir hier ein römisches Bauwerk vor uns. Dafür sprechen auch die römischen Plattenziegel, welche beim Pflügen an der betreffenden Stelle noch immer in Stücken zum Vorschein kommen.

Wegen vorgerückter Zeit musste hiermit leider die Reihe der angemeldeten Vorträge geschlossen werden. Als Ort der nächsten Generalversammlung wurde auf den Antrag des Vorsitzenden Crefeld gewählt. Die überaus anregenden Vorträge und der Anblick der von den milden Strahlen der Herbstsonne beleuchteten herrlichen Landschaft des Siebengebirges weckten bei den Versammelten die angenehmste Stimmung. Den Verhandlungen folgte ein von zahlreichen Toasten gewürztes Festmahl. Die bald einbrechende Dunkelheit machte es unmöglich, die Jubelfeier, wie es ursprünglich im Plan war, auf der Burgruine selbst zu begehen, und so blieb man bis zum Abgang der Abendzüge in den gastlichen Räumen des Hôtel Blinzler unter Scherz und Ernst zusammen.

Rechnungs-Ablage pro 1882.

Einnahmen:

	M.	Pf.
Jahresbeiträge und Zahlungen der Mitglieder für Heft 37 u. 38 der Annalen (Beitrag 3 M., Hefte 2.50 M.)	3430	—
Ertrag aus verkauften Heften	57	50
	3487	50

Ausgaben:

		M.	Pf.
I.	Kosten der Hefte 37 u. 38, an Satz, Druck, Papier und Honorar	2801	49
II.	Anzeigen	74	—
III.	Drucksachen, Formulare etc.	97	60
IV.	Für Bibliothek und Archiv	27	60
V.	Porto-Auslagen und sonstige Unkosten	195	55
		3196	24

Abschluss.

	M.	Pf.
Einnahmen	3487	50
Ausgaben	3196	24
Ueberschuss	291	26

welche zweihundert und einundneunzig Mark 26 Pf. dem Reservefond überwiesen, einstweilen aber in Verwendung genommen worden sind.

Weiden bei Köln, 28. Juli 1883.

H. Lempertz sen.

Die Rechnung pro 1882 wurde mit den Belegen verglichen und richtig befunden. Das Activ-Vermögen des Vereins betrug laut der im Hefte 38 der Annalen mitgetheilten

Rechnungsablage pro 1881 . . . . M. 5069.94
Die Ersparnisse aus 1882 . . . . „ 291.26
An fälligen Zinscoupons für 1882 . . . . . . „ 78.—
$$\overline{\text{M. 5439.20}}$$
und wurde für das vorgenannte Rechnungsjahr dem Schatzmeister Herrn Lempertz sen. Decharge ertheilt.

Köln, 4. September 1883.

Dr. Dumont, Domkapitular.
W. Scheben, Rentner.

Im Anschluss an Obiges bemerkt der Unterzeichnete, dass ihm durch Herrn H. Lempertz die Kasse des Vereins und die darauf bezüglichen Papiere ordnungsgemäss übergeben sind. Bei Uebernahme bestand

der Reservefond

aus folgenden Werthstücken:
5 Stück $3^{1}/_{2}$ % Preuss. Staats-(Prämien-)Anleihe
von 1855 à 300 Mark . . . . = M. 2224.50
6 Stück 4 % Bayer. Prämien-Anleihe von 1866
à 300 Mark . . . . = „ 2352.—
$$\overline{\text{M. 4576.50}}$$
welche bei der Reichsbank hinterlegt sind; ferner
aus einem Kassenbestand von . . . . „ 862.70
In Summa M. 5439.20

(NB. Die Werthpapiere, deren Nennwerth sich aus der Stückzahl ergibt, sind in Summa zum Ankaufspreis, wie dies auch früher geschehen, aufgeführt.)

Köln, 1. Oktober 1883.

Frz. Theod. Helmken.

Nachtrag zum Verzeichniss der Mitglieder des historischen Vereins.

A. Vorstand.

Ehrenpräsident: Mooren, Dr., Pfarrer in Wachtendonk. 1854.
Präsident: Hüffer, Dr., Geh. Justizrath und Professor in Bonn. 1858.
Vicepräsident: Dumont, Dr., Domkapitular in Köln. 1859.

Sekretär: Lamprecht, Dr., Privatdocent in Bonn. 1881.
Archivar: Kaufmann, Leop., Oberbürgermeister a. D. in Bonn. 1859.
Schatzmeister: Helmken, Frz. Theod., Buchhändler in Köln. 1873.

B. Gewählte Mitglieder der wissenschaftlichen Commission.

Cardauns, Dr. H. in Köln. 1870.
Loersch, Dr., Prof. in Bonn. 1862.

Virnich, Dr. W. in Bonn. 1860.

C. Ehrenmitglieder.

Achenbach, Dr., Excellenz, Staatsminister a. D. und Oberpräsident in Potsdam. 1871.
Essenwein, Geh. Baurath u. Vorstand d. Germ. Museums in Nürnberg. 1868.
Ficker, Dr., Prof. in Innsbruck. 1856.
Hagens, von, Appellationsgerichtsrath a. D. in Köln. 1854.
Harless, Dr., Geh. Archivrath in Düsseldorf. 1855.

Fürst Karl Anton zu Hohenzollern Königl. Hoheit in Sigmaringen. 1868.
Lempertz, Heinrich sen. in Köln. 1857.
Paulus Melchers, Dr., Erzbischof von Köln. 1867.
Reumont, von, Dr. Alfr., Kgl. Kammerherr und Geh. Legationsrath in Burtscheid. 1856.

D. Mitglieder.

Die Mitglieder des Vereins wurden noch in dem im Juni 1883 erschienenen Hefte 39 der Annalen namhaft gemacht, weshalb der Wiederabdruck der Namen dem nächsten Jahre vorbehalten bleibt.

1) Seitdem sind dem Verein beigetreten:

Arenz, J. B., Maler in Godesberg. 1884.
Benrath, Ernst, Fabrikdirektor in Düren. 1883.
Carduó, Stadtrendant in Düren. 1883.
Chargé, Dr. in Köln. 1883.
Claessen, Geistl. Rektor in Düren. 1883.
Contzen, Kaplan an St. Columba in Köln. 1884.
Courth, Rechtsanwalt in Düren. 1883.

Daniels, Lambert, Kaufmann in Mülheim a. Rh. 1884.
Degen, Barthel, Buchdrucker in Düren. 1883.
Didolff, Dr., Gymnasiallehrer in Düren. 1883.
Dietzler, Architekt in Düren. 1883.
Faust, Pfarrer in Plittersdorf. 1884.
Ferdinand, Rektor an der Kapelle der Augustinerinnen an St. Severin in Köln. 1884.
Geuenich, Dr., Arzt in Düren. 1883.

Geyr, Freiherr von, Emil, zu Arff bei Worringen. 1884.
Goecke, Dr. Rud., Archiv-Sekretär in Düsseldorf. 1883.
Gorissen, Kaufmann in Köln. 1884.
Haanen, Barth., Rentner in Köln. 1884.
Hamel, Robert, Buchhändler in Düren. 1883.
Hecker, Dr., Lehrer der höhern Knabenschule in Godesberg. 1883.
Henrich, Jakob, Lehrer am Progymnasium in Linz a. Rh. 1884.
Hoesch, Victor, Fabrikant in Düren. 1883.
Hoffsümmer, Karl, Fabrikant in Düren. 1883.
Johnen, Dr., Arzt in Düren. 1883.
Keulen, Dr., Gymnasial-Oberlehrer in Düren. 1883.
Klein, Dr., Domdechant in Limburg a. d. Lahn. 1880 (im vorigen Verzeichniss übersehen).
Knoll, Hugo, Buchdrucker in Düren. 1883.
Krichels, Kreisthierarzt in Düren. 1883.
Kürten, J. B., Rentner in Köln. 1884.
Kufferath, Rechtsanwalt in Düren. 1883.
Loerper, Kaplan in Brühl. 1883.
Loosen, Otto, Kaufmann und Stadtrath in Köln. 1884.
Marchand, J., Architekt in Köln. 1884.
Matthaei, Amtsrichter in Düren. 1883.
Miltz, Amtsanwalt in Düren. 1883.
Mirbachsche - Gräfliche - Bibliothek, Schloss Harff. 1862 (im vorigen Verzeichniss übersehen).
Nauen, Wilh., Kaufmann in Düren. 1883.
Posthofen, Apotheker in Düren. 1883.
Realgymnasium, das, in Crefeld. 1884.
Roelen, Dr., Arzt in Düren. 1883.
Rumpel, Apotheker in Düren. 1883.
Schleicher, Rechtsanwalt in Düren. 1883.
Schnitzler, Melch. in Düren. 1883.
Schraven, Dr. in Goch. 1883.
Siegen, Joh. in Köln. 1884.
Sonanini, Dr., Arzt in Düren. 1884.
Testen, S. in Rees. 1884.
Trott zu Solz, Baron, Landrath in Jülich. 1883.
Weishaupt, Dechant in Widdersdorf. 1883.
Wilhelms, Dr., Arzt in Düren. 1883.
Wilkens, Bürgermeister in Buir. 1863.
Wolff, Dr. in Köln. 1884.
Wolff, Theod. in Köln. 1879 (im vorigen Verzeichniss übersehen).
Wolhagen, J., Seminarlehrer in Kempen. 1880 (im vorigen Verzeichniss übersehen).

2) Folgende Mitglieder wurden dem Verein seit 1883 durch den Tod entrissen:

Hamacher, Oberpfarrer in Uerdingen.
Hosten, Hospitalpfarrer in Düsseldorf.
Junckerstorff, Apotheker in Siegburg.
Könen, Pfarrer in Beeck.
König, Dr., Sanitätsrath in Köln.
Lambertz, Pfarrer in Haaren.
Lützenkirchen, A., Privatgelehrter in Düren.
Oberger, van, Kaplan in Werden.
Raderschatt, C. in Köln.
Wegeler, Dr., Geh. Medicinalrath in Coblenz.
Welter, Domkapitular in Köln.

Der Verein zählte im Oktober 1883 666 Mitglieder.

3) Den Vereinen, welche mit dem historischen Verein für den Niederrhein in Schriftenaustausch stehen, sind seit 1883 beigetreten:

Darmstadt. Historischer Verein für das Grossherzogthum Hessen.
Donaueschingen. Verein für Geschichte und Naturgeschichte.
Freiburg i. B. Schau ins Land.
Sigmaringen. Verein für Geschichte und Alterthumskunde in Hohenzollern.
Trier. Gesellschaft für nützliche Forschungen.

(*Geschlossen Ende Juni 1884.*)

Universitäts-Buchdruckerei von Carl Georgi in Bonn.

Inhalt.

I. Grössere Aufsätze.

Seite

Nachträge zu den Quellenangaben und Bemerkungen zu Karl Simrock's Rheinsagen. Zweite Sammlung. Von Alex. Kaufmann ... 1
Die Häuser Saalecke und Mirweiler zu Köln. Von J. J. Merlo ... 57
Urkunden aus dem Stadtarchiv von Köln. Von L. Korth ... 72
Ein Kölner Bürgerhaus im 16. Jahrhundert. Von Dr. H. Cardauns 109

II. Miscellen.

Burg Reitersdorf. Von K. Unkel. ... 142
Berichtigungen und Ergänzungen zu den bisher erschienenen Heften der „Annalen". I. Von R. Pick ... 143
Anfrage. Von Archivrat Dr. Jacobs ... 148

III. Vereinsangelegenheiten.

Bericht über die Generalversammlung des historischen Vereins zu Düren am 16. Juli 1883 ... 150
Bericht über die Generalversammlung des historischen Vereins zu Godesberg am 22. Oktober 1883 ... 164
Rechnungs-Ablage pro 1882 ... 179
Nachtrag zum Verzeichniss der Mitglieder des historischen Vereins ... 181

www.ingramcontent.com/pod-product-compliance
Lightning Source LLC
Chambersburg PA
CBHW031439160426
43195CB00010BB/793